国家社会科学基金"十四五"规划2021年度教育学一般课题"信息技术支持的义务教育阶段学生发展增值评价研究"（课题批准号：BHA210138）

信息技术支持的
学生发展增值评价研究

安富海 著

中国社会科学出版社

图书在版编目（CIP）数据

信息技术支持的学生发展增值评价研究 / 安富海著. 北京：中国社会科学出版社，2024.10. -- ISBN 978-7-5227-3784-3

Ⅰ.G420

中国国家版本馆CIP数据核字第2024XN8727号

出 版 人	赵剑英
责任编辑	高　歌
责任校对	李　琳
责任印制	戴　宽

出　　版	中国社会科学出版社
社　　址	北京鼓楼西大街甲158号
邮　　编	100720
网　　址	http://www.csspw.cn
发 行 部	010-84083685
门 市 部	010-84029450
经　　销	新华书店及其他书店

印　　刷	北京明恒达印务有限公司
装　　订	廊坊市广阳区广增装订厂
版　　次	2024年10月第1版
印　　次	2024年10月第1次印刷

开　　本	710×1000　1/16
印　　张	18.5
插　　页	2
字　　数	276千字
定　　价	106.00元

凡购买中国社会科学出版社图书，如有质量问题请与本社营销中心联系调换
电话：010-84083683
版权所有　侵权必究

前　言

教育评价事关教育发展方向，有什么样的评价指挥棒，就有什么样的办学导向。在过去很长一段时间内，我国的教育评价，尤其是基础教育评价还存在许多不能很好促进学生全面而有个性发展，引导学校按规律办学的问题。这些问题不仅影响教育生态的健康发展，也影响我国创新性人才的培养和教育强国战略的实现。因此，全面深化教育评价改革既是教育所需，也是国家所需。2018 年，习近平总书记在全国教育大会上强调，要扭转不科学的教育评价导向，坚决克服"五维"顽瘴痼疾。2020 年 10 月，中共中央、国务院印发的《深化新时代教育评价改革总体方案》指出，要探索增值评价，健全综合评价，充分利用信息技术，提高教育评价的科学性、专业性、客观性。2021 年 3 月，教育部等六部门联合印发的《义务教育质量评价指南》提道，"要在关注学生发展、学校办学、县域义务教育发展合格程度的同时，关注其发展水平和工作水平的进步程度，科学评判地方党委政府、学校和教师的努力程度。"增值评价作为一种矫正不科学教育评价的政策术语和引导学校按规律办学的理念与方法逐渐受到教育行政部门和学术界的关注。学生发展增值评价在评价理念上，指向立德树人的目标，贯彻面向全体学生的价值追求；在评价原则上，尊重差异、重视起点、关注过程、强调发展；在评价主体上，强调结构性主体按照各自权重综合出场；在评价方法上，强调在遵循教育逻辑的基础上，充分利用大数据等新兴技术全面客观测评学生发展程度；在评价伦理上，承认差异，处处充盈着对生命个体独特性的尊重。学生发展增值评价彰显了以人为本的教育评价理念，在一定程度上破解了"唯分数"评价的桎梏，对于扭转不科学的教育评价导向，促进学生全面而有个性的发展，科学考量教师的努力程度，客观评估学校办学质量，引导学校按规律办学、促进区域教育均衡发展等均具有重要价值。

学生发展增值评价是一项复杂的系统工程，也是一项历史性、实践性、世界性难题。它不仅涉及历史文化传统、国家育人目标、政府治理能力、公众认知水平等诸多因素，也涉及不同利益主体的观念调整、价值论争、利益博弈，还涉及体制改造、机制转换等诸多深层次错综复杂的问题。因此，落实和推进学生发展增值评价不仅需要国家高度重视和政策强力引导，社会与文化的系统性变革，也需要学者们因地制宜的科学研究和系统设计，还需要来自学校、教师、学生的积极参与，家长与社会群体的理解配合等"完整的社会支持"。

基于以上认识，第一，对新中国成立以来，学生评价发展的历史进行了梳理。研究发现，新中国成立以来，我国学生评价政策经历了从无到有，适时调整，不断完善的过程。在评价理念、评价主体、评价内容、评价方法及评价机制等方面都不断向更能促进学生健康成长的方向发展。同时也发现，我国学生评价受绩效主义的影响，还存在为了满足政府和公众对客观性、公平性评价结果的需要，将学生发展评价一步步推向了既无"教育"也无"人"的极端量化境地的问题。第二，从评价理念、认知状况、技术与方法、体制机制等维度深入了解了义务教育学校推进学生发展增值评价的现状及主要障碍。研究发现，学生发展增值评价作为一种新兴的评价学生综合素养发展状况的评价理念和评价方式，虽然它从目标、内容、过程等设计方面较之以往的学生评价更加科学合理。然而，从学生发展增值评价的实施现状来看，探索和推进的过程还存在许多认识、技术、体制机制等方面的问题。需要从政策支持，理论研究，实践探索、技术改进、体制机制优化等方面进行改进。第三，在深入分析学生发展增值评价探索现状和批判绩效主义影响下学生评价存在问题及其危害的基础上,从内涵、价值、目标、内容、主体等方面提出并阐释了学生发展增值评价的理论框架,又结合学生发展增值推进过程中遭遇的具体障碍,从强化政府育人导向,加强舆论宣传,深化理论研究,支持实践探索,重视技术与增值评价的深度融合等方面论证了学生发展增值评价的实践路径。研究强调了政府在深入推进学生发展增值评价中的决定性作用,厘清了学生发展增值评价是什么、为什么、评什么、谁来评、怎么评等基本问题。第四,提出了诚信是学生发展增值评价系统科学运行的生命线的观点,构建了学生发展增值评价诚信体系。学生发展增值评价需要结构性评价主体,运用现代信息技术对学生品德、学业、身心等综合素质表现的大数据进行分析并结合长期观察进行综合判断。但由于我国传统诚信文化的影响,教育领域诚信危机的凸显、学生评价中失信现象的存在等,导致学生发展增值评价可能存在诚信风险。研究从积极培育与增值评价相适应的诚信文化;大力弘扬价值诚信,科学引导工具诚信;建立和完善学生发展增值评价诚信制度;建立评价主体和评价机构的信用系统四个方面建立了学生发展增值评价诚信体系,提升了学生发展增值评价过程的科学性和结果的可靠性。第五,在前期历史、现状和理论研究的基础上,充分借鉴信息技术支持和改进学生评价的经验,利用新兴信息技术的优势,从技术支撑层、平台服务层、价值应用层三个层次结构和基础数据收集、学生成长追踪数据库建设、增值评价模型及计算方式的选择、信息化评价服务平台构建、评价结果的解释和运用等几个方面尝试构建了信息技术支持的学生发展增值评价理论框架和实践模式。这种基于我国义务教育阶段学生评价实践改进的尝试虽然还存在许多有待完善的问题,但我们还是期望他能够为我国学生评价政策制定、理论研究、实践探索提供一些借鉴。

目 录

第一章 绪 论 ……………………………………………………（1）
 第一节 研究价值与意义 ……………………………………（1）
 第二节 研究设计 ……………………………………………（4）
 第三节 核心概念 ……………………………………………（10）
 第四节 研究综述 ……………………………………………（13）

第二章 我国学生评价政策的沿革及改进策略 ………………（30）
 第一节 我国学生评价政策的历史演进 ……………………（30）
 第二节 我国学生评价政策的演进特征 ……………………（39）
 第三节 我国学生评价政策的反思与改进路径 ……………（42）

第三章 学生发展增值评价现状调查 …………………………（48）
 第一节 义务教育学校学生发展增值评价的现状扫描 ……（49）
 第二节 义务教育学校学生发展增值评价的现状分析 ……（102）
 第三节 推进义务教育阶段学生发展增值评价的对策 ……（110）

第四章 学生发展增值评价的价值 ……………………………（120）
 第一节 学生发展增值评价有利于落实立德树人根本任务 ……（120）
 第二节 学生发展增值评价有利于引导学校按规律办学 ………（123）
 第三节 学生发展增值评价有利于客观评估教师付出 …………（126）

第四节　学生发展增值评价有利于促进学生全面发展 ………… (129)

第五章　指向"学生立场"的学生发展增值评价 ……………… (135)
  第一节　学生发展评价中"绩效主义"倾向的表现 ………… (136)
  第二节　学生发展评价中"绩效主义"问题反思 …………… (138)
  第三节　学生发展增值评价的学生立场及路径 ……………… (142)
  第四节　学生发展增值评价研究的问题域 …………………… (146)

第六章　信息技术支持学生发展增值评价的可行性 …………… (152)
  第一节　传统学生评价方式之于学生发展的局限性 ………… (152)
  第二节　信息技术支持的学生发展评价的优势 ……………… (155)

第七章　学生发展增值评价的理论框架与实践思路 …………… (162)
  第一节　增值评价的发展历史及现实问题 …………………… (163)
  第二节　学生发展增值评价的内涵及原则 …………………… (166)
  第三节　学生发展增值评价的目标及内容 …………………… (169)
  第四节　学生发展增值评价的主体 …………………………… (171)
  第五节　学生发展增值评价的实践思路 ……………………… (175)

第八章　学生发展增值评价诚信体系建设 ……………………… (181)
  第一节　诚信的内涵及类型 …………………………………… (181)
  第二节　学生发展增值评价诚信体系的内涵及内容 ………… (189)
  第三节　学生发展增值评价诚信体系建设的必要性 ………… (192)
  第四节　学生发展增值评价诚信体系建设的路径 …………… (194)

第九章　信息技术支持的学生发展增值评价体系 ……………… (202)
  第一节　信息技术支持的学生发展增值评价体系构建的
　　　　　思路与框架 …………………………………………… (203)

第二节　信息技术支持的学生发展增值评价的环境建设 ………（208）
第三节　信息技术支持的学生发展增值评价的技术服务 ………（211）
第四节　信息技术支持的学生发展增值评价结果的运用 ………（237）

第十章　信息技术支持的学生发展增值评价实践模式 …………（240）
第一节　以证据为中心的学生发展增值评价实践模式 …………（240）
第二节　学生发展增值评价不同主体的实践操作内容 …………（259）

参考文献 ……………………………………………………………（268）

**附录　义务教育阶段学生发展增值评价现状调查
　　　问卷（教师）** ………………………………………………（280）

第一章　绪　论

第一节　研究价值与意义

教育评价事关教育发展方向，有什么样的评价指挥棒，就有什么样的办学导向。完善和改进现有的教育评价方式方法，探索新的更适合学生和教育发展规律的教育评价模式，对于促进学生全面而有个性的发展，引导学校按规律办学，调适教育生态等均具有重要意义。

一　深化新时代教育评价改革，需要探索学生发展增值评价

在过去很长一段时间内，我国的教育评价，尤其是基础教育评价还存在许多亟待改进的问题，对整个教育系统乃至国家人才培养过程都产生了重要影响。因此，深化新时代教育评价改革是全面深化教育领域综合改革的重要环节，既是国家所需，也是教育所需。2018年，习近平总书记在全国教育大会上强调，要扭转不科学的教育评价导向，坚决克服"五唯"顽瘴痼疾。2020年10月，中共中央、国务院印发的《深化新时代教育评价改革总体方案》指出，要探索增值评价，健全综合评价，充分利用信息技术，提高教育评价的科学性、专业性、客观性。因此，探索和推进学生发展增值评价是深化新时代教育评价改革的主要内容，也是促进学生全面而有个性发展的重要手段。然而，评价改革，尤其是推进学生发展增值评价是一项世界性、历史性、实践性难题和系统工程，它不仅涉及历史文化传统、经济社会发展水平、思想观念更新状况等多重因素，还涉及家庭、学校、政府、社会等不同利益群体。因此，推进学生发展增值评价落地生根不仅需要国家重视和政策引导、需要社会与文化的系统性变革，还需要因地制宜的科学研究和系统设计。

二 引导学校按规律办学，应该重视学生发展增值评价

教育规律是教育发展过程中所表现出的内在的必然联系，是教育工作者必须遵守的客观规律。然而，大量的研究发现，当前我国基础教育领域存在着许多不按教育规律办学的现象和问题。如有的学校尤其是一些名校根据学生学习成绩高低将其分在快慢班，为了掩人耳目，快慢班的名称也五花八门，有的叫"火箭班"，有的叫"宏志班"，有的叫"加强班"，有的叫"培优班"，等等。有的学校无视国家减负要求给学生布置大量的课堂和课后作业，很多初高中学生课间除了上卫生间之外，其余时间都在座位上做那些永远都做不完的作业。有的学校为了提高升学率或优秀率，想方设法从"外地""高薪""引进"优秀的学生来本校参加考试，以此来增加参加考试的优秀学生的比例。进入新时代，国家颁布了一系列教育改革政策，上述这些不按规律办学的现象正在发生变化，但距离按规律办学还有很长的路要走。学校不按规律办学，与校长的认识问题、教师的素养问题、家长非理性的教育诉求问题等都有一定的关系。但最主要的问题还是教育行政部门对学校办学质量评价的导向问题。教育行政部门的评价导向引导着学校的办学方向。在过去相当长的一段时期里，教育行政部门都在采用容易量化的考试成绩来衡量学校的办学质量，这种表面公平的评价方式导致出现了许多违背教育规律办学的教育行为。在这种评价理念和方式的引导下，优质生源抢夺的成败基本上就决定了学校办学质量的高低。所以，校长和教师为了学校的"名誉"和合格或优秀的评估业绩，就必须将教育的重心放在优质生源的抢夺和培养上，这种行为破坏了教育生态，影响了学生的健康发展。学生发展

增值评价给学校和教师提供了一种较为公平的责任尺度，使学校之间的比较相对公平合理，引导学校把工作重心放在关注学生的进步与学校的长远发展上。

三 促进学生全面而有个性发展，必须深入推进学生发展增值评价

马克思关于人的全面发展理论是我国学生全面发展的理论基础。马克思主义认为，人是自然产物，也是社会产物；是社会关系的主体，也是社会关系的客体。马克思主义关于人的全面发展，强调的不是片面的发展、畸形的发展、不自由的发展、不充分的发展，而是全面的发展、和谐的发展、自由的发展、充分的发展。"人的全面发展"蕴含着一般性和特殊性的统一，这种双重意蕴不是单一的、抽象的，而是辩证的、唯物的。从一般意义来看，"人的全面发展"是一种理想的状态，包括人的个性、能力和知识的协调发展，人的自然素质、社会素质和精神素质的共同提高，政治权利、经济权利和社会权利的充分体现。从特殊意义来看，人的本质不是某一方面的社会关系，而是所处的一切社会关系的总和，社会关系的丰富性、全面性决定着人的本质的丰富性、全面性，人的社会关系实现全面发展，人自然就会实现全面发展。针对学校教育对象而言，每个学生都是一个独一无二的个体，他既是自然的产物，也是社会的产物；既有年龄特征所表现出的一般性，又有文化浸润所形成的丰富性。这就要求对学生的评价一定既要关注他们的一般性，更要关注他们的特殊性。当前我国基础教育关于学生发展的评价往往更多地关注他们的一般性和普遍性，对他们的丰富性或差异性则关注不多，重视不够。这种评价导向不仅会挫伤大多数学生学习的积极性，而且不利于优秀人才的脱颖而出。学生发展增值评价是借助新兴信息技术，通过追踪一段时间内学生综合素质的变化来考查学生发展的进步程度。它不仅能关注学生发展变化的一般特征，而且能较为准确地描绘学生个体发展变化的轨迹。它能在尊重差异性的基础上，重视每个学生思想品德、学业水平、身心健康等综合素质方面的起点，重视他们在一定时间内综合

素质的变化趋势和发展程度。因此，促进学生全面而有个性发展，必须深入推进学生发展增值评价。

第二节 研究设计

一 研究目标

本书选取了长三角地区（长三角地区是我国综合实力十分强大、教育资源十分丰富的地区之一，基础教育发展在全国处于领先水平，能为全国其他区域教育改革尤其是教育评价改革提供经验和示范）具有代表性县（区）的义务教育学校作为研究单位，将主管教育的政府负责人，教育行政部门的负责人，学校的校长、教师、学生、家长作为研究对象。主要研究五个方面的问题：一是了解我国义务教育阶段学生发展增值评价现状、影响因素及主要问题；二是深入研究我国学生评价政策演进历程及未来趋势；三是确定学生发展增值评价的理论框架与实践路径；四是建立学生发展增值评价的诚信体系；五是确立信息技术支持的学生发展增值评价体系。

二 研究思路

本书首先拟从评价理念、认知状况、技术与方法、体制机制等维度深入了解长三角地区义务教育学校推进学生发展增值评价的现状及主要障碍，然后分别从政府、社会、学校、家庭四个方面研究它们是如何影响义务教育学校推进学生发展增值评价的。其次，厘清政府、社会、学校、家庭四个因素在推进义务教育阶段学生发展增值评价中相互影响、相互制约的复杂关系。再次，从评价价值、评价目标、评价内容、评价主体、评价方法等维度建立学生发展增值评价的理论框架和实践路径。最后，借助系统论、人的全面发展理论和增值发展理论，利用教育信息化平台和大数据跟踪技术与分析技术，在政府、研究机构、企业、义务教育学校四方协同的基础上,从政府、学校、教师、学生四个层面和评价目标、评价内容、评价主体、技术方法、评价结果五个维度建立系统的信息技术支持的义务教育阶段学生发展增值评价体系。

三 研究内容与研究方法

本书内容包括三个研部分和五个研究问题,具体研究内容和研究方法如下。

第一,义务教育学校学生发展增值评价现状调查研究。本部分主要以长三角地区义务教育阶段学生为研究对象,了解义务教育阶段学生发展增值评价的现状及主要障碍。

研究问题一:义务教育阶段学生发展增值评价现状调查及需求。

研究问题一采用问卷调查、面对面访谈的方法。首先,收集长三角地区主管教育的政府负责人,教育行政部门的负责人,义务教育学校的校长、教师、学生、家长等关于义务教育阶段学生发展增值评价关注的内容及范围。其次,基于扎根理论将所收集到的资料进行编码,获得长三角地区义务教育阶段学生发展增值评价的调查内容。在此基础上,参考国家相关政策和相关研究成果,编制义务教育阶段学生发展增值评价的调查工具。最后,选取长三角地区8个具有代表性的县(区)进行调查,了解长三角地区义务教育阶段学生发展增值评价的现状、主要障碍及进一步实施学生发展增值评价的需求。

第二,理论框架及实践路径研究:本部分由两个研究问题组成,旨在从理论上厘清学生发展增值评价的核心要素及实践思路。

研究问题二:义务教育阶段学生评价政策的历史演进。

研究问题二采用文本分析的方法,梳理了新中国成立以来我国学生评价政策在评价理念、评价主体、评价内容、评价方法、评价机制等方面的演进历程,为落实和改进学生发展增值评价提供政策依据。

研究问题三:义务教育学校学生发展增值评价理论框架和实践路径。

本部分在综合分析我国学生评价政策及发展历程和借鉴国内外增值评价理论研究与实践探索成果的基础上，站在"学生立场"提出了学生发展增值评价的概念，并从评价价值、评价目标、评价内容、评价主体等维度论证了学生发展增值评价的理论框架。

第三，体系建构：本部分旨在探讨信息技术支持的学生发展增值评价体系。

研究问题四：信息技术支持的义务教育学校学生发展增值评价体系。

本部分借助于信息技术的优势从政府、学校、教师、学生四个层面和学生品德发展、学业发展、身心发展、科学素养、审美素养、劳动与社会实践六个方面和技术支撑层、平台服务层、价值应用层三个层次构建了技术支持的学生发展增值评价体系。

研究问题五：学生发展增值评价诚信体系。

本部分根据学生发展增值评价的需要，从文化诚信、制度诚信、机构诚信、主体诚信、过程诚信五个方面建立了学生发展增值评价诚信体系。

四 研究对象与研究工具

（一）研究对象

1. 问卷调查对象

根据研究需要，本书在上海、浙江、江苏三省市选取了8个具有代表性的县（区）的义务教育阶段学校，采用分层随机抽样的方法对所选取学校的教师进行了问卷调查。共发放问卷1500份，回收1380份，回收率为81.3%。

2. 访谈对象

根据本书研究目的，选取上海、浙江、江苏三个省市不同地区、不同学校的9位教师作为访谈对象。9位教师的相关个人信息如表1-1所示。

表 1-1　　　　　　　　受访教师的基本情况

访谈对象	教龄	任教年级	任教学科	学校类型	校内兼职情况
杭州 A 老师	7 年	五年级	科学	省属重点学校	教研主任
宁波 B 老师	12 年	七年级	数学	区重点学校	副校长
南京 C 老师	9 年	六年级	信息技术	普通学校	教研主任
扬州 D 老师	6 年	三年级	语文	区重点学校	班主任
上海 E 老师	2 年	八年级	化学	市重点学校	无
上海 F 老师	14 年	七年级	英语	市属重点学校	教研主任
苏州 G 老师	5 年	四年级	数学	普通学校	班主任
杭州 H 老师	3 年	六年级	体育	市属重点学校	无
上海 I 老师	18 年	五年级	信息技术	省属重点学校	副校长

(二)研究工具

1. 问卷调查工具。本书所采用的"义务教育学校学生发展增值评价调查问卷"是在文献研究和咨询相关学生评价专家建议的基础上自编而成的。

(1)问卷的编制过程

问卷的编制过程分为拟定大纲、撰拟问卷题目、征求专家建议、预测和修正订稿五个步骤:

第一,拟定大纲。在文献研究的基础上,结合前期义务教育学校学生发展评价现状调查研究成果,从教师个人基本信息、认知、态度、评价主体、评价内容、评价方法、学校探索增值评价现状、实施情况、实践问题、未来需求十个方面初步拟定了调查问卷的大纲。

第二,撰拟问卷题目。根据问卷大纲和文献研究结果,结合各个维度的需要,在每一个维度下拟定 3—5 个问题。

第三,征求专家建议。在问卷编制完成后,送请相关学生评价专家,省、市级教研员,义务教育学校校长、教师和家长代表提出修改建议。根据建议修订问卷,形成预测问卷。

第四,预测。研究团队深入长三角地区义务教育学校发放预测问卷

210份，并对预测问卷进行了统计分析。

第五，修正订稿。根据预测问卷分析和教师访谈结果，及时修正问卷中出现的问题，形成正式问卷（见附录）。

（2）问卷内容

本书的教师问卷主要由开放性问题、封闭性问题以及半开放半封闭性问题组成，旨在全面了解义务教育学校学生发展增值评价实施的现状，存在的问题及需求，为政策制定者提供有针对性的意见和建议。教师问卷编制的内容主要包括教师个人基本信息（所在学校、性别、年龄、教龄、职称、学历、任教年级、任教学科、任教班级数量、任教学校类型、任教学校区域、校内兼职情况）、认知、态度、评价主体、评价内容、评价方法、学校探索增值评价的现状、实施情况、实践问题、未来需要十个问题。

第一部分为个人背景信息。其目的是了解调查对象的个人背景信息，并结合不同背景的义务教育学校教师对学生发展增值评价的认知、实施现状等进行差异分析。该部分由10道选择题构成，具体内容包括调查对象的性别、学历、教龄、职称、任教年级、任教学科、学校类型等基本情况。

第二部分为教师对学生发展增值评价的认知与实施现状。该部分由认知、态度、评价主体、评价内容、评价方法、实施情况和未来需要七个维度构成，共包括62道选择题，其中认知维度有7道题，态度维度有6道题，评价主体维度有5道题，评价内容维度有5道题，评价方法维度有4道题，实施情况维度有23道题，未来需要维度有12道题。以上选择题各选项依据李克特5点计分法，选项由"完全不同意"到"完全同意"依此计分1—5分，选项由"从不"到"总是"依次计分1—5分。

2. 访谈提纲

根据研究目的，本书访谈的对象主要包括教育行政部门负责人，省市教研员，义务教育学校校长、教师和学生。访谈内容主要涉及教育行政部门负责人，省市教研员，义务教育学校校长、教师、学生对学生发展增值评价的认识、态度、实施情况、存在问题及推进建议（见附录）。

(三) 调查形式

根据研究需要和调查对象的实际情况，本书采用线上问卷调查和线下面对面访谈的方式对研究对象进行了问卷调查和访谈。

1. 问卷调查

本书所采用的调查问卷是在文献研究的基础上，结合义务教育阶段学生评价的实际情况编制而成的。本书的正式调查问卷借助"问卷星"平台通过网络形式发放到义务教育学校教师手中，于2022年12月5日向上海、浙江、江苏三省市义务教育学校教师发送调查问卷链接，为保证问卷填写人数，延长了问卷发放时间，于2022年12月20日收回问卷。

2. 线下访谈

根据研究需要，本书在上海、浙江、江苏三省市的三个不同区位的义务教育学校选择了9位教师进行了面对面访谈。访谈旨在了解义务教育学校教师对学生发展增值评价的认知情况、态度情况、运用情况、未来期望和改进建议5个方面的信息，以期能更加详细和准确地把握当前我国义务教育学校学生发展增值评价实施现状及存在问题。

(四) 问卷及访谈资料的处理

1. 问卷资料的处理

关于封闭性问题，本书主要运用SPSS 26.0统计软件根据研究需要进行统计分析。对于开放性问题，首先将其通过关键词提取的方式进行整理归类，然后通读整个问卷的开放性问题的答案，补充和修正前期的整理和分类，然后进行相关的分析和讨论。

2. 访谈资料的处理

对不同类型的访谈内容进行整理、分类和归纳，然后结合调查结果进行综合分析和讨论。

第三节 核心概念

一 学生发展

学生发展是一个符合性概念，不同的学科对学生发展界定的侧重点不同，强调的发展内容也不尽相同。学术界主要从哲学、社会学和心理学三个学科视角来讨论和认识学生发展内涵。从哲学视角来看，学生发展是指学生社会关系不断完善的过程。从社会学视角来看，学生发展是指学生通过学习社会文化不断社会化的过程。从心理学视角来看，学生发展是指学生从出生到死亡身心由不成熟到成熟的变化过程。[1] 基于学科视角认识学生发展内涵对理解学生发展具有一定的启示和借鉴意义，为我们全面准确把握学生发展提供了认识论基础。但仅从单一学科角度去认识学生发展，无论多么深刻都无法为促进学生发展提供适切的教育。只有突破学科界限，从人的全面发展角度去把握学生发展的内涵，才能全面深刻理解学生发展的本质。马克思主义认为，人的发展的最高境界是人的自由而全面的发展，包括德、智、体、美、劳五个方面。[2] "全面"和"自由"是马克思主义关于人的全面发展学说的两个核心词。"全面"强调发展过程中的"五育并举"，"自由"强调促进发展的过程必须尊重个体特点和发展节律，而且认为人的全面发展和自由发展是相辅相成的。马克思主义关于全面发展的学说是我们理解学生发展的理论基础。本书认为，学生发展是指学校、教师、家长等在尊重学生个性特征和发展节律的基础上，引导和支持学生在德、智、体、美、劳五方面，从不成熟到成熟、从简单具体到复杂抽象，从观察模仿到独立创造的变化过程。这种关于学生发展的界定不仅遵循了学生身心健康成长的规律，也体现了国家立德树人的根本要求。

---

[1] 胡德海：《教育学原理》，甘肃教育出版社1998年版，第318页。
[2] 《马克思恩格斯全集》（第四十二卷），人民出版社1979年版，第129页。

二 学生发展增值评价

增值评价起源于詹姆斯·科尔曼（Coleman，J. S.）于1966年向美国国会提交的《关于教育机会平等性的报告》，简称"科尔曼报告"（Coleman Report），该报告虽然没有明确提出增值评价，但其研究结论却催生了增值评价概念的出现。以"科尔曼报告"为起点，增值评价开始运用于学校效能研究。[1] 1984年，美国田纳西大学的威廉·桑德斯（William Sanders）和罗伯特·麦克莱恩（Robert Mclean）正式提出了采用学生成绩数据来评价教师的增值评价法。[2] 什么是学生发展增值评价？增值，即价值增长。评价是指对某一事物的价值、优劣及意义的判断。"增值"或"附加值"（value added）一词属经济学术语，指投入（原材料、能源）和最终产品销售价格之间的增加量。增值评价（Value Added Evaluation）也称为附加值评价，是指对价值的增长量进行评判。学生发展增值评价将学生发展的起点和终点同时纳入评价范围，从更为长期、更为全面、更加符合教育规律和教育本质的视角评判教育活动的成效与意义。具体来说，学生发展增值评价是指在义务教育培养目标的引导下，学校、教师、家长等结构性评价主体，按照尊重差异、重视起点、关注过程、强调发展等原则，综合运用多种方法，对学生品德、学业、身心等综合素质在接受某一阶段教育后的发展进步程度进行客观测评和价值判断的过程。

三 信息技术

信息技术（Information Technology，IT），是主要用于管理和处理信息所采用的各种技术的总称。它主要是应用计算机科学和通信技术来设

---

[1] Coleman, J. S., Campbell, E. Q., Hobson, C. J., Mcpartland, J., Mood, A. M., Weinfeld, F. D., York, R. L., *Equality of Educational Opportunity*, Washington D. C., U. S. Government Printing Office, 1966.

[2] Anthony J. Shinkfield and Daniel Stufflebeam, *Teacher Evaluation: A Guide to Effective Practice*, Amsterdam: Kluwer Academic Publishers, 1995, p.395.

计、开发、安装和实施信息系统及应用软件。它也常被称为信息和通信技术（Information and Communications Technology，ICT），主要包括传感技术、计算机与智能技术、通信技术和控制技术。人们对信息技术的定义，因其使用的目的、范围、层次不同而有不同的表述：凡是能扩展人的信息功能的技术，都可以被称作信息技术。信息技术是对在计算机和通信技术支持下用以获取、加工、存储、变换、显示和传输文字、数值、图像以及声音信息，包括提供设备和提供信息服务两大方面的方法与设备的总称。信息技术是人类在生产斗争和科学实验中认识自然和改造自然过程中所积累起来的获取信息，传递信息，存储信息，处理信息以及使信息标准化的经验、知识、技能，体现了这些经验、知识、技能的劳动资料的有目的的结合过程。信息技术是对管理、开发和利用信息资源的有关方法、手段与操作程序的总称。信息技术包括信息传递过程中的各个方面，即信息的产生、收集、交换、存储、传输、显示、识别、提取、控制、加工和利用等技术。"信息技术"可以从广义、中义、狭义三个层面来定义。从广义而言，信息技术是指能充分利用与扩展人类信息器官功能的各种方法、工具与技能的总和。该定义强调的是从哲学上阐述信息技术与人的本质关系。从中义而言，信息技术是指对信息进行采集、传输、存储、加工、表达的各种技术之和。该定义强调的是人们对信息技术功能与过程的一般理解。从狭义而言，信息技术是指利用计算机、网络、广播电视等各种硬件设备及软件工具与科学方法，对文图声像各种信息进行获取、加工、存储、传输与使用的技术之和。该定义强调的是信息技术的现代化与高科技含量。信息技术的应用包括计算机硬件和软件，网络和通信技术，应用软件开发工具等。自计算机和互联网普及以来，人们日益普遍地使用计算机来生产、处理、交换和传播各种形式的信息（如书籍、商业文件、报刊、唱片、电影、电视节目、语音、图形、影像等）。[①]

---

① 韩红强、王志鹏：《信息技术服务分类与定义研究》，《信息技术与标准化》2013年第4期。

第四节 研究综述

一 学生评价相关研究述评

评价是对人、事或者物的价值进行判断的过程。[①] 教育评价包括教育体系评价、学校评价、课程评价、教学评价和学生评价等诸多层面。[②] 学生评价作为直接针对学生发展的评价，是学校教育的重要环节，也是教育评价研究的重点领域。[③] 学生评价是指对学生的知识、技能、情感、价值观等综合素质发展状况的评判[④]，是以促进学生发展为目标的价值判断过程。近年来，学者关于学习评价的研究主要关注了学生评价的内涵、功能、分类及方法四个方面。

（一）关于学生评价内涵的研究

有学者认为，学生评价是指以促进学生发展为目的，对学生在真实或模拟情景中的表现进行评价，是一种事实判断与价值判断的综合。[⑤] 有学者认为，学生评价是对学生的个体学习进展和变化的评价，包括对学业成绩的评价、学生的思想品德和个性评价等方面。[⑥] 有学者认为，学生评价需要关注学生的个性化表现，关注学生自我发展和教育的过程。[⑦] 还有学者认为，学生评价的内容中除了学业成绩，还应该对学生智能、态度、个性、兴趣发展状况进行评价。有学者认为，学生评价是依据一定的价值标准对学生的学业成绩、个性发展、品德状况、体质体

[①] 王占仁：《习近平总书记教育重要论述的原创性贡献》，《国家教育行政学院学报》2020年第11期。
[②] 赵勇：《教育评价的几大问题及发展方向》，《华东师范大学学报》（教育科学版）2021年第4期。
[③] 陈玉琨：《中国高等教育评价论》，广东高等教育出版社1993年版，第23页。
[④] 涂艳国主编：《教育评价》，高等教育出版社2007年版，第15页。
[⑤] 柯森、王凯：《学生评价：一种基于新课程改革的探讨》，《当代教育论坛》2004年第8期。
[⑥] 陈玉琨：《教育评价学》，人民教育出版社1999年版。
[⑦] 李雁冰：《论综合素质评价的本质》，《教育发展研究》2011年第24期。

能等方面进行价值判断,并把判断结果反馈于教育实践以改进教学①。有学者认为,学生评价是对学生思想品德、知识技能、体质健康、社会适应性以及劳动技能等各个方面的可教育性及实际发展水平进行价值判断的过程②。有学者认为,学生评价是在系统地、科学地和全面地搜集、整理、处理和分析学生信息的基础上,对学生发展和变化做出价值判断的过程,目的在于促进教育与教学改革,引导学生全面发展。③ 有学者认为,学生评价的核心是利用量化和质性评价方式对学生知识与技能、过程与方法、情感态度和价值观进行综合评价,以促进学生的学习。④ 有学者认为,学生评价就是依据预先设置的学生评价目标(或评价标准),采用不同的方法对学生学习等综合素质发展状况进行判断的过程⑤。虽然学者对学生评价内涵的认识不尽相同,但都强调学生评价既是一个事实判断过程,也是一个价值判断过程;既要关注其学业成绩,也要关注其品德、情感、态度等综合素质的发展。

(二)关于学生评价主体的研究

"谁来评"是学生评价理论研究和实践探索的重要课题。评价主体是指参与评价活动的组织与实施,并按照一定的评价标准对评价客体进行价值判断的个人或团体。⑥ 评价主体对评价的方向与进程起着至关重要的作用,直接关系到评价结果的真实性和可靠性。在我国,学生评价模式大多趋向于以教师作为学生评价的核心且唯一的主体,学生被动地接受着教师给予的评价结果。⑦ 英美文化影响下的学生评价大多强调学生自己在评价过程中的主体作用。如美国基础教育强调,学生应该作为

---

① 胡中锋主编:《教育评价学》,中国人民大学出版社2013年版。
② 王景英主编:《教育评价理论与实践》,东北师范大学出版社2002年版,第256页。
③ 金娣、王刚编著:《教育评价与测量》,教育科学出版社2002年版,第296页。
④ 孔令帅、杨锐:《构建良好的校本学生评价体系——美国〈校本学生评价体系探析〉报告的启示》,《教育发展研究》2014年第24期。
⑤ 王斌华:《学生评价:夯实双基与培养能力》,上海教育出版社2010年版,第68页。
⑥ 蔡敏:《论教育评价的主体多元化》,《教育研究与实验》2003年第1期。
⑦ 《中共中央国务院印发深化新时代教育评价改革总体方案》,《人民日报》2020年10月14日第1版。

评价主体全面参与其自身的评价过程。[①] 美国学者罗杰斯也认为，学生是学习的主体，也应该是自我评价的主体。[②] 日本基础教育强调，在学生评价中要将学生的"自我评价"与学生之间的"相互评价"相结合，重视学生参与评价活动。[③] 美国学者派特认为，在学生评价中，应当把使用评价信息的各方面人员邀请到评价中来。[④] 日本学者田中耕治指出，学生评价主体应该包括学生、教师、家长和当地居民、教育行政机构、第三方机构。[⑤] 当前，我国关于学生评价主体的讨论也开始强调基于主体需要的多元主体的共同参与，重视评价者与被评价者之间的良好互动关系。[⑥] 有学者明确指出，新时代学生评价的主体应该包括教师、学生、同伴和家长，充分调动学生周围相关利益者对学生进行评价，以此保障评价的全面性、客观性和科学性。[⑦] 总体来说，评价主体多元化已经成为世界各国学生评价发展的基本趋势。

（三）关于学生评价功能的研究

学生评价能够在促进学生自由成长的同时，培养社会发展所需的人才。[⑧] 过去的学生评价过分强调评价的甄别与选拔功能，忽视了学生的个性化发展，也弱化了学生评价的改进与激励功能。[⑨] 因此，学者认为学生评价要尊重差异、促进发展，以多元评价的方式尽可能地发挥评价

---

① 张向众：《美国的学生评价改革趋向：学生本位评价》，《外国中小学教育》2006年第6期。

② 方展画：《罗杰斯"学生为中心"教学理论评述》，教育科学出版社1990年版，第32页。

③ 钟启泉：《课程评价：从量化评价到质性评价——与日本课程学者浅沼茂教授的对话》，《全球教育展望》2002年第3期。

④ Patton, M., *Utilization-focused Evaluation* (2nd Ed.), Newbury, CA: Sage, 1986.

⑤ ［日］田中耕治：《教育评价》，高峡等译，北京师范大学出版社2011年版。

⑥ 刘美辰、李光：《中小学综合实践活动的学生评价：问题检视、原因分析与改进策略》，《中国考试》2021年第12期。

⑦ 谢小蓉、张辉蓉：《新时代基础教育学生评价的价值取向与发展路径》，《中国教育科学》2022年第5期。

⑧ 邓凡、余亮：《我国学生评价政策的回顾与展望——基于Nvivo11的政策文本分析》，《中国人民大学教育学刊》2022年第4期。

⑨ 李文砚、徐伟：《新课改视野下学生评价现状及对策》，《江西教育科研》2007年第3期。

的预测、激励和导向功能，有助于教师了解学生学习及其身心发展的状况，有助于教师了解教学得失并改进教学活动，有助于学生明确努力方向和调节学习过程。① 有学者指出，学生评价具有了解学生学习起点、评价学生的学习结果、帮助教师了解教学得失、诊断学生的学习困难以及激发学生学习的动机五种功能。② 有学者认为，学生评价有助于把握学生学习起点，正确确定教学目标，选择教学策略；有助于评定学生学习的结果，做出恰当的教学决策；有助于教师了解教学的得失，改进教学方法；有助于了解学生的学习困难，帮助学生找出存在的问题；有助于激发学生学习动机，促进学生的学习。③ 总体来看，学生评价具有预测、反馈、甄别、选拔、改进、激励等多种功能。

（四）关于学生评价类型的研究

依据不同的标准，学生评价可以分为不同类型。按照评价实施的阶段，可以将学生评价分为诊断性评价、过程性评价和终结性评价。按照评价主体，可以将学生评价分为自评、他评两种方式。按照评价手段，可以将学生评价分为量化学生评价和质性学生评价。按照评价依据的标准，可以将学生评价分为常模参照学生评价、标准参照学生评价、领域参照学生评价、能力参照学生评价和成长参照学生评价。按照评价的方式，可以将学生评价分为理论性学生评价和操作性学生评价。按照评价的指向，可以将学生评价分为集中性学生评价和发散性学生评价。依据评价对象，可以将学生评价分为学生学业评价（具体学课评价）、学生倾向评价（一般性学业倾向评价、准备性评价）、学生个性与调整评价（项目性技巧评价、结构性评价、自我描述性评价）、学生兴趣评价（职业兴趣评价、其他兴趣评价）、学生态度及价值观评价。④ 当前学生评价

---

① 向颖、何国良：《多元评价促进学生发展》，《思想政治课教学》2019 年第 8 期。
② 张敏主编：《学生评价的原理与方法》，浙江大学出版社 2011 年版，第 16 页。
③ 陈玉琨：《教育评价学》，人民教育出版社 1999 年版。
④ 邹德田：《新课程下学生评价引发的思考》，《中国校外教育》2016 年第 10 期。

的基本取向是从甄别性学生评价向发展性学生评价转变。[1] 发展性学生评价区别于选拔性学生评价和水平性学生评价，注重诊断、激励和发展，其目的在于更好地促进学生的成长，从而引导教师和学校遵守教育教学规律。可以说，发展性学生评价体现了现代学生评价的发展趋势，符合教育评价改革的要求。[2] 随着人工智能技术与教育评价的深度融合和国家教育评价政策改革的不断深入，信息技术支持的学生发展评价受到政策制定者和理论研究者的关注，中小学实践中信息技术支持的学生评价探索也如火如荼地进行着。

二 技术支持的学生评价相关研究述评

以互联网、大数据、人工智能为代表的信息技术越来越展现出驱动教育发展的巨大潜力，信息技术推动着教育变革、重塑着教育体系，成为世界各国的重要战略选择。[3] 信息技术的出现改变了信息传播方式，更新了信息交流方式、获取信息的形式，也优化了信息的处理、存储方式。[4] 信息技术与教育的深度融合，使学生评价能够获取更加全面的过程性资料和更为精准的分析结果。[5] 近年来，关于技术支持的学生评价，学者主要关注以下几方面的问题。

（一）关于信息技术与学生评价关系的研究

信息技术能够促进学生评价的精准化和科学化的观点，已经得到教育理论研究者和广大一线教师的认同。[6] 人工智能、大数据可以作为改进教育评价方法、创新教育评价手段的技术支持力量，真实地推动教育测评方法与手段的革新。然而，利用信息技术促进学生评价，既要综合

---

[1] 曾继耘：《由甄别选拔到促进发展：学生评价改革的方向》，《教育理论与实践》2003年第19期。
[2] 许爱红：《对发展性学生评价本质的思考》，《中国教育学刊》2005年第3期。
[3] 陈晓珊、戚万学：《"技术"何以重塑教育》，《教育研究》2021年第10期。
[4] 李康：《论教育技术的价值取向和发展周期问题》，《中国电化教育》2006年第7期。
[5] 吴南中、夏海鹰、张岩：《信息技术推动教育形态变革的逻辑、形式、内容与路径》，《中国电化教育》2019年第11期。
[6] 赵慧臣：《教育信息化促进学生评价改革》，《教育研究》2017年第3期。

利用不同类型的信息技术，发挥其聚合优势；又要针对学生评价的需要，选择适切的信息技术，真正发挥技术赋能学生评价的功能。① 总之，关于信息技术与学生评价关系的研究，学者一方面强调信息技术能够通过伴随性数据的收集和大数据分析促进学生评价；另一方面也强调不能唯"数据"，而是要重视教师在学生评价中的作用。

（二）关于技术支持学生评价的应用研究

许多学者主张以新型的测评技术为支撑，以计算机技术与人工智能的发展为活力，推动智能化教育评价改革。有学者通过对大数据赋能教育评价转型技术逻辑的论证，提出了技术赋能学生评价的具体实践路径。② 有学者运用实践案例验证了人工智能教育评价与干预系统在数据感知、智能评价、数据决策等方面优于传统教学评价的假设。③ 有学者基于学习技术的核心思想，研究设计出了"云—边—端"三层学生综合素养评价数据共享与安全保护技术逻辑架构。有学者针对我国综合素质评价效用不高、权责不清、客观公正不足、安全可靠性不强等问题，提出基于区块链的技术优势，构建和应用基于区块链的学生综合素质评价系统。有学者以学生综合评价为目标，通过学习行为数据聚合特征变量，构建了相应的数字化学习评价模型，并以实践案例验证了该参考模型的科学性和可用性。有学者借助多模态数据和智能分析技术对学生能力和知识水平、人格与心理健康以及教学过程进行了评估，提高了智能化测评的针对性和精细化。④ 有学者通过多场域多模态的数据采集以及对学生综合素养多模态数据的智能分析构建了一个学生综合素养评价模型，

---

① 张生、王雪、齐媛：《人工智能赋能教育评价：学评融合新理念及核心要素》，《中国远程教育》2021年第2期。
② 张志华、王丽、季凯：《大数据赋能新时代教育评价转型：技术逻辑、现实困境与实现路径》，《电化教育研究》2022年第5期。
③ 胡钦太等：《人工智能时代高等教育教学评价的关键技术与实践》，《开放教育研究》2021年第5期。
④ 骆方等：《教育评价新趋向：智能化测评研究综述》，《现代远程教育研究》2021年第5期。

实现了精准性的"以评促育"。① 有学者结合高中英语学科特性研发了一套人工智能辅助高中英语阅读教学评价的智能评价设计方案，为英语阅读课堂教学提供了更为客观和精确的评价。②

近年来，随着人工智能、云计算、大数据、区块链等现代信息技术的发展和人工智能、大数据技术与教育评价的深度融合，数据的存储与处理技术的不断更新与提升，在技术支撑下获取教育教学中的全过程数据、多模态数据的能力不断增强；催生了一些如基于计算机的评价方式、计算机自适应测验方式、基于教育游戏的评价方式以及技术增强型评价方式等新的测验形式。③ 综观技术赋能学生评价的实证研究我们发现，大数据、数据挖掘、深度学习、多模态数据分析及学习分析技术已成为革新教学的中坚技术力量，智能化测评系统、电子化评价系统、技术平台支持的学生成长档案袋也逐渐完善，④ 为教育评价从"经验主义"走向"数据主义"提供了技术条件。但从当前来看，我国教育大数据采集和应用工作仍严重缺乏和滞后，基层机构的"数据沉睡""数据孤岛"等问题仍未被打破，大多数教育研究者不能直接参与教育数据收集、管理和应用，而中小学教师及学校管理者在教学压力的重担下无法承担附加的数据收集与记录工作，这就导致了除有教育数据库支撑的机构之外，学校实践数据和教育教学相关数据来源单一且固化，无法真正实现基于数据的学生发展精准且全面的评价。

三　增值评价相关研究述评

（一）关于增值评价历史的研究

"增值"一词最初是一个经济术语，是指在金融领域中投入资产或

---

① 郑勤华等：《理论与技术双向驱动的学生综合素养评价新范式》，《中国电化教育》2022年第4期。
② 陆明丽：《人工智能赋能的高中英语阅读教学评价设计研究——以〈The advertising game〉为例》，《电脑知识与技术》2021年第16期。
③ 彭波等：《人工智能视域下教育评价改革何以可能》，《当代教育论坛》2021年第6期。
④ 朱德全、吴虑：《大数据时代教育评价专业化何以可能：第四范式视角》，《现代远程教育研究》2019年第6期。

商品价值的增加。增值与评价关联并运用到教育领域起源于1966年詹姆斯·科尔曼向美国国会提交的《关于教育机会平等性的报告》[①]（简称"科尔曼报告"）。"科尔曼报告"虽然没有直接提出增值评价的概念，但其将学生的学业成就引入教育机会平等中，在教育投入和产出之间进行综合分析，从而催生了教育增值性评价[②]，自此，英美学者开始关注增值性评价。随着多元统计技术的发展，关于增值评价的研究与应用逐渐在全球范围内兴起。1984年，美国田纳西大学的桑德斯（Sanders，W.）和麦克莱恩（Mclean，R.）正式提出采用学生成绩来评价教师的增值评价法。田纳西州政府开始采用增值评价系统对州内公立学校、教师和学生展开评价，以学生的阅读、数学等多学科的州统考成绩为评价基础，每年一次分别报告学校效能、教师教学效果以及学生学业水平的增值情况。而且在1992年率先将增值评价系统（TVAAS）纳入州教育促进法案，这是正式将增值评价系统作为教育改革的一项重要举措。[③] 美国其他州也纷纷开始了教育增值评价的改革和探索。[④] 1992年，英国在兰开夏郡（Lancashire）开展了学校增值评价实验探索，2002年将增值评价推广至威尔士和英格兰进行了试点，2006年开始在英国全国开展学校效能的"多元"增值评价。[⑤] 总的来说，英国较为成熟的增值评价模式是学校增值评价模式，也是率先将学生的升学考试成绩作为数据进行学校的教育质量评估。[⑥] 英国学者在建立学校增值评价模型时考虑到统计数据

[①] Coleman, J., "The Concept of Equality of Educational Opportunity", *Harvard Educational Review*, Vol. 38, No. 1, 1968, p. 7.
[②] 马晓强：《"科尔曼报告"述评——兼论对我国解决"上学难、上学贵"问题的启示》，《教育研究》2006年第6期。
[③] 徐士强、赵凤波：《美国田纳西州教育增值评价模式及其论争》，《全球教育展望》2009年第9期。
[④] Ronald, H., "Heck Examining the Relationship between Teacher Quality as an Organizational Property of Schools and Students' Achievement and Growth", *Rates Educational Administration Quarterly*, 2007, p. 400.
[⑤] 任玉丹：《英国学校增值性评价模式对推进我国教育公平的启示》，《教育探索》2011年第5期。
[⑥] Mortimore Peter and Sammons Pam, "School Effectiveness and Value Added Measures, Assessment in Education: Principles", *Policy & Practice*, Vol. 1, No. 3, 1994.

分层结构的影响,他们在对学校的教育质量进行评定时主要应用了多水平回归技术。随着增值性评价理论的完善和时间长度的加大,统计技术和相应软件的发展,增值评价作为一种较为先进的评价理念和方法也逐步在加拿大、澳大利亚等国家或地区推广和实施。近年来,随着我国教育评价改革的深入,有学者开始在我国义务教育学校效能评价和学生发展评价方面探索应用增值评价。

(二)关于增值评价内涵的研究

增值评价不仅仅是一种评价方法或技术,也是建立在学校教育可以实现学生发展增值的假设之上的一种较为先进的评价理念。与某个时间点的原始发展状况相比,它测量的是学生在某一时间段内的学习(通常指认知方面)进步。这种利用学生的原始发展状况和背景因素对学生及学校进行评价的方式,在一定程度上克服了传统评价的弊端,使评价结果更科学、客观。[①]"增值"既是反映学校效能的指标,也是校长和教师分析学生进步程度的工具。有学者指出,增值评价改变了传统评价一锤定音式的评价方式,它观照了过去、现在以及未来三个向度,动态性地关注了教育过程和学生发展的过程。在这样的评价过程中,学生的发展变化得到追踪和呈现,从而使总结性评价结果实现了发展性评价使用的转变。增值评价根本理念和技术逻辑是关注学生的进步、努力程度和增值空间,关键在于用动态的眼光看待学生的学习变化。当前,学术界关于增值评价内涵的认识主要包括两个层面:第一,从学校和教师层面理解增值评价。如特克维等学者认为,增值是衡量学校或教师效能的方法。[②] 有学者指出,增值评价是采用增值理念和方法对学校效能进行判断的一种评价方式。[③] 有学者认为,增值评价是以学校教育活动对学生

[①] 任玉丹:《英国学校增值性评价模式对推进我国教育公平的启示》,《教育探索》2011年第11期。

[②] 张亮、张振鸿:《学校"增值"评价的内涵与实施原则》,《当代教育科学》2010年第10期。

[③] [英]萨丽·托马斯:《运用"增值"评量指标评估学校表现》,彭文蓉译,《教育研究》2005年第9期。

预期成绩的增值为教育评价标准,用来判定学校对学生发展的影响,是一种绿色升学率理念下的发展性学校评价模式。[①] 有学者认为,增值性评价是指通过追踪研究设计,收集学生在一段时间内不同时间点上的标准化测验成绩;基于学生自身测验成绩的纵向比较,并考虑其他不受学校或教师控制的因素对学生成绩的影响;使用多水平模型对数据进行统计分析,将上述因素对学生成绩的影响与学校或教师对学生成绩的效应分离开来,追踪学生在一段时间内学业上的变化,考察学校或教师对学生学业成绩影响的净效应,进而实现对学校或教师效能较为科学、客观的评价。[②] 第二,从学生发展层面理解增值评价。有学者认为,增值学生评价不是用学生的某次学业成绩来评价学生学业发展状况,而是通过跟踪每位学生随时间推移在学习上增添的价值,获得学生某年或几年内的进步情况,从而评价学生的发展状况。[③] 随着增值评价研究的不断深入,增值评价不再只关注学生的学业成绩测量,而是开始将增值评价运用于学生的发展性评价之中。关注学生在学习过程中的知识与技能、过程与方法、情感态度与价值观的发展。学生的成长增量不再仅仅被作为学校和教师效能评价的依据,而是作为对学生自身成长的评价依据,增值评价发展为一种学生评价方法。

总体来说,无论是从技术方法层面,还是从思想理念层面理解增值评价,它都是一种更能体现教育公平、更加尊重学生差异、更能促进学生个性化发展的评价方法,当然也符合我国教育评价改革的方向。

(三)关于增值评价特征的研究

增值评价强调的不是鉴别和选拔,而是通过学生进步程度的反馈,针对存在的问题,对学生以后的学习和学校的教学及管理进行及时矫正,以达到促进教学改进和学生发展的目的。[④] 与传统的评价方法相比,增

[①] 边玉芳、林志红:《增值评价:一种绿色升学率理念下的学校评价模式》,《北京师范大学学报》(社会科学版)2007年第6期。
[②] 辛涛:《"探索增值评价"的几个关键问题》,《中小学管理》2020年第10期。
[③] 刘志春、吕宏伟:《增值性学生评价探析》,《现代教育论丛》2010年第4期。
[④] 张乐为:《中学生增值评价研究》,硕士学位论文,天津师范大学,2012年。

值评价具有其自身显著的特征。第一，评价的发展性。增值评价是一种纵向的发展性评价，不仅关注学生在某一时间段后的发展情况，而且更重要的是考虑了入口特征（即学生入学时就具有的，如已达到的水平、性别、民族及社会经济背景等），用一段时间内的"增值"去衡量学生及学校的进步。这种测量不仅是纵向的（收集学生连续多年的发展状况），而且是可比较的（如将单个学生的进步率和全国学生的进步率相比、将学校和学校相比等），既体现了随着时间推移学生自身的进步情况，又反映了与其他学校背景特征类似的群体相比学生的相对提高。[①]第二，方法的科学性。学生发展是受多方面因素影响的，既有学校的因素，也有家庭、社会及学生自身的因素。所以要计算学校对单个学生学业进步的影响是很复杂的，所获得的信息（如关于单个学生的信息、不同群体学生的信息、同一学校所有学生及同一地区不同学校学生的信息等）越多，随后的分析才越可靠和精确，多元回归分析使其成为可能。[②]多水平模型统计技术是多元回归分析的最新发展，它在一定程度上能够分离学校对学生发展的影响和其他因素对学生发展的影响，被公认为测量具有分层性质的学生发展数据的最精确、灵活的工具。第三，测量的公平性。以学校绩效评估为例，增值评价所测量的学校绩效必须关注所有学生取得的进步。[③] 也就是说，学校的所有学生不管他们的发展状况处于哪个段，他们的变化都会对评价结果起作用。学校的增值又是根据学生的增值计算出来的，与每个学生的增值息息相关。这种测量使得学校和教师的关注点由部分学生转向了全体学生，避免了错误的评价导向。[④] 增值评价使生源差的学校不再自暴自弃，增强了发展的信心；生

[①] 任春荣：《教育公平视角下的学校效能评价》，《教育导刊》2007年第9期。
[②] 李凌艳：《如何用好教育增值评价？——对"探索增值评价"的主旨与行动的理性思考》，《中小学管理》2020年第10期。
[③] 王允庆：《谈增值性评价系统的开发和应用》，《课程·教材·教法》2013年第1期。
[④] 张亮：《我国中小学学校效能评价研究的最新进展》，《山东师范大学学报》（人文社会科学版）2010年第3期。

源好的学校也更加重视其自身的课程、教学及管理的完善和优化①。

(四)关于增值评价的方法与模型的研究

20世纪80年代以前,由于统计和计算技术的局限,增值评价的发展受到了很大的限制②。在多层线性模型(Hierarchical Linear Modeling,HLM)产生之前,增值评价一般采用分数差值法(简单地用学生输出的分数减去输入的分数,将所得差值作为增值)、简单回归法(以输出的成绩为因变量,输入的成绩为自变量,用回归分析的技术计算学生的增值)、百分位数增值法、多维IRT法③等方法进行数据的收集和统计。这些方法虽然简单,但结果粗糙,无法全面考虑学生、班级和学校等嵌套数据的更多层面。随着统计技术的逐步完善,用于增值评价的统计模型也经历了由简单到复杂、由粗糙到精确的发展过程,当前运用的方法主要有以下几种。第一,摘要统计分析。摘要统计分析(Summary Statistics)是描述统计分析的一种方法,它使用一系列描述性统计量描述数据的概貌,如最大值、最小值、平均数、标准差等。这种分析方法以学生在一段时间内原始成绩的平均数作为增值指标,相较传统的仅依赖一次测验成绩所进行的评价更加科学,但是无法估测学生成绩的进步情形④。另外,由于学校是统计分析的最小单位,因此在使用该方法进行分析的过程中会丢失学生自身的详细信息⑤。第二,多元回归分析。多元回归分析(Multiple Regression)是用来估计观测值(observed score)与期望值(expected score)之间残差值(residual)的标准统计技术⑥。就学生水平数

---

① 吴刚:《探索增值评价 驱动学校创新》,《上海教育科研》2020年第9期。
② 张煜:《学校效能评价——一种对学校进行综合评价与质量监控的理论与方法》,《中小学管理》1997年第Z1期。
③ 林岳卿、方积乾:《多维IRT与单维IRT在多维量表中应用的差异》,《中国卫生统计》2011年第3期。
④ 漆书青、戴海崎、丁树良编著:《现代教育与心理测量学原理》,高等教育出版社2002年版。
⑤ 辛涛、姜宇、刘文玲:《中高考数据链接:对学校进行增值性评价——以某市40所高中2132名学生中高考数据的实证分析为例》,《中小学管理》2012年第6期。
⑥ Betebenner, D., "Norm-and Criterion-Referenced Student Growth", *Educational Measurement: Issues and Practice*, Vol. 28, No. 4, 2009, p. 42.

据的分析而言，观测值指的是学生的实际成绩水平，期望值指的是以该生先前成绩为分析的基线所预测的学生应该取得的成绩水平[①]。残差值可解释为某位学生的成绩是高于期望值还是低于期望值（该期望值的估测以样本中学生的学习能力基线及其学习成绩统计关系为基础）。该残差值可以反映学生的相对进步，实际上即为学生在一段时间内的"增值"。与摘要统计分析相比，这种方法虽然能纳入学生或学校层面更多的变量，提供更为精确的增值指标，但该方法对具有多层结构的数据变量之间关系的处理也有局限性。第三，多水平分析。多水平分析是针对传统多元回归分析的不足，为了充分利用学生、班级及学校等各个层面的数据信息而产生的一种新的统计方法[②]。林德里（Lindly）和史密斯（Smith）于1972年首次提出了多水平模型（Multilevel Modeling），也称多层线性模型[③]。经过20多年的演进和发展，到了20世纪90年代初期，随着计算机技术的发展，一些专门分析具有多层特征数据的统计软件的相继出现，使得多水平模型在社会科学领域得以广泛应用。目前较常用的多水平模型统计软件有 HLM、MLwin 和 VARCL 等。这些模型考虑了数据的层次结构，将传统回归分析中的误差分解为两部分：由个体间差异产生的误差、由班级间差异产生的误差[④]。其基本思想是：首先以第一层次（如学生）变量进行回归，再以回归系数作为第二次回归的因变量，以第二层次（如班级）变量为自变量进行回归，依此继续下去，然后再进行逆向迭代，得到一个完整的回归方程[⑤]。这种方法不仅在模型的假设上与实际情况更吻合，而且由此得到的结果也较为合理、科学地

[①] Sanders, W., "Value-added Assessment", *School Administrator*, No.11, 1998, p.24.

[②] Teddlie, C. and David, R., *The International Handbook of School Effectiveness Research*, New York：Falmer Press, 2000.

[③] David Reynolds, et al., *World Class Schools：International Perspectives on School Effectiveness*, New York：Routledge Falmer, 2002, p.69.

[④] 周园、刘红云：《教育增值评价中嵌套数据增长百分位估计方法探析：多水平线性分位数回归模型的应用》，《中国考试》2020年第9期。

[⑤] 谢小庆：《用于成长评估的学生成长百分等级模型：来自美国的经验》，《教育测量与评价》2019年第6期。

揭示事物之间的真正关系。目前，这项技术已得到研究者的广泛认可，尤其是在调查具有层次结构的资料时，是一项最具灵活性的工具。与传统的回归分析相比，多层线性模型的优点包括四个方面：(1)能够处理具有嵌套结构的非独立数据；(2)能够连接宏观层面数据和个体数据；(3)能够引入在任何水平上测量到的协变量，考察各变量对层间或群间的差异到底起多大作用，了解因变量在层间差异的程度；(4)能够在同一基本原理的基础上衍生出多种分析手段，如针对嵌套数据的分层分析，针对重复测量数据的个体增长模型等。①

（五）关于信息技术支持的增值评价的实践探索研究

近年来，随着信息技术的发展和教育评价改革的深入推进，信息技术支持的增值评价的实践研究也如火如荼地进行着。长沙市第六中学自2020年以来，借助信息技术建立了学校独特的学生发展性综合素质评价模式——"三级四主五环""345评价模式"。该校将所有学生评价证据科学"数据化"，确保学生的日常表现情况充分"留痕"，这样的评价更具智慧化和实效性。②徐州市青年路小学也借助信息技术开发了校本特色的"小学生自主发展评价系统"，建构了适应该地小学生成长的过程性评价系统。该系统关注学生道德品质、学业水平、身心健康、艺术素养和实践创新五大维度，构建了12个二级评价模块，并基于H5技术和数据采集，基本实现了对学生客观真实的评价。③江苏省南京市晓庄小学在积极探索学生评价机制改革过程中，借助信息技术设计研发了该校的"苹果树平台"，将每一个学生都看作一棵成长中的苹果树，通过全方面的数据采集与分析，借助"苹果树"的长势、大小及果实情况来呈

---

① 徐路明：《基于简易式百分等级成长模型的学业增值评价》，《中国考试》2021年第3期。

② 向雄海、吴瑶、许玮：《数据驱动的教育评价模式与创新实践》，《开放学习研究》2023年第2期。

③ 寇拥军、金云波：《基于大数据的义务教育阶段学生综合素质评价系统开发》，《西部素质教育》2023年第14期。

现学生成长态势。[1] 浙江省杭州市建兰中学借助互联网、云计算、区块链和大数据技术，构建了以"建兰大脑"为核心的学生发展评价体系。通过对学生过程性数据的全面采集，利用智能终端对数据进行记录和存储，并开展数据挖掘分析与反馈呈现。最终在核心素养总体框架下，建兰中学结合校本化实践，形成了学生个性化成长成熟度（IGPM）评价模型。[2] 在信息技术支持与赋能学生评价的实践落地上，"建兰大脑"推动了学校的数智化学生评价，促进了现代化的教育教学变革，在实现学生全面个性发展的目标上真正迈出了大大的一步。

四 关于技术支持增值评价相关研究述评

增值评价研究已经走过了40多年的历程，逐渐成为20世纪80年代以来国际教育评价界一个重要的研究课题。近年来，增值评价受到越来越多的关注，学者基本认可增值评价方法较传统的评价方法更为公平、合理和科学。许多学者开始运用信息技术提升增值评价的有效性和科学性。有学者提出，智能技术赋能增值评价可以在追踪数据库连接与整合、发展水平可视化报告中呈现应用场景。[3] 在智能技术赋能下进行教育教学评价，能够更加精准、更加全面化地获得增值评价的数据，从而更加精确地剔除其他影响因素对研究变量的干扰和影响，更加客观地获取学生某一方面的"净增长"，提升增值评价的合理性、科学性、客观性、有效性。有学者提出，利用大数据技术的精确性和复杂性的优势，融入增值评价的数据收集和均值计算，能更多地得到数据，捕捉学生潜在的表现特征。[4] 有学者论证了人工神经网络技术纳入增值评价的适配性。[5]

---

[1] 金立义、陈新涛：《"苹果树"评价：促进学生全面可持续发展》，《人民教育》2022年第22期。

[2] 任国平等：《从"对人的评价"到"为了人的评价"——构建促进学生全面发展的评价体系》，《人民教育》2021年第6期。

[3] 刘邦奇等：《智能技术赋能新时代综合评价：挑战、路径、场景及技术应用》，《中国考试》2022年第6期。

[4] 张志华、王丽、季凯：《大数据赋能新时代教育评价转型：技术逻辑、现实困境与实现路径》，《电化教育研究》2022年第5期。

[5] 李俊飞、谭顶良、李格非：《试析人工神经网络在增值评价中的应用》，《中国考试》2022年第7期。

有学者以"证据中心的设计"(ECD)理论为依据,围绕"基于证据进行推理"的核心思想进行学生核心素养的测验设计与开发①,通过建构复杂的任务情境,获取学生核心素养的测验数据,获取学生的过程性表现,并从中抽取测量证据推论学生的潜在特质水平或心智活动②。有学者主张构建包含自主发展、社会参与和文化基础的综合素养理论模型,并借助信息技术对学生进行增值评价。③ 有学者主张借助大数据和区块链技术优化数据存储和管理,构建由智能化大数据与区块链平台、人机协同评价体系、评价结果的反馈和应用三个主要环节构成的核心素养评价模型。④ 有学者以合作问题解决测评为例,阐释了基于证据为中心指导的测验设计,并列举了如何从多模态过程数据中提取关键特征,与理论模型建联并最终形成评分指标的过程。⑤ 有学者聚焦阅读项目的深度增值,以整本书的阅读学习任务群为出发点,从阅读计划的制订、阅读过程的监测、阅读结果的呈现等方面反馈了学生的阅读增值状态。⑥

总之,大数据技术支持将是未来教育评价的必然选择,创新增值评价工具,借助大数据、人工智能技术等新兴技术为实现评价方式多元化提供了便利。如基于大数据分析技术的评价,可以全方位、全过程采集教学中的过程性数据,同时可以获得情感因素、心理倾向等非结构化数据,挖掘跟踪和记录学生的学习过程,为教师及时提供动态、实时的评价反馈,从而优化教学进程。⑦ 然而,增值评价对学生在教育过程中所

---

① 袁建林、刘红云:《核心素养测量:理论依据与实践指向》,《教育研究》2017年第7期。
② 袁建林、刘红云:《过程性测量:教育测量的新范式》,《中国考试》2020年第12期。
③ 柴唤友、陈丽、郑勤华、王辞晓:《学生综合评价研究新趋向:从综合素质、核心素养到综合素养》,《中国电化教育》2022年第3期。
④ 钟苇笛:《数据驱动的核心素养评价:本源、困境与破局》,《中国电化教育》2022年第12期。
⑤ 李美娟、刘红云、张咏梅:《计算心理测量理论在核心素养测评中的应用——以合作问题解决测评为例》,《教育研究》2022年第3期。
⑥ 姚惠平:《增值性评价:聚焦阅读项目的深度"卷入"》,《小学教学设计》2022年第25期。
⑦ 宋乃庆等:《新时代基础教育评价改革的大数据赋能与路向》,《中国电化教育》2021年第2期。

产生的数据的收集及完整性要求更高,数据模型的应用操作要求也更高,如果数据不完整,很容易造成学生增值分数的偏差。从掌握的文献来看,增值评价已得到大多数国家的认同,并在教育实践中被广泛运用。一些欧美国家已将增值评价纳入国家及州层面的教育测量与评价体系之中,成为学校评估的重要指标和公众、教育管理部门对学校监督与评估的重要依据。① 然而,随着理论研究的深入和实践范围的拓展,增值评价的科学性②和有效性③问题也逐渐暴露出来。学者认为增值评价除了常见的评价偏差与不稳定之外,还存在强化应试教育、削弱学校管理自主权和教师专业自主权等问题。④ 其原因主要在于当前增值评价在目标、内容、主体、实施等方面还存在着许多亟待改进的问题。一是评价目标主要指向学校管理,忽视学生发展;二是评价内容对学业成绩的重视远远超过对学生综合素质和可持续发展潜能的关注;三是当前增值评价理论研究和实践探索对增值评价主体的特殊性考虑不足;四是还没有形成一种适合中国实际的增值评价实施路径和可以大面积推广的典型案例;⑤ 五是信息技术支持的增值评价还处在探索阶段,学生发展过程的数据收集和分析技术还需要更加科学的研究和实践。另外,文献研究还发现,作为一种较为科学的评估学校、考核教师的理念与方法,鲜有学者从学生发展的角度探讨增值评价问题。本书认为,如果不基于教育逻辑和学生发展规律研究增值评价,关于学校效能和教师效能的增值评价研究与实践不仅会重蹈绩效主义评价的覆辙,也会导致评价中出现既无"教育"也无"人"的问题。⑥

---

① 褚宏启主编:《中国教育管理评论》(第四卷),教育科学出版社2007年版,第138页。
② Ishii J and Rivkin, S. G., "Impediments to the Estimation of Teacher Value Added", *Education Finance and Policy*, No. 4, 2009.
③ Schochet, P. and Chiang, H., "What Are Error Rates for Classifying Teacher and School Performance Using Value-added Models?" *Journal of Educational and Behavioral Statistics*, No. 2, 2013.
④ 苏红:《全面看待增值评价对基础教育的影响——以美国为例》,《人民教育》2021年第21期。
⑤ 吴刚:《探索增值评价 驱动学校创新》,《上海教育科研》2020年第9期。
⑥ 石中英:《回归教育本体——当前我国教育评价体系改革刍议》,《教育研究》2020年第9期。

第二章　我国学生评价政策的沿革及改进策略

学生评价政策是科学实施学生评价的重要保障，对高质量人才培养具有重要导向和规约作用。自新中国成立以来，我国学生评价政策经历了从无到有、适时调整、不断完善的过程。在评价理念、评价主体、评价内容、评价方法及评价机制等方面都不断朝着更能促进学生健康成长的方向发展。新时代以来，国家高度重视学生评价改革，颁布了一系列卓有成效的政策措施，在落实立德树人根本任务、培养高素质人才方面发挥了重要作用。党的二十大报告指出：要进一步"深化教育领域综合改革，完善学校管理和教育评价体系"。同时还指出，改革应该遵循"守正创新"的思路和方法，因为"守正才能不迷失方向，不犯颠覆性错误；创新才能把握时代，引领时代"[①]。基于此，本书拟按照"守正创新"思路对新中国成立以来，尤其是新时代以来我国学生评价相关政策进行梳理，以期能使学生评价政策更好地为学生发展和高素质人才培养服务。

第一节　我国学生评价政策的历史演进

自新中国成立以来，我国学生评价政策根据国家育人目标和教育政

---

① 习近平：《高举中国特色社会主义伟大旗帜　为全面建设社会主义现代化国家而团结奋斗——在中国共产党第二十次全国代表大会上所作的报告》，人民出版社2022年版。

策的变化不断进行调适，经历了关注学业与品行、重视政治表现、强调"双基"、推进"综合素质"四个时期。

一 采用"五级分制"，关注学业与品行时期

新中国成立伊始，在全面学习苏联的背景下，教育领域全盘否定之前在教育测量中引借和积累的经验，完全采用"苏式考评体系"。"苏式考评体系"是一种以五级分制（根据学业成绩和操行成绩将学生的学习结果分为优、良、中、及格、不及格五个层次）为核心的考评方法。通过考核和考察两种方式对学生学业与品行进行评价。[①] 1952年3月，教育部颁布的《小学暂行规程（草案）》和《中学暂行规程（草案）》明确提出，要用五级分制记分法来评定学生成绩。1955年5月，教育部在《关于实施中学生守则的指示》中规定，教师对学生进行操行评价时应依据《守则》，采用五级分制记分法。[②] 小学学生成绩分为学业成绩和操行成绩，学生学业成绩考查逐步采用五级分制记分法，得三分为及格。小学学生的学业成绩由平时考查成绩、学年考查成绩、毕业考查成绩组成，毕业考查通过考试的形式来进行，按照成绩记分。小学学生的操行成绩包括评分和评语，评分是班主任和各科教师对小学生的平时行为进行记分，最后汇总而成，评语是教师对学生的优缺点进行总结和点评。中学学生的成绩除了包含学业成绩和操行成绩外还添加了体育成绩，有条件且经过相关部门审核的中学可以试行五级分制记分法。中学生的成绩考查与小学生类似，学业成绩由平时考查、阶段考查、学期考查的成绩按照比例折算得出。操行成绩由班主任根据学生的平时行为进行考查，学期末给予评定。评定包括等级（甲乙丙丁，其中丙为及格）和评语。旅顺中学是我国最早采用五级分制记分法的学校，后来五级分制记分法

[①] 孙杰：《新中国中学生成绩评定方法的实验——以五级分制记分法为个案的研究》，《华东师范大学学报》（教育科学版）2014年第2期。

[②] 陈玉琨、李如海：《我国教育评价发展的世纪回顾与未来展望》，《华东师范大学学报》（教育科学版）2000年第1期。

逐渐推广到全国。然而，受意识形态的影响，教育领域对"五级分制"的学习从技术层面逐渐走向思想层面，强调了"五级分制"的意识形态属性，背离了五级分制记分法的初衷，影响了对学生发展的客观评判。

二　恢复百分制，重视政治表现时期

20 世纪 60 年代初，中苏关系破裂，我国开始对以凯洛夫为代表的苏联教育模式进行全面批判。学生评价由"五级分制"逐渐恢复到百分制，并开始重视学生思想政治教育和政治表现。1957 年 2 月，毛泽东在《关于正确处理人民内部矛盾》的讲话中指出：

> 最近一个时期，思想政治工作减弱了……需要加强思想政治工作，不论知识分子，还是青年学生，都应该努力学习。除了学习专业之外，在思想上要有进步，在政治上也要有所进步，这就需要学习马克思主义，学习时事政治。没有正确的政治观点，就等于没有灵魂。[①]

该讲话还指出我国当时的教育方针是使受教育者在德智体几方面都得到发展，成为有社会主义觉悟的有文化的劳动者。《关于正确处理人民内部矛盾》的讲话表明了我国当前思想政治教育薄弱，并倡导今后知识分子和青年学生应该加强思想政治学习。1958 年 1 月，教育部颁布的《关于中学生操行成绩评定问题的通知》指出："评价学生操行时，除了依据《中学生守则》外，学生的社会主义觉悟程度、学生的政治表现都应作为学生操行成绩评定的重要依据。1963 年 3 月，中共中央颁布的《关于讨论实行全日制中小学工作条例草案和对当前中小学教育工作几个问题的指示》强调：

> 对中小学生的政治思想和道德品质的教育，不应该丝毫放松。

[①] 《中国教育年鉴》编辑部编：《中国教育年鉴（地方教育）1949—1984》，湖南教育出版社 1984 年版。

必须认识到，我们的中小学教育，根本目的在于培养坚强的革命后代。必须以马列主义、毛泽东思想为指导……培养无产阶级的革命意志，反对和防止资产阶级思想和其他各种反动思想的侵蚀，为逐步树立马克思列宁主义的世界观打下基础。[①]

这个文件表明，在教育上要特别重视学生的思想政治教育，为学生树立正确的人生观，为学生的健康发展打下基础。同年颁布的《全日制小学暂行工作条例（草案）》规定了学生的升学、留级制度，补充和修改了学生的操行成绩评定。

政治表现成为这一时期评价学生发展状况的重要内容。这一学生评价的政策虽然有其历史合理性，但过分关注学生的政治表现，导致在学生评价中很快就出现了忽略学生发展中其他重要因素的问题，不利于学生的全面发展，也不能满足社会主义建设对优秀人才的需要。

三　坚持百分制，强调"双基"时期

在"文化大革命"期间，学校教育遭到了严重破坏，之前的学生评价政策和方式被完全否定。"文化大革命"以后，国家亟须恢复教育秩序，提升教育质量，培养优秀人才。1978年4月，邓小平在全国教育工作会议上指出，要尽快提高教学水平和教学质量。同年9月，教育部颁布的《全日制小学暂行工作条例（试行草案）》提出："全日制小学必须以教学为主……不断总结经验，努力提高教学质量。"[②] 相比于1963年颁布的《全日制小学暂行工作条例（草案）》所提出的"全日制小学的教学计划、教学大纲和教科书要保持必要的稳定，以便教师积累经验，提高教学质量"，新颁布文件要求"努力提高教学质量"中的"努力"

[①] 课程教材研究所编：《20世纪中国中小学课程标准·教学大纲汇编：教师课程（教学）计划卷》，人民教育出版社2001年版。

[②] 课程教材研究所编：《20世纪中国中小学课程标准·教学大纲汇编：教师课程（教学）计划卷》，人民教育出版社2001年版。

一词，表明我国当时教学任务的重点之一在于大力提高教学质量。1978年教育部颁布的《全日制中学暂行工作条例（试行草案）》开始强调"双基"（基础知识和基本技能）教学。① 随后颁布的《全日制十年制中小学教学计划试行草案》以及相配套的各学科教学大纲和教材都非常重视学生基础知识和基本技能的学习；也强调要促进学生的全面发展。后来的《全日制十年制中小学教学计划试行草案》以及相配套的各学科教学大纲和教材，吸取了国际中小学课程改革的经验与教训，进行了教学内容现代化的改革，教育更加重视学生基础知识和基本技能的学习，重视学生智力的发展，重视学生能力的培养。如"数学课使学生掌握代数……概率统计的初步知识，加强基本技能的训练和能力的培养""物理课使学生掌握物理知识和基本技能，初步了解这些知识的应用，注意能力的培养""化学课使学生掌握化学基础知识和基本技能……注意能力的培养""体育课，要加强体育基础知识的教育和基本技能的训练"。然而，这一阶段学生评价政策中关注的重点仍然是学科基础知识和基本技能，评价方法是纸笔测试，评价主体是各科教师。②

强调"双基"的学生评价政策，对于矫正"政治挂帅"的评价取向有着非常重要的作用，它使学校将工作重心逐渐转移到对学生的知识教学和能力培养上来。然而，过分强调"双基"，又将学校教育逐渐引向了"应试教育"的轨道。

四 实施素质教育，推进综合素质评价时期

"关注综合素质，促进全面发展"是素质教育的价值取向。然而，综合素质评价并不是从一开始就进入素质教育理念下学生评价政策视域之中的，而是经历了萌芽探索、实验推广和指向核心素养的深入推进三个阶段。

---

① 邝孔秀、宋乃庆：《我国双基教学的传统文化基础刍议》，《中国教育学刊》2012年第4期。
② 李润洲：《学生评价模式探析》，《中国教育学刊》2003年第5期。

(一)综合素质评价的萌芽探索阶段

改革开放以后,随着党和国家工作重心的转移,国家决定改变过去只重视知识与技能的人才培养模式。1985年5月,《中共中央关于教育体制改革的决定》指出我国在教育思想、教育内容和教育方法上存在很多不足。在教育思想上,从小培养学生独立生活和思考能力不够,发扬立志为祖国富强而献身的精神不够;在教育内容上,运用马克思主义思想教育学生不够,课程少,内容陈旧;在教学方法上,方法死板,教学实践环节被忽视,不同程度地脱离社会发展需要和科学文化发展需要。要从根本上改变这种状况就需要对教育体制进行改革,"在整个教育体制改革的过程中,必须牢牢记住改革的根本目的是提升民族素质,多出人才,出好人才"[①]。1993年2月,中共中央、国务院颁布的《中国教育改革发展纲要》指出:"中小学要由'应试教育'转向全面提高国民素质的轨道,面向全体学生,全面提升学生的思想道德、文化科学、劳动技能和身体心理素质,促进学生生动活泼地发展。"[②] 实施素质教育需要全新的评价制度。1998年12月,教育部颁布了《面向21世纪教育行动振兴计划》,指出:"要保证'两基'的质量和素质教育的顺利实施,进一步加强教育督导工作,完善督导制度,保证'两基'的质量和素质教育的顺利实施。改革课程体系和评价制度,2000年推行新的评价制度。"这一时期虽然并未出台新的评价制度,但很多地区与学校都在素质教育理念的指引下,开始尝试对学生的知识、技能、道德品质、运动能力等多种素养进行评价,推出了一些具有本土特色的学生综合素质评估方案与手册,为综合素质评价政策的出台和科学实施做了积极的探索。

(二)综合素质评价从"区域实验"进入"全国推广"阶段

20世纪90年代中后期,各地开始建立素质教育实验区,素质教育从区域实验逐渐走向了全面推广。实施素质教育迫切要求出台新的学生

---

① 欧少亭主编:《教育政策法规文件汇编》,延边人民出版社2001年版。
② 教育部法制办公室编:《中华人民共和国教育法律法规规章汇编》(上),华东师范大学出版社2009年版。

评价政策。2001 年 6 月，教育部颁布的《基础教育课程改革纲要（试行）》指出："建立促进学生全面发展的评价体系。评价不仅要关注学生的学业成绩，而且要发现和发展学生多方面的潜能，了解学生发展中的需求，帮助学生认识自我，建立自信。"[1] 2002 年 12 月，教育部颁布的《关于积极推进中小学评价与考试制度改革的通知》（以下简称《通知》）强调要"建立以促进学生发展为目标的评价体系"，主要包括以下几方面：(1)学生评价的原则：从德智体美等方面综合评价学生的发展；(2)学生评价的标准：基础性发展目标和学科学习目标；(3)学生评价的内容：多样化，既要重视学生的成绩也要重视学生的品德、创造能力、实践能力等多方面潜能的发展；(4)学生评价的主体：多元化，教师、学生、家长；(5)学生评价的方法：多样化、开放式的评价方法，除考试、测验外，要探索新的评价办法，如行为观察，情境测验；(6)学生评价的方式：过程性评价与终结性评价相结合；(7)学生评价的载体：学生的成长记录。[2] 首次明确了学生评价的原则、标准、内容、主体、方式、方法等；强调了学生评价不仅依托考试对学生学业成绩进行评价，还包括对学生道德品质、公民素养、学习能力、合作交流能力、运动与健康、审美与表现等方面的评价。2004 年 2 月，教育部颁布的《国家基础教育课程改革实验区 2004 年初中毕业考试与普通高中招生制度改革的指导意见》提出，要对实验区的初中毕业生进行综合素质评价，并从主体、内容、评价结果的呈现与运用和保障机制等方面对中学生综合素质评价做了明确规定。2010 年出台的《国家中长期教育改革和发展规划纲要（2010—2020 年）》提到要"建立科学的教育质量评价体系，全面实施高中学业水平考试和综合素质评价""普通高等学校本科以统一入学

---

[1] 中华人民共和国教育部：《基础教育课程改革纲要（试行）》，http：//www.moe.gov.cn/srcsite/A26/jcj_kcjcgh/200106/t20010608_167343.html.2001 - 06 - 08/2022 - 07 - 02。

[2] 中华人民共和国教育部：《关于积极推进中小学评价与考试制度改革的通知》，http：//www.moe.gov.cn/srcsite/A26/s7054/200212/t20021218_78509.html.2002 - 12 - 18/2022 - 07 - 02。

考试为基本方式，结合学业水平考试和综合素质评价，择优录取"①。至此，学生综合素质评价开始由"区域实验过渡到全国推广"，并探索将学生综合素质评价结果与"高利害"的考试"挂钩"。强调"综合素质"的学生评价政策对改进中小学教育教学实践发挥了重要作用，中小学课程内容逐渐丰富，课堂教学也开始"焕发生命活力"。

（三）深入推进综合素质评价阶段

进入新时代，国家高度重视人才培养质量，为落实"立德树人"根本任务，扭转不科学的教育评价导向，制定了一系列切实可行的学生评价政策措施。2013年6月，教育部颁布了《关于推进中小学教育质量综合评价改革的意见》，强调本次改革的总目标是落实素质教育的要求，以促进学生发展为核心，建立科学多元的中小学教育质量评价制度，扭转单纯以学生学业考试成绩和升学率来评价中小学教育质量的倾向，促进学生全面发展。该意见指出要从学生的品德发展水平、学业发展水平、身心发展水平、兴趣特长养成、学业负担状况五大方面来构建综合评价指标体系，并给出了20项关键性指标。综合评价指标体系的建立使学生综合素质评价的内容趋于统一，20项关键性指标对开展综合素质评价极具指导意义。2013年11月颁布的《中共中央关于全面深化改革若干重大问题的决议》指出："推行初高中学业水平考试和综合素质评价""逐步推行普通高校基于统一高考和高中学业水平考试成绩的综合评价多元录取机制"，学生的综合素质评价已经开始由实验区推广到全国各个省份，涵盖了初中和高中教育阶段，并将学生综合素质评价结果与"高利害"的考试相"挂钩"。2014年4月，教育部颁布了《全面深化课程改革，落实立德树人根本任务的意见》，指出"研究制定学生发展核心素养体系和学科学业质量标准""依据学生发展核心素养体系……完善高校和中小学课程教学有关标准"。"改进学科教学的育人功能""加强考

---

① 中华人民共和国教育部：《国家中长期教育改革和发展规划纲要（2010—2020年）》，http://www.moe.gov.cn/srcsite/A01/s7048/201007/t20100729_171904.html. 2010-07-29/2022-07-21。

试招生和评价的育人导向""注重综合考查学生发展情况""将学生践行社会主义核心价值观情况纳入综合素质评价体系"。该意见强调教育的育人导向，强调以学生为本，促进学生健康全面发展，并且提出要构建学生发展核心素养体系。教育改革的方向是促进学生发展，落实立德树人，培养学生的必备品质和关键能力，学生综合素质评价的内容逐渐涵盖了学生的核心素养。同年9月，国务院印发的《关于深化考试招生制度改革的实施意见》规定："规范高中学生综合素质评价。建立规范的学生综合素质档案，客观记录学生成长过程中的突出表现……主要包括学生思想品德、学业水平、身心健康、兴趣特长、社会实践等内容。"2016年9月，《中国学生发展核心素养》发布，明确了学生应具备的适应其终身发展和社会发展需要的必备品格和关键能力。2020年10月，中共中央、国务院印发了《深化新时代教育评价改革总体方案》（以下简称"总体方案"），这是新中国成立以来第一个关于教育评价改革的系统性文件。该总体方案提出：要"改进结果评价，强化过程评价，探索增值评价，健全综合评价……促进德智体美劳全面发展"，[①] 首次从德育评价、体育评价、美育评价、劳动教育评价、学业水平、考试制度等方面指明了学生评价改革的方向。其具体内容包括：（1）评价观念：科学的成才观，以德为先，能力为重，科学发展；（2）德育评价：科学设计德育目标，利用信息化手段，探索多主体品德评价，评价要突出学生践行社会主义核心价值观的情况；（3）体育评价：建立多种方式相结合的考查机制；（4）美育评价：把中小学学生学习艺术课程和参与艺术实践活动情况纳入学业要求；（5）劳动教育评价：实施大中小学劳动教育指导纲要，将学生参与劳动教育课程学习和实践情况纳入学生的综合素质档案；（6）学业评价：完善各级各类学校学生的学业要求，完善过程性考核和学业考核相结合的学业考评制度；（7）考试制度：深化中高考改革，构建德智体美劳全面发展的考试内容体系，加快完善初、高中学生综合素

[①] 周洪宇：《深化教育评价改革　加快推进教育现代化——〈深化新时代教育评价改革总体方案解读〉》，《中国考试》2020年第11期。

质档案建设和使用办法,转变以考试成绩为唯一标准的招生模式。为落实该总体方案的要求,2021年3月,教育部出台了《义务教育质量评价指南》(以下简称"评价指南"),指出对学生进行评价要围绕学生的品德、学业、身心、审美、劳动与社会实践五个方面,加强学生综合素质档案建设和使用。在评价方式方面,强调要注重结果评价与增值评价相结合,综合评价与特色评价相结合,自我评价与外部评价相结合,线上评价与线下评价相结合。[①] 2022年颁布的《义务教育课程方案》提出要全面推进基于核心素养的学生评价。至此,学生评价政策进入了指向学生发展核心素养的综合素质评价时期。

第二节　我国学生评价政策的演进特征

在新中国成立后的很长一段时间内,学生评价主要以考查学生学业成绩为主。改革开放以后,随着经济快速发展,国家对人才质量和规格提出了新要求,开始实施素质教育。素质教育的实施催生了综合素质评价的探索。进入新时代,为扭转不科学的教育评价导向,落实立德树人根本任务,培养高素质人才,开始研究制定指向学生发展核心素养的综合素质评价政策。纵观学生评价政策演进历程我们发现,学生评价政策在评价理念、评价主体、评价内容、评价方法、评价机制等方面都在不断向着能更好地促进学生发展的方向转变。

一　评价理念:由"甄别选拔"逐渐转向"促进发展"

在新中国成立初期,无论是"五级分制"还是百分制,学生评价中"甄别"的痕迹都比较明显。"甄别"的评价理念虽然在当时我国人才短缺的情况下具有一定的积极意义,但它毕竟不符合学生成长的规律,所

[①] 中华人民共和国中央人民政府:《〈义务教育质量评价指南〉(印发)》,http://www.gov.cn/zhengce/2021-03/19/content_5593818.htm. 2021–03–19/2022–07–10。

以只会将基础教育逐渐引向"应试"轨道,使基础教育在强化学生基础知识和基本技能的同时,忽视了学生品德、情感等方面的发展。随着理论研究的不断深入和实践领域问题的不断凸显,学者和政策制定者逐渐认识到,学生评价的目的是促进学生更好地发展,而并非甄别选拔学生。另外,随着社会的快速发展,仅仅具备基础知识和基本技能的劳动者已经不符合国家对人才的要求了。因此,国家开始实施素质教育,开展综合素质评价,促进学生全面而有个性的发展。进入新时代,为培养信息社会所需要的创新型人才,国家又提出要研究学生发展核心素养并推进基于核心素养的学生评价。总体来看,我国学生评价理念正在从"甄别选拔"转向"促进发展"。

二 评价主体:由"单一教师评定"逐渐转向"多元主体协商"

在新中国成立之初,受苏联评价方式的影响,强调教师在学生评价中的作用。改革开放以后,受西方学生评价理念的影响,关于学生评价主体应该多元的讨论逐渐增多,但在实践层面并没有发生太大的变化。在第八次基础教育课程改革之前,关于学生评价的政策文件并没有对评价主体进行明确规定,教师被默认为学生评价的唯一主体。2002年,教育部颁布的《关于积极推进中小学评价与考试制度改革的通知》指出,学生评价的主体要多元化。在学生评价中,教师要重视学生的自我评价和同学之间的相互评价,家长、社区对学生的评价也应以适当的方式纳入学生总体评价之中。至此,学生评价主体多元化开始从理论探讨逐渐走向中小学教育实践。进入新时代,随着理论研究的深入和实践经验的总结,政策制定者逐渐认识到,学生评价涉及多方利益主体,各利益主体都应该参与学生评价。实践也反复证明,多主体参与学生评价使得评价结果更加客观和准确。学生评价主体逐渐由"单一的教师评定"转向"多元主体协商"。

三 评价内容:由强调"双基"逐渐转向重视"综合素质"

在第八次基础教育课程改革之前,我国出台的学生评价政策虽然也强调要促进学生全面发展,但在具体实施过程中却只关注学生的学业成绩。在强调"双基"评价政策的导向下,教师非常重视学生基础知识的掌握和基本技能的训练,对学生社会责任、批判性思维、分析问题和解决问题的能力等方面素养关注不够。改革开放以后,在学生评价中逐渐开始强调全面考核学生综合素质。随着素质教育的实施,综合素质评价逐渐从学术名词变成了教育实践行为。[①] 进入新时代,随着学生发展核心素养的提出,学者和一线教师一致认为,指向核心素养的综合素质评价是学生评价的方向。2022年颁布的《义务教育课程方案》明确指出,要"强化素养导向学生评价,加强对综合素质和关键能力的考查"[②]。我国学生评价内容逐渐从强调"双基"转向重视"综合素质"。

四 评价方法:由"量化评价"逐渐转向"量化与质性相结合评价"

长期以来,我国学生评价主要采用量化评价方式,以学生考试成绩来衡量评判学生的优秀与否。这种评价方式操作简单、客观公正,能够满足家长和社会对教育公平的追求,具有一定的优势。然而,随着理论研究的深入和评价实践的发展,学者和一线教育工作者逐渐认识到,学生大多数行为都无法通过考试成绩来衡量。仅仅依据量化结果对学生做出判断,存在误判的风险。[③] 因此,他们逐渐尝试将质性评价方法引入学生评价过程。如部分高校在招生的过程中除依据学生平时的学业水平即考试成绩和高考成绩外,还参考学生的综合素质档案等质性材料。随着质性研究方法的实验和推广,过程性评价、表现性评价、增值评价等理念和方法被逐步应用于学生评价之中。学生评价方法逐渐从"量化评价"转向"量化与质性相结合评价"。

---

① 刘志军、袁月:《初中学生综合素质评价的现实困境与破解之道》,《中国考试》2021年第12期。

② 中华人民共和国教育部:《教育部关于印发义务教育课程方案和课程标准(2022年版)的通知》,http://www.moe.gov.cn/srcsite/A26/s8001/202204/t20220420_619921.html.2022-04-08/2022-10-09。

③ 安富海:《我们无法从考试中知道什么》,《中小学教材教学》2015年第10期。

五 评价机制：由强调"横向比较"逐渐转向关注"纵向增值"

评价机制聚焦的是"怎么评"的问题。在新中国成立初期，我国还没有建立专门的学生评价机构和较为科学的学生评价制度，也没有专业的评价人员。改革开放以后，随着对西方评价理论和方法的引鉴，国家开始规范和发展学生评价，建立了专业的评价机构和教育督导制度。但这一时期评价人员发挥的作用主要是通过组织一定范围内学生的统一考试和"横向比较"，衡量各个学校的办学质量。然而，在部分领导"急功近利教育质量观"的影响下，很多学校和教师都将学生的学业成绩作为教育教学的唯一目标，导致教育逐渐走上了"应试"轨道。第八次基础教育课程改革以来，国家倡导发展性评价、表现性评价等关涉学生全面发展的理念和方法。整个教育领域的评价观念也发生了较大变化，但在政府"升学率"指标考核的导向下，学校和教师依然沿着"应试"轨道艰难前行。"总体方案"明确强调，各级党委和政府要坚持正确政绩观，不得下达升学指标或以中高考升学率考核下一级党委和政府、教育部门、学校和教师。对各级政府和学校的评价，既评估最终结果，也要考核努力程度及进步发展。对于学生的评价，也要关注个体发展进步程度。至此，学生评价机制正在从强调"横向比较"逐渐转向关注"纵向增值"。

第三节 我国学生评价政策的反思与改进路径

党的二十大报告指出："高质量发展是全面建设社会主义现代化国家的首要任务"经济社会高质量发展，需要高素质的人才队伍做支撑，高素质的人才需要符合教育规律的科学评价政策引导。文献研究发现，我国学生评价政策还存在一些不能很好地发挥高素质人才成长导向作用的问题。需要通过严格落实"总体方案"，科学制定综合素质评价指标体系，切实推进学生综合素质评价与高考"硬挂钩"，加强基于人工智能技术的评价工具研究等途径使学生评价政策更好地为促进学生发展服务。

一 严格落实"总体方案"，综合推进学生评价改革

我国虽然颁布了一系列有利于促进学生发展的评价政策，但"唯分数""唯升学"等现象依然长期存在。其原因有政策内容本身的问题，但更重要的是由政策落实不到位造成的。《深化新时代教育评价改革总体方案》是新中国成立以来最重要、最完整、最系统的评价政策。但如果落实不到位，依然会重蹈过去学生评价的覆辙。对照"总体方案"的要求，我们发现当前学生评价政策实施还存在一些问题。从政府层面来看，虽然各级政府已经印发了相应的配套文件，开始重视教育评价改革。但新的、符合教育规律的教育评价指挥棒在各级学校中尚未发挥其作用。从学校层面来看，因为政府对学校评价的指挥棒还不明确，所以学校依然按照以往的评价指标和方式进行教育教学。从家庭层面来看，受传统考试制度的影响，家长认为传统的考试能够实现阶级跃迁，为子女自身甚至为整个家庭带来持续不断的利益。所以，绝大部分家长依然十分重视学生成绩。因此，只有严格落实"总体方案"的要求，引导政府、学校、教师和家长达成共识、形成合力持续推进学生评价改革，才能促进学生全面而有个性的发展，落实立德树人根本任务。第一，政府应尊重教育规律，坚持把立德树人成效作为衡量学校办学质量的根本标准，尽快形成符合教育规律的教育评价指挥棒。各级领导干部要坚持正确政绩观，坚决纠正片面追求升学率等不良倾向，按照增值评价的方式评判学校进步程度。第二，学校应遵循办学规律，树立正确的教育质量观，在遵循教师专业发展规律和学生成长规律基础上，按照"总体方案"和"评价指南"的要求，因地制宜地科学制定教师评价标准和学生评价标准，科学实施学生评价。第三，教师应遵循学生成长规律和教学规律，树立正确的学生观、教学观和教学质量观。坚持把全体学生全面而有个性的发展作为一切教学活动的出发点和归宿。运用增值评价等多种方式

综合评估学生发展状况，使学生能够"看见"他们自己成长的足迹。第四，引导家长树立科学的成才观念，指导家长正确认识孩子的先天素质和身心发展规律。研究发现，大多数家长都会过高估量他们孩子的成绩和心智，将考"高分"作为孩子成长的唯一标准的问题。因此，要引导家长正确认识他们自己的孩子，树立科学的成才观念。只有政府、学校、教师、家庭达成共识，形成合力，科学的学生评价政策才能真正落地并走上科学轨道。

二 科学制定指向学生核心素养发展的综合素质评价指标体系

制定指向学生核心素养发展的综合素质评价指标体系是深化学生评价改革的关键环节。科学的综合素质评价指标对促进学生核心素养发展具有重要的导向作用。综合素质评价是一种表现性评价[①]，需要借助指标的观察与记录来对学生完成复杂任务的过程表现与结果做出判断，强调对学生外在素质和内在素质的整体性观照。[②] 然而，内在素质与外在指标并非呈严格意义上的一一对应关系，需要将学生的内在素质转化为可以观测的外在指标，而承载综合素质的外在指标又会涉及学生的家庭、社区、学校等若干因素。所以，综合素质评价指标体系的制定不是一个研究者或一个专业能够完成的，需要组建跨学科的研究团队，利用人工智能和大数据分析技术进行系统的研究，尽可能地将抽象的、不可测的评价维度分解为具体的行为和可观测的评价点，从理论层面划分各个指标的能力层级及要求，明确其评价标准，便于学校对照操作。具体来说，应该做到以下几个方面。第一，适切。综合素质评价指标体系应该能够准确而全面地反映学生的特征，适应学生对指标的理解接受能力和判断能力，以保证评估判定及其结果交流的准确性和高效性。第二，清晰。综合素质评价指标所涉及的概念、原理要正确，含义、术语要清晰，尽

---

① 安富海：《我们无法从考试中知道什么》，《中小学教材教学》2015年第10期。
② 安富海、管起燕：《我国表现性评价研究20年：问题与反思》，《杭州师范大学学报》（社会科学版）2021年第6期。

可能避免或减少主观判断，对难以量化的评估因素应综合运用定性和定量相结合的方法来设置。第三，统一。综合素质评价指标体系内部各指标之间应协调统一，指标体系的层次结构应合理；指标体系中各指标之间不应有很强的相关性，不应出现过多的信息包含、涵盖而导致指标内涵重叠。第四，全面。综合素质评价指标体系应围绕学生全面而又个性发展的目标，采集能够反映学生身心发展状况的信息、活动、事件等材料，不能遗漏重要方面或有所偏颇。第五，可测。与综合素质评价指标相关的信息应具有可采集性，并且应该充分利用大数据分析技术等方法将采集到的信息、活动、事件进行结构化，最大限度地降低评价指标划分的不科学性以及指标赋权的随意性。[①]

三　推进学生综合素质评价与学生"高利害"考试的"硬挂钩"

学生综合素质评价是破除"唯分数"的重要抓手，也是推进学生评价改革的重要手段。2019年6月，国务院办公厅印发了《关于新时代推进普通高中育人方式改革的指导意见》（以下称"指导意见"）指出，把综合素质评价作为招生录取的重要参考，作为发展素质教育、转变育人方式的重要制度，强化其对促进学生全面发展的重要导向作用。将综合素质评价以合理的方式纳入学生"高利害"考试范围之内，就是要充分发挥综合素质评价对促进学生全面发展的重要导向作用。当然，我们也必须承认，当前关于综合素质评价的理论研究还不深入、不系统，技术支持也不科学、不规范，将综合素质评价纳入学生"高利害"考试范围还面临着许多现实的困难。[②] 然而，如果不将其与学生"高利害"考试挂钩，不仅会导致"指导意见"所提出的"完善综合素质评价"像过去出台的关于推进综合素质评价政策一样仅仅停留在文本层面，而且会导

[①] 靳玉乐、樊亚峤：《中小学实施综合素质评价的意义、问题及改进》，《教育研究》2012年第1期。

[②] 杨九诠：《综合素质评价的困境与出路》，《华东师范大学学报》（教育科学版）2013年第2期。

致素质教育和高考改革的美好设想成为泡影。[1] 实施综合素质评价并将其与学生"高利害"考试挂钩是深入推进素质教育的"破冰"之举[2]，也是深入推进学生评价改革，全面提高教育质量的关键环节。以"高考"为例。毋庸置疑，我国在今后很长一段时期内，高等学校招生考试的范围和内容仍然会成为整个基础教育的指挥棒，既然这个指挥棒很难在短期内改变，我们就应该充分利用这个"指挥棒"，将学生的综合素质评价纳入高等学校招生考量范围，引导中小学变革教育教学评价方式，促进学生全面而有个性的发展。另外，要将综合素质评价纳入高等学校招生考量范围，还必须扩大高等学校的招生自主权，只有招生的需求个性化、标准多样化，综合素质评价才有可能真正发挥引导学生评价方式变革，促进学生全面而有个性发展的作用。

四 加强基于人工智能技术的评价工具研究

评价工具不科学、评价能力不足是影响当前学生评价政策有效实施的重要因素。[3] 在过去很长一段时间内，我们进行的学生评价都是脱离应用场景的、以纸笔测验为主的评价，与其说它侧重于基础知识和基本技能的评价，还不如说它只能评判学生基础知识和基本技能掌握情况。所以，纸笔测试方式制约了我们的评价范围，只能评价我们能评价到的东西，而无法关注学生内在的有价值的发展和变化。综合素质评价已经发展了近十年，但是综合素质评价的科学性、客观性仍然没有得到政府、学校、教师和家长的一致认可，所以难以也不敢将其与硬性的"高利害"的考试制度挂钩。[4] 新一代信息技术特别是智能技术，为提高我们

---

[1] 周先进：《高考改革：高中生综合素质评价的"可为"和"难为"》，《全球教育展望》2014年第7期。

[2] 罗祖兵：《综合素质评价纳入高考的两难困境及其突围》，《全球教育展望》2015年第8期。

[3] 刘志军、徐彬：《新课标下课程与教学评价方式变革的挑战与应对》，《课程·教材·教法》2022年第8期。

[4] 刘丽群、屈花妮：《我国普通高中学生综合素质评价的两难困局》，《课程·教材·教法》2016年第10期。

的评价能力，推进学生评价改革，提供了前所未有的机会。我们要借助人工智能、大数据、学习分析等技术全面收集学生学习行为的多模态数据，提高学生评价的客观性和科学性。第一，加强信息采集和分析技术研究。只有突破采集、分析等一系列的智能技术在学生行为数据收集和分析方面的局限性，才能够真正实现基于学生学习过程的表现性评价。如在采集技术方面，要运用伴随式采集技术，实现对真实场景数据的客观记录，研发多源异构数据的抽取和关联技术，实现数据的融合和跨平台数据的汇聚。第二，要加强多模态数据处理技术研究。学生在学习过程中与社会、自我和知识之间的交互构成了整个概念范围。在这个交互过程中，学生的非认知产出、高阶思维与元认知策略共同生成了多模态数据。这些多模态数据能够更加客观地展示学生学习的过程。只有科学地深入挖掘这些多模态数据，才能全面精准判断学生的发展状况。第三，加强指向学生核心素养发展的溯源技术研究。溯源技术是一种寻找本原的技术。在学生评价的过程中，我们需要借助溯源技术，基于学生核心素养的发展情况，探究影响学生成长的本原及途径。[①] 只有这样，我们才能建立较为准确的指向学生核心素养发展的数据库，为科学制定和实施学生评价政策提供支撑，为促进学生全面而有个性的发展提供更好的服务。

---

① 柴唤友、陈丽、郑勤华、王辞晓：《学生综合评价研究新趋向：从综合素质、核心素养到综合素养》，《中国电化教育》2022年第3期。

第三章　学生发展增值评价现状调查

　　学生评价是促进学生发展的重要手段，也是提升教育质量和培养创新型人才的重要途径。我国政府和学术界向来重视对学生评价问题的研究和实践改进。进入新时代，国家高度重视教育高质量发展和创新人才的培养，在教育领域推出了一系列改革政策。针对教育评价中长期存在的"唯论文、唯帽子、唯职称、唯学历、唯奖项"问题，2020年10月，中共中央、国务院印发的《深化新时代教育评价改革总体方案》（以下简称"总体方案"）指出，要"系统推进教育评价改革。坚持科学有效，改进结果评价，强化过程评价，探索增值评价，健全综合评价"。至此，增值评价作为深化新时代教育评价改革的重要途径开始受到教育理论研究者和部分中小学的关注和重视，他们围绕增值评价问题进行了深入的理论探讨和广泛的实践探索。从当前理论研究和实践探索的现状来看，"增值评价"作为一种评价的理念和方法，还因其统计方法操作困难、评价模式不够统一、评价结果运用范围不清晰等问题，使其在推进和落实过程中存在着亟待研究和深入探索的问题。基于此，本书拟以江苏、浙江、上海三个省市的义务教育学校教师为调查对象，深入了解义务教育学校教师对学生发展增值评价的认知情况、实践现状及改进建议，以期能为学生发展增值评价的科学实施和合理运用提供实践依据。

第一节 义务教育学校学生发展增值评价的现状扫描

根据研究目标，本书从义务教育学校对学生发展增值评价的认知、态度、主体、内容、方法及学校探索学生发展增值评价的现状、实施情况、实践问题、未来需求等方面对我国义务教育学校实施学生发展增值评价的现状进行深入了解，以期能为改进和提升我国义务教育学校深入实施学生发展增值评价提供科学全面的现实依据。

一 义务教育学校教师对学生发展增值评价认知情况

如图 3-1 所示，86.04% 的教师认为"增值评价能够让教师更全面

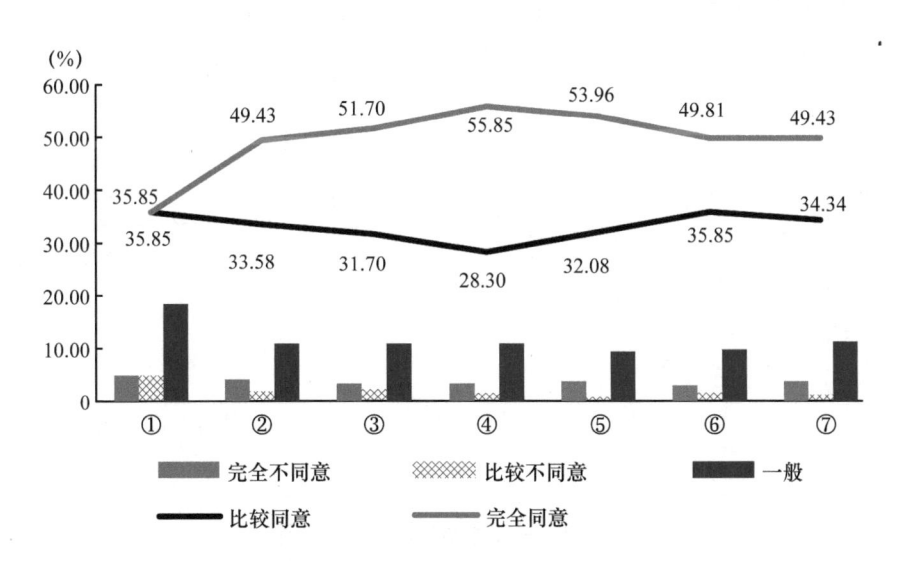

图 3-1 义务教育学校教师对学生发展增值评价的整体认知情况

说明：①我了解学生发展增值评价；②增值评价能够使学生更好地认识自己；③增值评价是对学生通过一段时间学习后综合素质发展的增量进行评估；④学生发展增值评价应该具有差异性；⑤增值评价能够让教师更全面地了解学生发展状况；⑥增值评价有利于学校形成自己的办学特色；⑦增值评价能够较为客观地反映学校教育质量。

地了解学生的发展状况";85.66%的教师认为"增值评价有利于学校形成自己的办学特色";84.15%的教师认为"学生发展增值评价应该具有差异性";83.77%的教师认为"增值评价能够较为客观地反映学校教育质量";83.4%的教师认为"增值评价是对学生通过一段时间学习后综合素质发展的增量进行评估";83.01%的教师认为"增值评价能够使学生更好地认识自己";71.70%的教师认为"我了解学生发展增值评价"。统计数据显示,调查所涉及的大多数教师对学生发展增值评价有一定的认知,但还有近30%的教师对学生发展增值评价不太了解。

从图3-2可以看出,不同性别的教师对学生发展增值评价的认知情况有所不同,虽然女性教师比男性教师的认知水平要高一些,但仍然属于同一个区间,没有显著差异。图3-3数据显示,不同学历的教师对学生发展增值评价的认知情况有所不同,本科学历的教师比硕士及以上学历的教师认知情况要好。这可能与本次调查中硕士研究生及以上学历的教师数量较少(硕士学历教师仅占21.51%,本科学历教师占78.49%)有关。

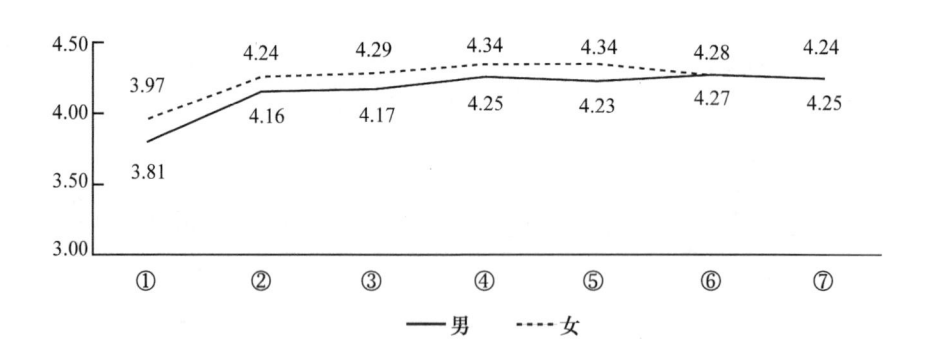

图3-2 教师性别与认知情况差异

说明:①我了解学生发展增值评价;②增值评价能够使学生更好地认识自己;③增值评价是对学生通过一段时间学习后综合素质发展的增量进行评估;④学生发展增值评价应该具有差异性;⑤增值评价能够让教师更全面地了解学生发展状况;⑥增值评价有利于学校形成自己的办学特色;⑦增值评价能够较为客观地反映学校教育质量。

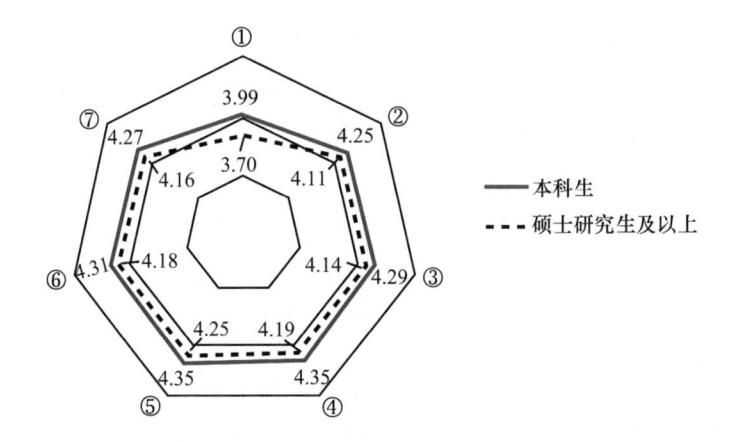

图3-3 教师学历与认知情况差异

说明：①我了解学生发展增值评价；②增值评价能够使学生更好地认识自己；③增值评价是对学生通过一段时间学习后综合素质发展的增量进行评估；④学生发展增值评价应该具有差异性；⑤增值评价能够让教师更全面地了解学生发展状况；⑥增值评价有利于学校形成自己的办学特色；⑦增值评价能够较为客观地反映学校教育质量。

图3-4数据显示，教龄与教师对学生发展增值评价的认知之间存在

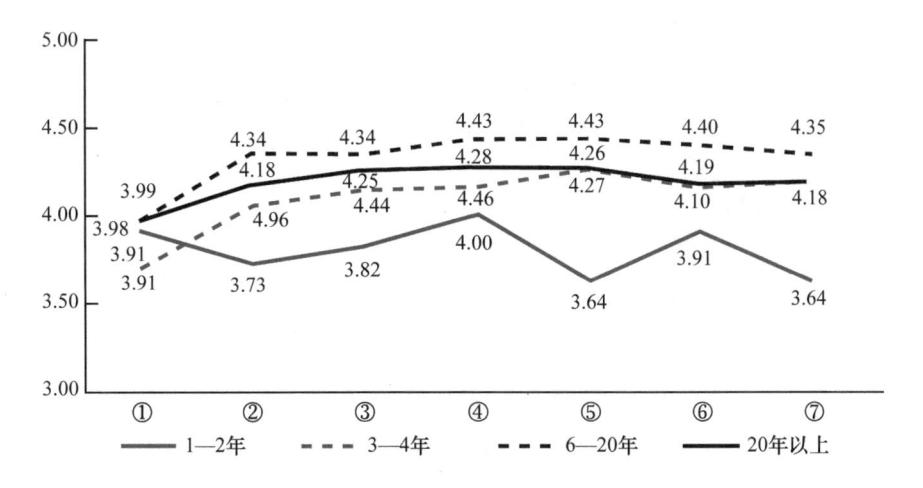

图3-4 教师教龄与认知情况差异

说明：①我了解学生发展增值评价；②增值评价能够使学生更好地认识自己；③增值评价是对学生通过一段时间学习后综合素质发展的增量进行评估；④学生发展增值评价应该具有差异性；⑤增值评价能够让教师更全面地了解学生发展状况；⑥增值评价有利于学校形成自己的办学特色；⑦增值评价能够较为客观地反映学校教育质量。

差异。新入职教师的各方面认知都不如入职1年以上的教师认知情况好，而5—20年教龄的教师比其他教龄段的教师认知情况都要好。这可能与这个年龄段的教师参与培训多和在学生评价过程中不断尝试新方法有关。

如图3-5所示，教师任教年级与其学生发展增值评价的认知情况之间存在着较大的差异。特别是初中学段的教师对学生发展增值评价的认知了解明显不足，这可能与当前初中阶段教育质量评价最后都会指向"中考"成绩有关，面对"中考"的压力，初中阶段教师无心也无力关注和探索学生发展增值评价。在小学阶段，3—4年级教师比其他各年级教师的认知情况要好一些。这表明在小学阶段的教师群体中，3—4年级教师更注重结合学生发展的特点开展学生评价，能够更积极主动地学习发展增值评价的相关理论知识。

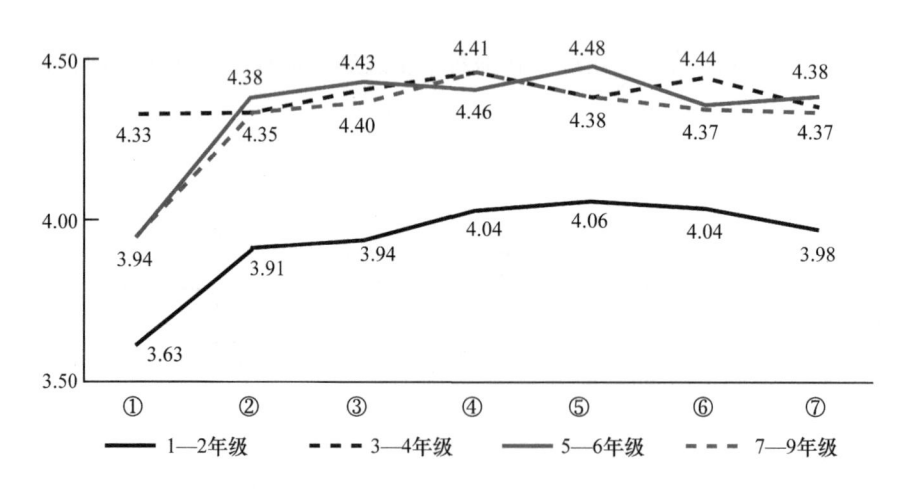

图3-5 教师任教年级与认知情况差异

说明：①我了解学生发展增值评价；②增值评价能够使学生更好地认识自己；③增值评价是对学生通过一段时间学习后综合素质发展的增量进行评估；④学生发展增值评价应该具有差异性；⑤增值评价能够让教师更全面地了解学生发展状况；⑥增值评价有利于学校形成自己的办学特色；⑦增值评价能够较为客观地反映学校教育质量。

不同性质的义务教育学校教师对学生发展增值评价的认知情况如图3-6所示,"普通学校""县(区)重点学校""省市属重点学校"三类学校的教师在各个维度的认知上都有差异。"县区重点学校"教师比"普通学校"及"省市属重点学校"教师的认知情况要好,省市属重点学校教师对学生发展增值评价的了解程度及内涵认知较差。这可能源于"省市属重点学校"担负着引领当地学校发展的责任,所以在学生评价改革方面探索较为谨慎有关。

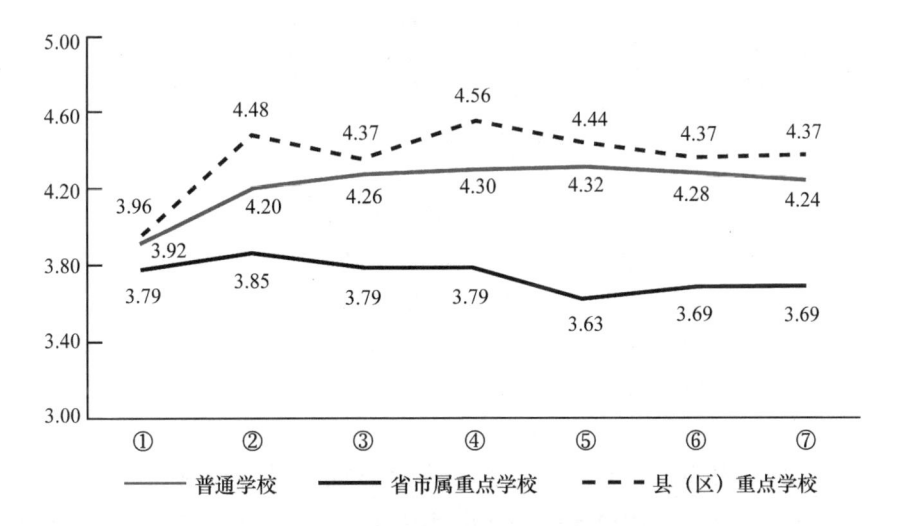

图3-6 学校性质与认知情况差异

说明:①我了解学生发展增值评价;②增值评价能够使学生更好地认识自己;③增值评价是对学生通过一段时间学习后综合素质发展的增量进行评估;④学生发展增值评价应该具有差异性;⑤增值评价能够让教师更全面地了解学生发展状况;⑥增值评价有利于学校形成自己的办学特色;⑦增值评价能够较为客观地反映学校教育质量。

如图3-7所示,不同区域的教师对学生发展增值评价都有所了解。但城市学校教师对学生发展增值评价的了解程度和认知程度比农村和乡镇学校教师更加全面和深入。这可能与城区学校教师参加培训的机会多,与高校研究者接触的机会多有关,也可能与城区学校对教师专业发展和教育教学改革要求高有关。

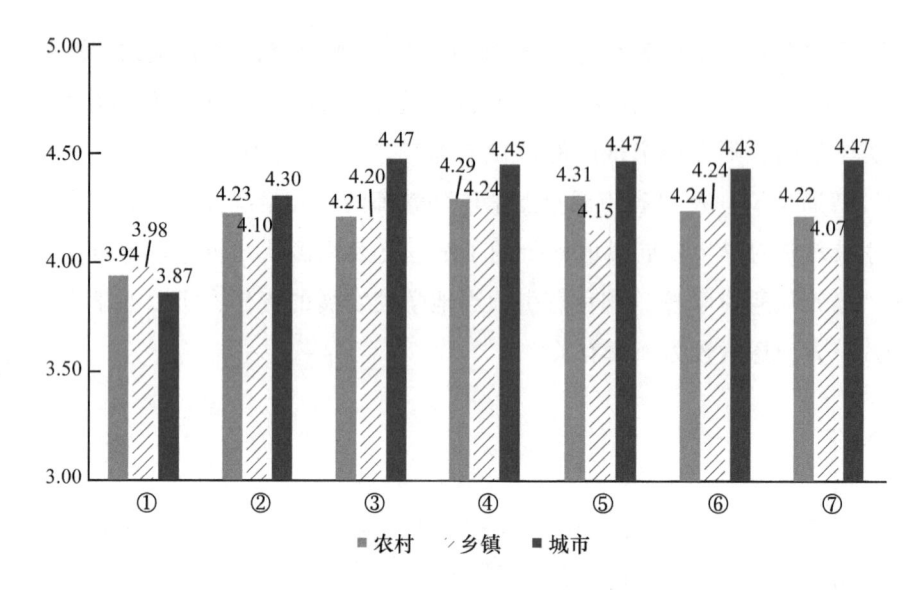

图 3-7　学校所在区域与认知情况差异

说明：①我了解学生发展增值评价；②增值评价能够使学生更好地认识自己；③增值评价是对学生通过一段时间学习后综合素质发展的增量进行评估；④学生发展增值评价应该具有差异性；⑤增值评价能够让教师更全面地了解学生发展状况；⑥增值评价有利于学校形成自己的办学特色；⑦增值评价能够较为客观地反映学校教育质量。

二　义务教育学校教师对学生发展增值评价的态度情况

教师对学生发展增值评价的态度决定了学生发展增值评价能否顺利实施。从图 3-8 可以看出，84.53%的教师认为"我认为增值评价对学生发展非常重要"；81.13%的教师选择"我会支持并积极参与学生发展增值评价过程"；78.86%的教师认为"我认为增值评价对学校考评非常重要"；76.60%的教师认为"我认为增值评价对教师考评非常重要"；63.77%的教师认为"我认为学生发展增值评价增加了教师工作负担"；52.45%的教师认为"我认为学生发展增值评价只是一种美好的理念，无法真正落实"。上述数据表明，大多数教师对增值评价之于学生发展的价值持肯定态度，但也有近30%的教师对开展学生发展增值评价存在不确定的态度，甚至接近一半的教师持否定的态度。这表明相当一部分义务学校教师有可能对增值评价还未形成科学的认识，不理解开展学生

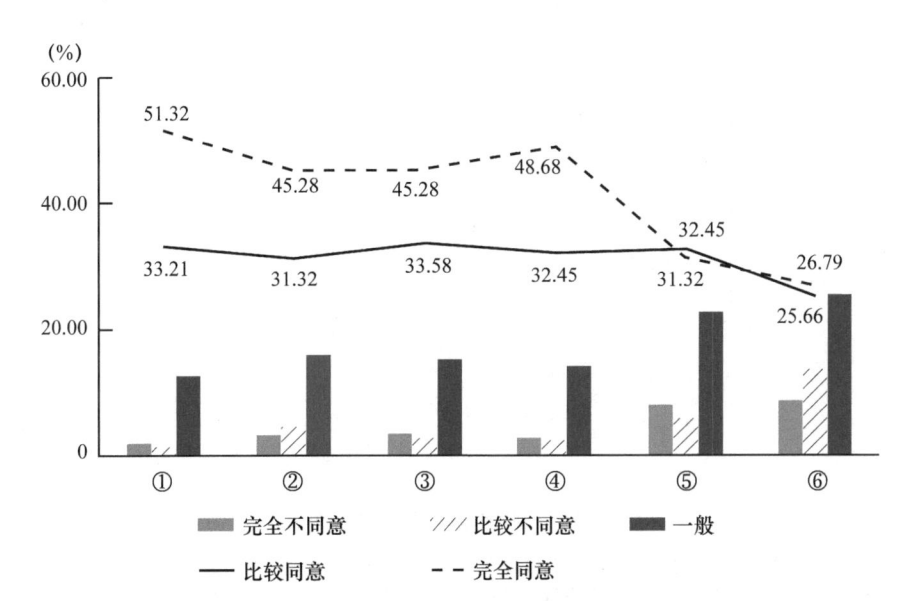

发展增值评价之于学生发展、教师考评和学校评估的价值。

图 3-8　义务教育学校教师对学生发展增值评价的整体态度调查

说明：①我认为增值评价对学生发展非常重要；②我认为增值评价对教师考评非常重要；③我认为增值评价对学校考评非常重要；④我会支持并积极参与学生发展增值评价过程；⑤我认为学生发展增值评价增加了教师工作负担；⑥我认为学生发展增值评价只是一种美好理念，无法真正落实。

如图 3-9 所示，义务教育学校教师的性别与其对学生发展增值评价的态度之间的差异不明显。在选择"增值评价方式对教师考评和学校考评的重要性"上，男性教师比女性教师的认同度略高一点，男性教师能够更加关注学生发展增值评价对学校效能评估层面的作用和价值。这可能与此次调查所涉及的部分男性教师兼任学校行政管理工作有关，此次调查对象中男性教师兼任教研主任和校级干部的较多。

从图 3-10 的数据我们可以发现，教师的学历不同，其对开展学生发展增值评价的态度也存在着明显的不同。整体来看，硕士研究生及以上学历的教师比本科学历的教师更能认识到增值评价对学生发展、教师

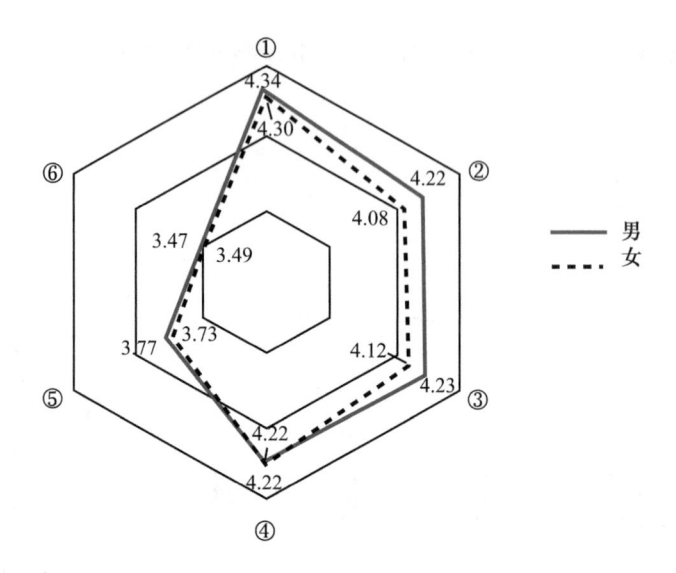

图 3-9 教师性别与态度调查差异

说明：①我认为增值评价对学生发展非常重要；②我认为增值评价对教师考评非常重要；③我认为增值评价对学校考评非常重要；④我会支持并积极参与学生发展增值评价过程；⑤我认为学生发展增值评价增加了教师工作负担；⑥我认为学生发展增值评价只是一种美好理念，无法真正落实。

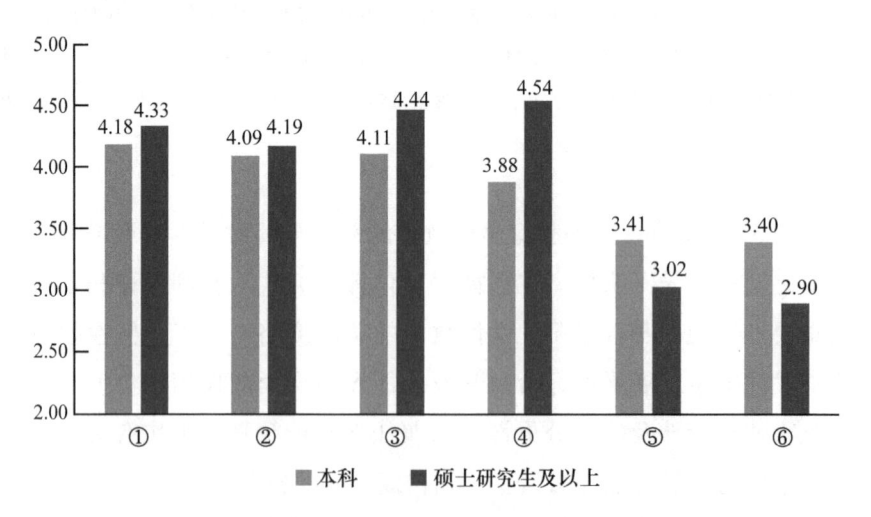

图 3-10 教师学历与态度调查差异

说明：①我认为增值评价对学生发展非常重要；②我认为增值评价对教师考评非常重要；③我认为增值评价对学校考评非常重要；④我会支持并积极参与学生发展增值评价过程；⑤我认为学生发展增值评价增加了教师工作负担；⑥我认为学生发展增值评价只是一种美好理念，无法真正落实。

考评和学校效能评估的意义和价值,能够更积极地认可并支持开展学生发展增值评价方式。这可能与高学历教师所受研究训练多于本科学历的教师有关,他们也具有较强的研究意识与能力,对新的、符合学生发展特征的评价方式的接受能力更强。

由图 3-11 可知,在关于支持开展学生发展增值评价的态度调查方面,不同教龄段的教师之间也存在显著的差异:教学年龄在 5—20 年的教师接受意愿最高,依次是具有 20 年以上教龄的老教师和 1—5 年教龄的青年教师,对学生发展增值评价的接受意愿最低的是新入职教师。这可能是由于新入职教师正处于职业适应阶段,在适应真实的教育教学工作过程中很难再有精力去关注学生发展增值评价这种比较新的评价方式;而具有 1—5 年教龄的青年教师已逐步从适应阶段转向熟练阶段,可能更愿意尝试和探索新的、更有利于促进学生评价方式;6—20 年教龄的教师在教学生涯中积累了一定的教学经验,其学习意识、学习能力和研究能力等都逐渐增强,他们对学生发展、教师成长乃至学校发展等都有了

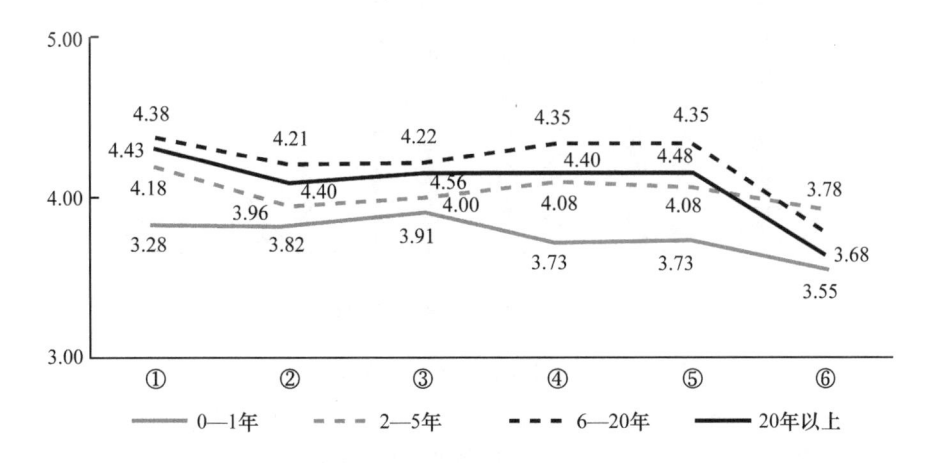

图 3-11 教师教龄与态度调查差异

说明:①我认为增值评价对学生发展非常重要;②我认为增值评价对教师考评非常重要;③我认为增值评价对学校考评非常重要;④我会支持并积极参与学生发展增值评价过程;⑤我认为学生发展增值评价增加了教师工作负担;⑥我认为学生发展增值评价只是一种美好理念,无法真正落实。

更高的追求，所以接受新的理论和方法的意愿也随之增强。

如图3-12所示，教师任教年级不同，对学生发展增值评价的态度也不尽相同。初中教师（7—9年级）对学生发展增值评价的接受程度低于小学阶段的教师；在关于增值评价的重要性的认知方面，初中教师也普遍低于小学教师；在关于"学生发展增值评价是否会增加教师的工作负担"问题方面，大多数初中教师认为增加了他们的负担。这与初中教师面临着"中考"的压力，不愿积极探索和尝试进行学生发展增值评价有关。在小学教师群体中，中高年级段（5—6年级）教师比低年级段教师更加关注并支持开展学生发展增值评价。这有可能是因为，教师们认为小学中高年级段学生群体的思维和情感发展更适合运用增值评价的方法判断学生的发展状况。

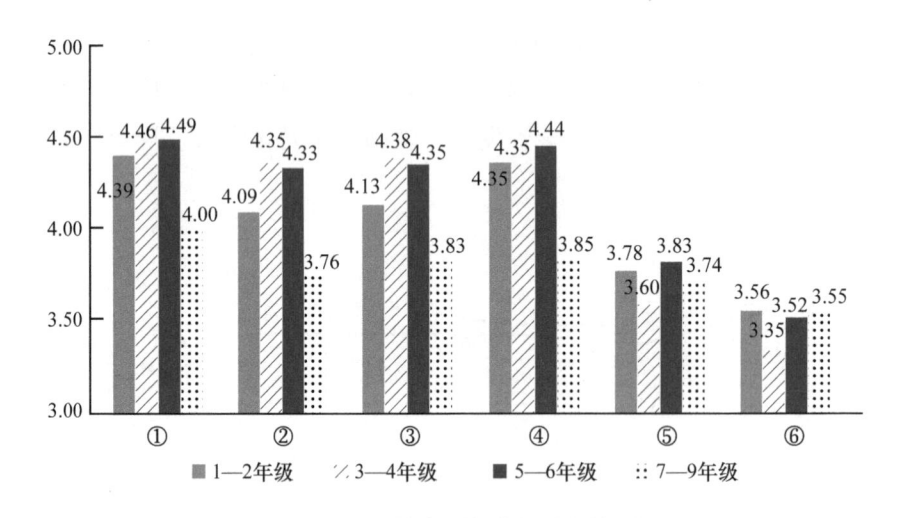

图3-12 教师任教年级与态度调查差异

说明：①我认为增值评价对学生发展非常重要；②我认为增值评价对教师考评非常重要；③我认为增值评价对学校考评非常重要；④我会支持并积极参与学生发展增值评价过程；⑤我认为学生发展增值评价增加了教师工作负担；⑥我认为学生发展增值评价只是一种美好理念，无法真正落实。

不同性质学校的教师对学生发展增值评价的态度差异如图3-13所

示，可以看出，县（区）重点学校和普通学校的教师比省属重点学校的教师支持态度要好，但省属重点学校在"期望增值评价能够落实"的态度上更加积极。这可能是因为县（区）重点学校和普通学校教师有更多的时间和精力关注学生发展增值评价，省属重点学校可能因处于区域评优和升学竞争的教育环境中，教师的教学任务和班主任工作都较为繁重，考评压力也较大，因此对学生发展增值评价的态度不是很积极。

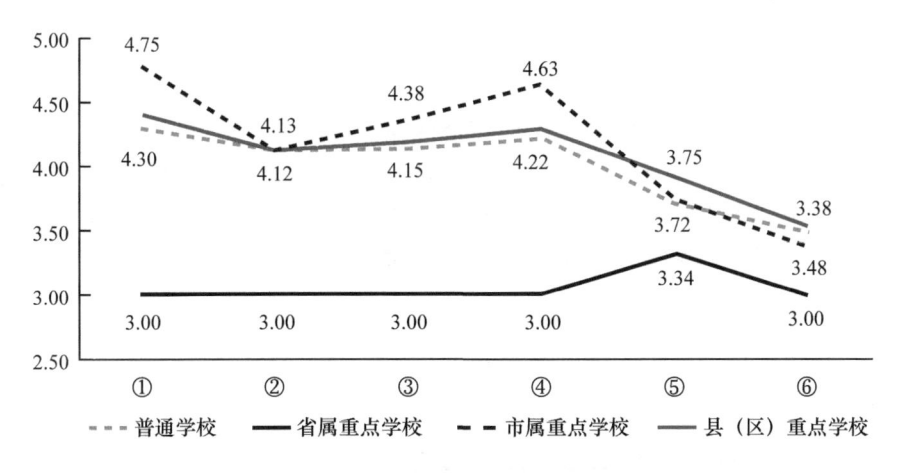

图 3-13　学校性质与态度调查差异

说明：①我认为增值评价对学生发展非常重要；②我认为增值评价对教师考评非常重要；③我认为增值评价对学校考评非常重要；④我会支持并积极参与学生发展增值评价过程；⑤我认为学生发展增值评价增加了教师工作负担；⑥我认为学生发展增值评价只是一种美好理念，无法真正落实。

图 3-14 的数据显示，学校所在区域的不同与教师对学生发展增值评价的态度之间无明显差异。整体来看，无论学校所在区域位于农村、乡镇还是城市，其教师对学生发展增值评价的态度都较为一致。

三　义务教育学校教师对学生发展增值评价内容的认知情况

如图 3-15 所示，调查所涉及的 86.8% 的教师认为"增值评价应该指向学生全面发展"；85.66% 的教师认为"增值评价应该关注学生综合

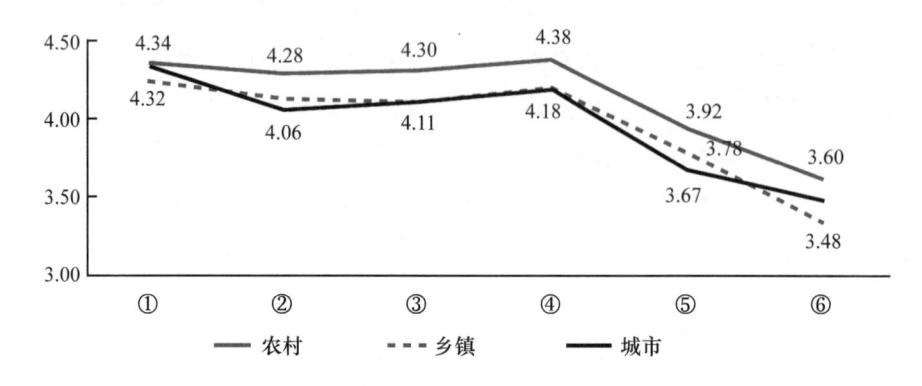

图 3-14 教师所在区域与态度调查差异

说明：①我认为增值评价对学生发展非常重要；②我认为增值评价对教师考评非常重要；③我认为增值评价对学校考评非常重要；④我会支持并积极参与学生发展增值评价过程；⑤我认为学生发展增值评价增加了教师工作负担；⑥我认为学生发展增值评价只是一种美好理念，无法真正落实。

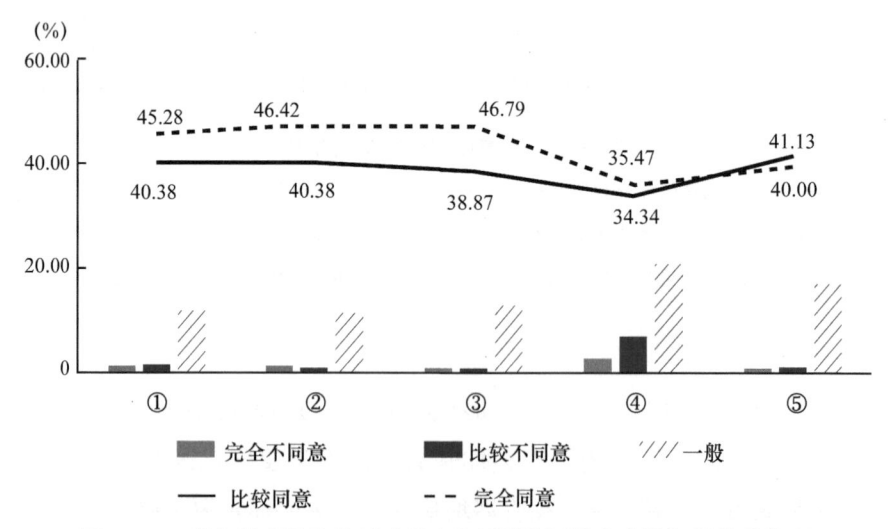

图 3-15 义务教育学校教师对学生发展增值评价内容认知的整体情况

说明：①增值评价应该关注学生综合素质的发展状况；②增值评价应该指向学生全面发展；③增值评价应该关注学生个性发展；④增值评价应该主要评估学生的学习成绩变化情况；⑤增值评价应该对学校效能的变化情况进行评估应用。

素质的发展状况";85.66%的教师认为"增值评价应该关注学生个性发展";81.13%的教师认为"增值评价应该对学校效能的变化情况进行评估应用"。这些说明调查所涉及的绝大多数教师对学生发展增值评价内容有着较为客观的认识。但还有69.81%的教师认为"增值评价应该主要评估学生的学习成绩变化情况",这也表明教师认为学生成绩仍然是学生发展的主要内容。上述数据表明,调查所涉及的大多数义务教育学校教师能够基本了解学生发展增值评价的内容,明确增值评价需要关注学生的综合素质评价和全面发展。但还有相当一部分教师对学生发展增值评价的内容存在片面认识,认为增值评价只需要关注学生学习成绩的增值变化即可。这也表明,许多义务教育学校的教师可能还缺乏对增值评价理念的科学认识,需要进一步提高义务教育阶段教师增值评价的素养。

如图3-16所示,从趋势上看,义务教育学校教师的性别与其对学生发展增值评价的内容认知之间无明显的差异。这说明调查所涉及的绝大多数教师在掌握增值评价的内容方面,不受性别因素影响。

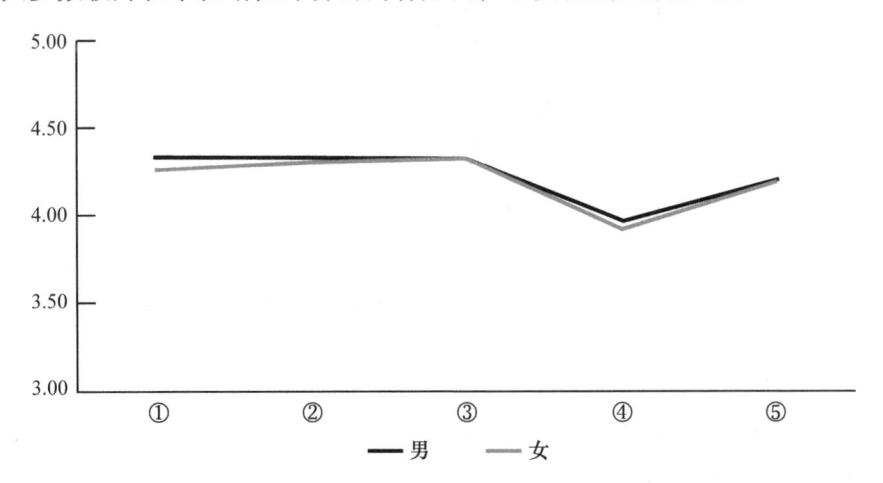

图3-16 教师性别与评价内容认知差异

说明:①增值评价应该关注学生综合素质的发展状况;②增值评价应该指向学生全面发展;③增值评价应该关注学生个性发展;④增值评价应该主要评估学生的学习成绩变化情况;⑤增值评价应该对学校效能的变化情况进行评估应用。

由图 3-17 可以看出，教师的学历不同，他们对学生发展增值评价的内容认知上具有较大的差异。在"增值评价应该评价什么"的问题上，硕士研究生及以上学历的教师比本科学历的教师更能明确增值评价的关注重点及增值评价重视学生综合素质发展的基本特征，同时他们也更能意识到增值评价之于学校效能评估的科学性。在"增值评价是否应该主要关注学生的学习成绩变化"问题方面，本科学历的教师要比较高学历的教师更加认同该选项。这表明学历高的教师在增值评价内涵理解上比学历低的教师更加深刻，研究生及以上学历的教师对评价理念的思考、评价方式的探索都优于本科学历的教师，这与研究生及以上学历教师在研究生学习阶段受到理论思维训练和科研能力培养有关。

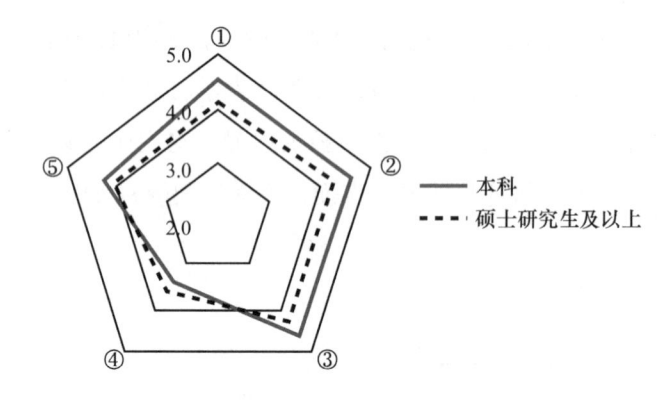

图 3-17 教师学历与评价内容认知差异

说明：①增值评价应该关注学生综合素质的发展状况；②增值评价应该指向学生全面发展；③增值评价应该关注学生个性发展；④增值评价应该主要评估学生的学习成绩变化情况；⑤增值评价应该对学校效能的变化情况进行评估应用。

图 3-18 的数据显示，不同教龄的教师在关于"增值评价应该关注学生的综合素质发展、指向学生全面发展"方面差异较小，但在"增值评价是否应该主要关注学生的学习成绩变化情况"上，各教龄段的教师之间存在着明显的差异。其中，新入职的教师强烈同意"增值评价应该主要关注学生的学习成绩变化"，这可能与新教师受大众的"分数决定论"的影响和对"学生发展"内涵理解不深入有关；其次是 6 年到 20

年教龄的教师，这部分教师已积累了丰富的教学经验，也沉淀了一些他们自己习以为常的评价方法，他们不愿意尝试新的、比较复杂的学生发展增值评价；2年到5年教龄的教师，由于这部分教师还具备一定的教学热情，而且没有形成他们自己固化的学生评价模式，所以他们更愿意接受和探索学生发展增值评价；20年以上教龄的教师对学生发展增值评价的内容在掌握上都呈现了较好的表现，这可能与老教师认为增值评价的确有利于学生的全面而又个性化发展有关。

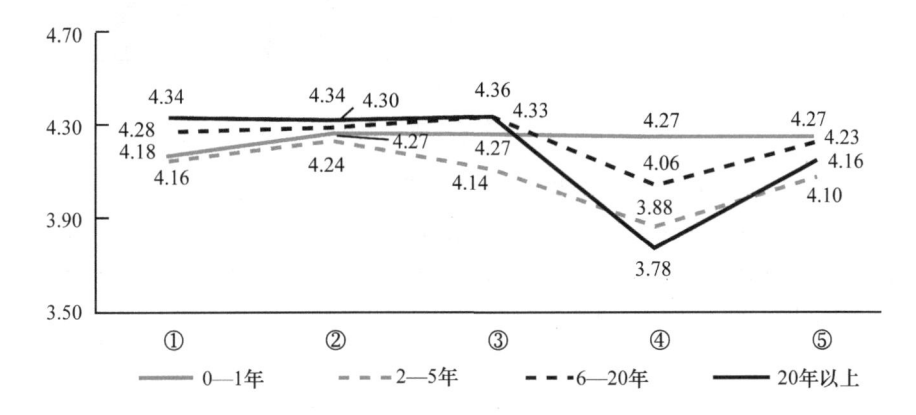

图3-18　教师教龄与评价内容认知差异

说明：①增值评价应该关注学生综合素质的发展状况；②增值评价应该指向学生全面发展；③增值评价应该关注学生个性发展；④增值评价应该主要评估学生的学习成绩变化情况；⑤增值评价应该对学校效能的变化情况进行评估应用。

如图3-19所示，调查所涉及教师的任教年级与其对学生发展增值评价的内容认知也存在着一定的差异。整体来看，7—9年级的初中教师对增值评价需要关注学生的哪些方面的素养重视不够，这与前面调查结果一致，受中考的影响，初中教师更加重视学生的学业成绩，对学生其他方面的素养关注不多。

依据图3-20数据呈现的结果来看，学校性质不同，教师对于增值评价内容的认知情况也有着明显的不同。在增值评价内容认知方面，省市属重点学校教师的认知情况没有县（区）重点学校和普通学校教师好，这与之前关于认知和态度调查结果的原因一致。

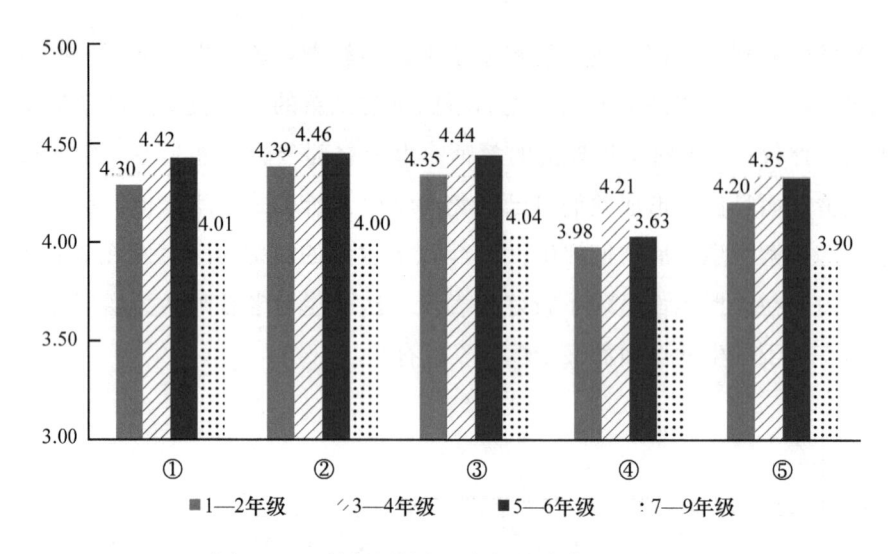

图 3-19　教师任教年级与评价内容认知差异

说明：①增值评价应该关注学生综合素质的发展状况；②增值评价应该指向学生全面发展；③增值评价应该关注学生个性发展；④增值评价应该主要评估学生的学习成绩变化情况；⑤增值评价应该对学校效能的变化情况进行评估应用。

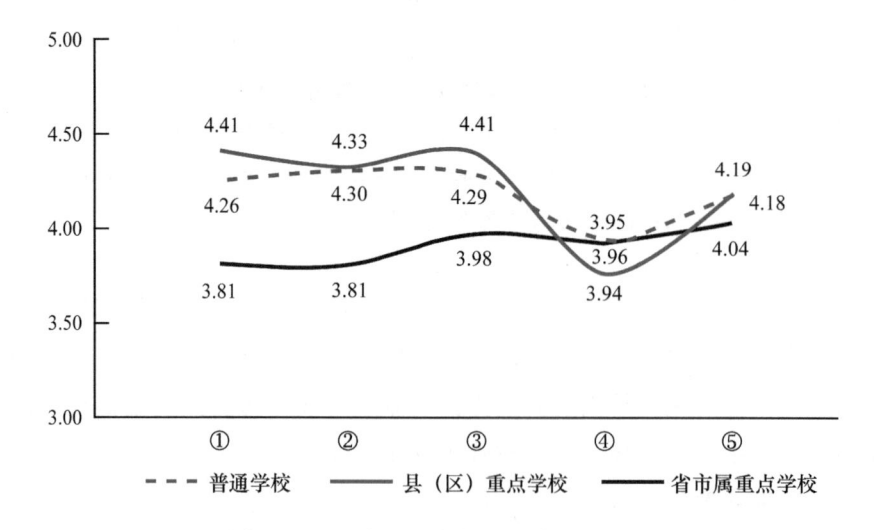

图 3-20　学校性质与评价内容认知差异

说明：①增值评价应该关注学生综合素质的发展状况；②增值评价应该指向学生全面发展；③增值评价应该关注学生个性发展；④增值评价应该主要评估学生的学习成绩变化情况；⑤增值评价应该对学校效能的变化情况进行评估应用。

由图 3-21 可以看出，学校所在区域不同，教师掌握增值评价内容的水平也各有差异。相比较而言，在城区任教的教师要比乡镇教师对增值评价内容的掌握更全面。就地区来看，城市教师的确有独特的资源优势，他们能够借助优质的智力资源来了解和探索学生评价的相关理论与方法，从而提升其自身的评价素养。

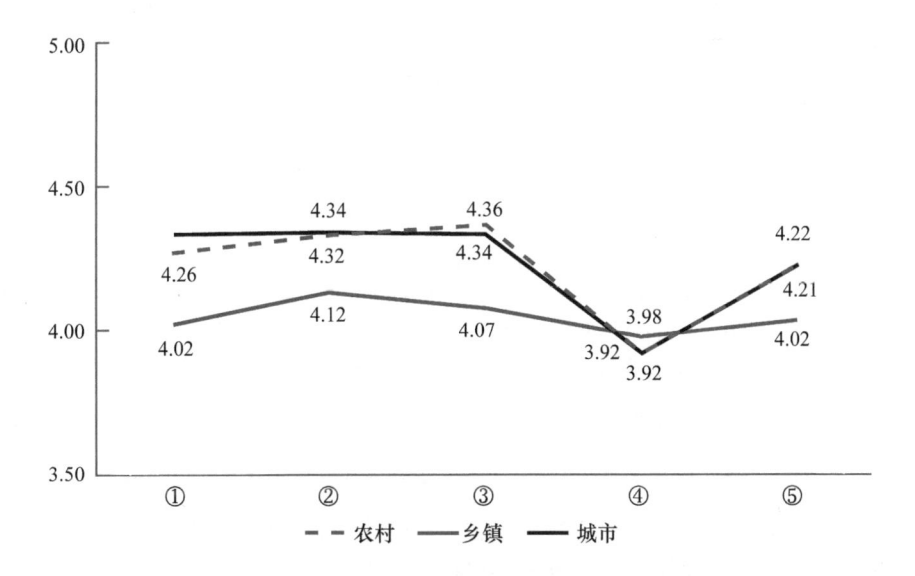

图 3-21 学校区域与评价内容认知差异

说明：①增值评价应该关注学生综合素质的发展状况；②增值评价应该指向学生全面发展；③增值评价应该关注学生个性发展；④增值评价应该主要评估学生的学习成绩变化情况；⑤增值评价应该对学校效能的变化情况进行评估应用。

四 义务教育学校教师对学生发展增值评价方法的理解情况

如图 3-22 所示，87.92%的教师认为"增值评价应该综合运用多种评价方法"；87.17%的教师认为"我希望增值评价的指标具体、易观测"；86.04%的教师认为"增值评价应该更加注重过程，在过程中评价学生发展状况"；85.28%的教师认为"我希望能借助信息技术进行增值评价"；84.90%的教师认为"我希望增值评价的程序简单、易操作"。上述数据可以发现，调查所涉及的大多数义务教育学校教师普遍认同增值评价与信息技术融合的必要性，并且在探索学生发展增值评价的科学方法上表达了较为一致的积极态度。

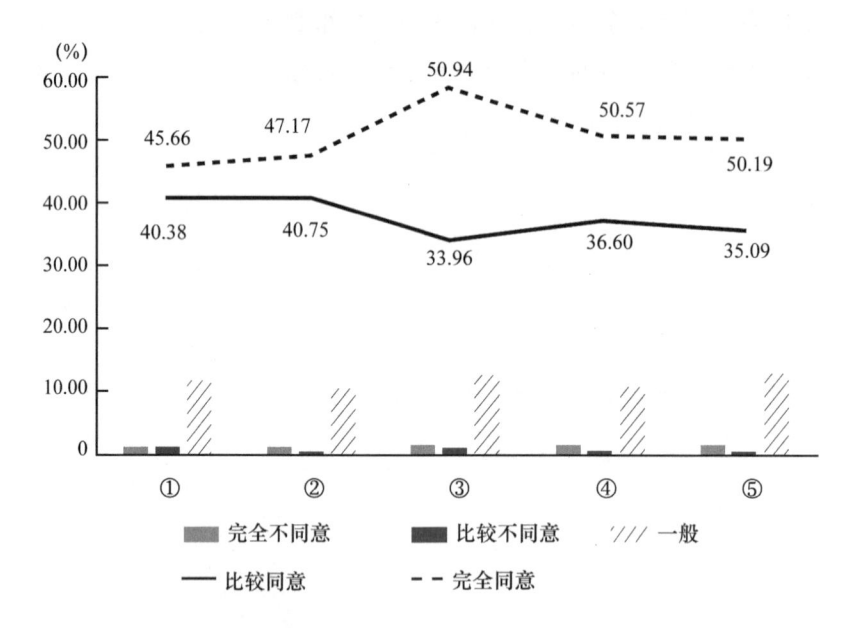

图 3-22 义务教育学校教师对学生发展增值评价方法的认知情况

说明：①增值评价应该更加注重过程，在过程中评价学生发展状况；②增值评价应该综合运用多种评价方法；③我希望增值评价的程序简单、易操作；④我希望增值评价的指标具体、易观测；⑤我希望能借助信息技术进行增值评价。

根据图 3-23 的数据，我们可以发现，调查所涉及的义务教育学校教师的性别与其掌握增值评价方法之间没有较大的差异。

如图 3-24 所示，教师的学历不同，他们对增值评价方法的认知相近。整体上，硕士研究生及以上学历的教师比本科学历的教师理解程度要高一些。尤其是在增值评价应该综合多种评价方法并借助信息技术融合探索方面，较高学历教师的认同度要远远高于本科学历教师。这可能与高学历教师知识面广、视野开阔有关，他们能够更加敏锐地洞悉到新兴技术赋能教育评价发展的前沿趋势。

由图 3-25 可以看出，不同教学年龄的教师对增值评价方法的掌握

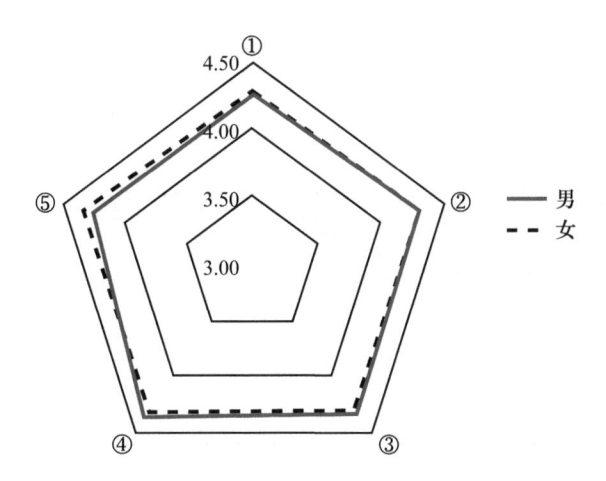

图 3-23　教师性别与评价方法认知差异

说明：①增值评价应该更加注重过程，在过程中评价学生发展状况；②增值评价应该综合运用多种评价方法；③我希望增值评价的程序简单、易操作；④我希望增值评价的指标具体、易观测；⑤我希望能借助信息技术进行增值评价。

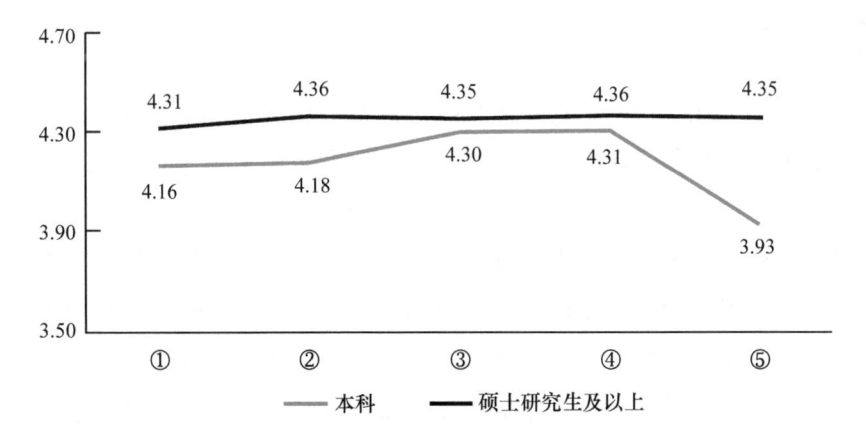

图 3-24　教师学历与评价方法认知差异

说明：①增值评价应该更加注重过程，在过程中评价学生发展状况；②增值评价应该综合运用多种评价方法；③我希望增值评价的程序简单、易操作；④我希望增值评价的指标具体、易观测；⑤我希望能借助信息技术进行增值评价。

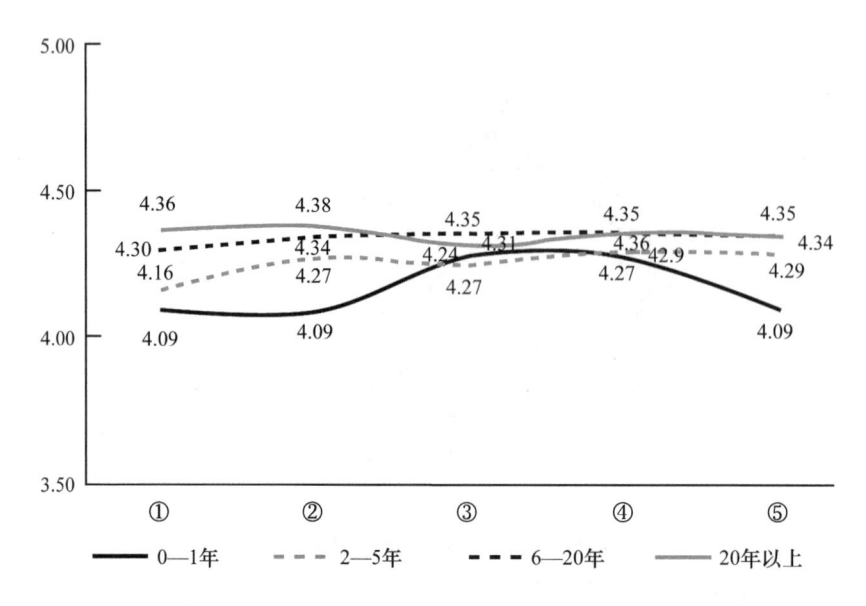

图 3-25 教师教龄与评价方法认知差异

说明：①增值评价应该更加注重过程，在过程中评价学生发展状况；②增值评价应该综合运用多种评价方法；③我希望增值评价的程序简单、易操作；④我希望增值评价的指标具体、易观测；⑤我希望能借助信息技术进行增值评价。

各有差异。相比较而言，具有5年以上教龄的教师在掌握增值评价方法上的认知水平比新入职的教师要高。而新入职教师对借助信息技术开展学生发展增值评价的期望比较低，这可能与初入职场的新教师在适应学校教学工作的过程中，其内心对学习新技术和新评价方式有阻抗有关。

不同任教年级的教师对学生发展增值评价方法的理解情况如图3-26所示，从图中可以看出，任教年级不同的教师在评价方法的认知上各有差异。整体来看，在学生发展增值评价方法方面，初中教师比小学各学段教师的认知水平要低一些，而小学各年级教师在增值评价方法的掌握上没有明显差异。

从图3-27的结果可以看出，省市属重点学校的教师在增值评价的方法认识方面呈现出较低的水平，远不如普通学校教师和县（区）重点学校教师。不过，这三类不同性质学校的教师都对增值评价应该借助信息

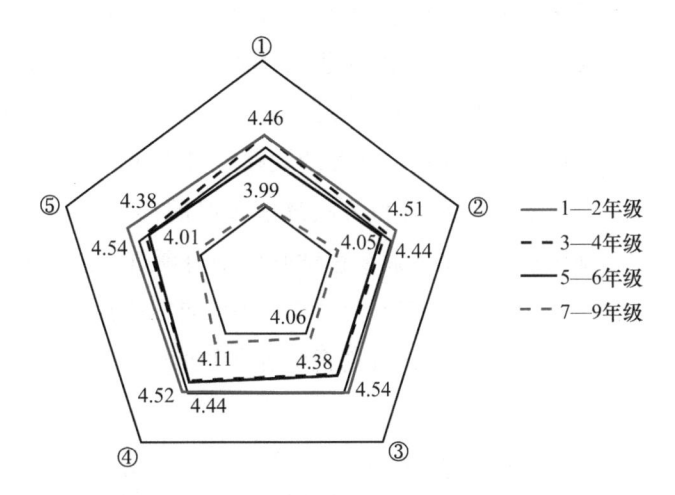

图3-26 教师任教年级与评价方法认知差异

说明：①增值评价应该更加注重过程，在过程中评价学生发展状况；②增值评价应该综合运用多种评价方法；③我希望增值评价的程序简单、易操作；④我希望增值评价的指标具体、易观测；⑤我希望能借助信息技术进行增值评价。

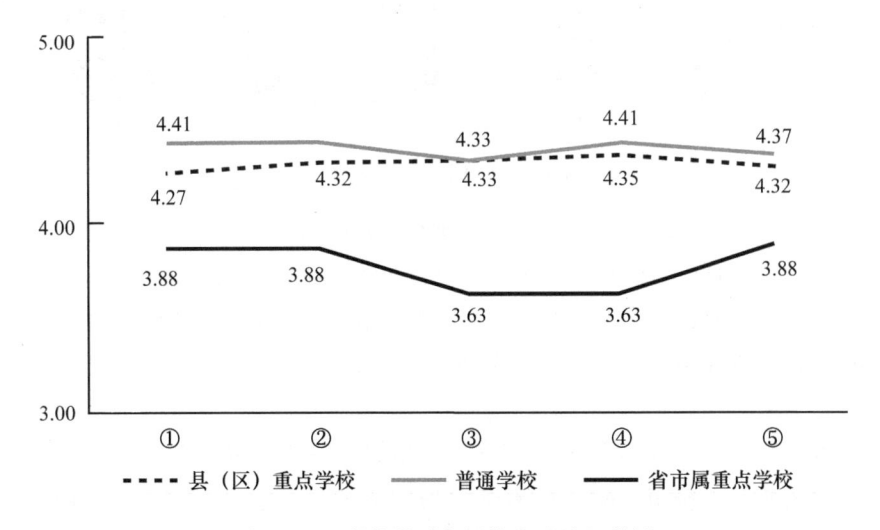

图3-27 学校性质与评价方法认知差异

说明：①增值评价应该更加注重过程，在过程中评价学生发展状况；②增值评价应该综合运用多种评价方法；③我希望增值评价的程序简单、易操作；④我希望增值评价的指标具体、易观测；⑤我希望能借助信息技术进行增值评价。

技术开展表达了统一且强烈的意愿，同时对增值评价的实施流程提出了进一步优化的要求。这表明，学校在实施学生发展增值评价的过程中，在评价方法的运用方面还需要注重评价指标的合理设置以及观测点的科学制定。

如图3-28所示，在不同区域任教的教师对增值评价方法的理解也存在一定的差异。其中，对增值评价方法理解较好的群体是城市学校的教师，其次是农村地区任教教师，而乡镇教师对增值评价方法的理解情况问题相对较多。这表明乡镇教师可能会经常面对不太丰富的教育资源和受限的专业发展，导致该区域的教师更容易忽视对增值评价理念和方法的关注。

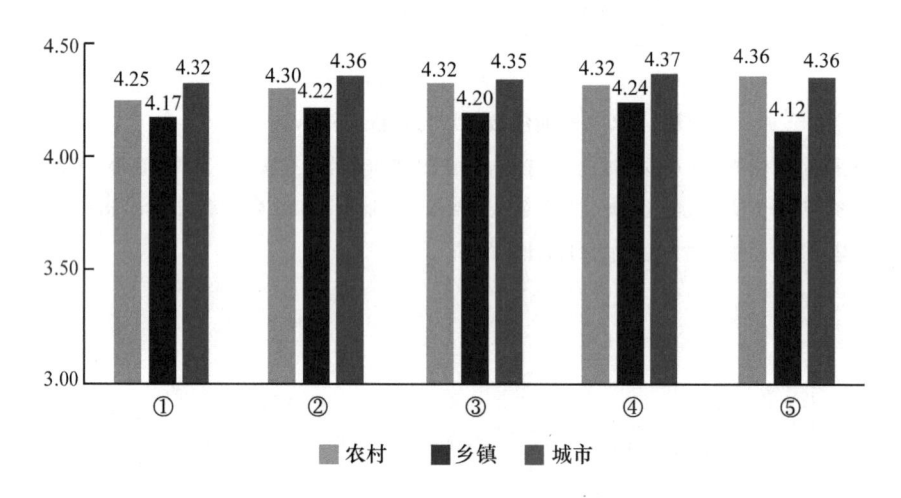

图3-28 学校所在区域与评价方法认知差异

说明：①增值评价应该更加注重过程，在过程中评价学生发展状况；②增值评价应该综合运用多种评价方法；③我希望增值评价的程序简单、易操作；④我希望增值评价的指标具体、易观测；⑤我希望能借助信息技术进行增值评价。

五 义务教育学校教师对学生发展增值评价主体的理解情况

如图3-29所示，60%的教师选择"自己经常或总是对学生进行增值评价"；55.47%的教师认为"我的同事经常或总是对学生进行增值评价"；52.83%的教师认为"学校家长经常或总是参与学生的增值评价活动"；54.33%的教师认为"学生个人经常或总是参与自身的增值评价活动"。从上述数据可以看出，只有一半左右的教师能够主动开展学生发展增值评价，其他教师只是偶尔会运用增值评价方式。另外，从调查情况来看，学生和家长很少参与学生增值评价活动。

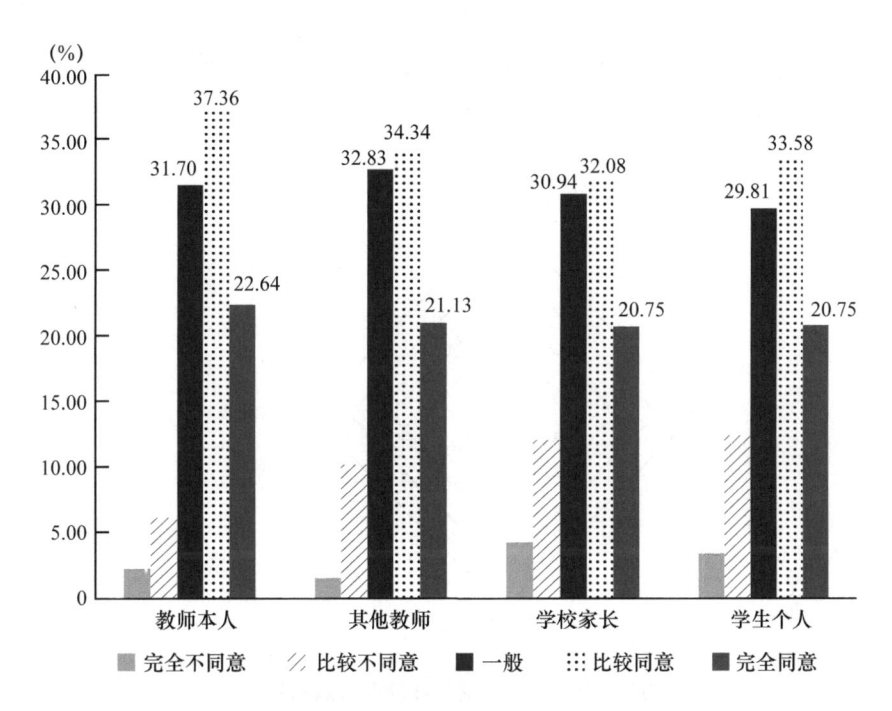

图3-29 我认为学生发展增值评价主体经常开展增值评价

如图3-30所示，调查所涉及的义务教育学校教师的性别与对增值评价主体的理解存在一定的差异。总的来看，女性教师会比男性教师更积极地开展学生发展增值评价。

由图3-31可知，硕士研究生及以上学历的教师要比本科学历的教师更加主动地开展增值评价，并能够引导调动各评价主体参与学生的增值评价活动。这可能与高学历教师具备科学的教育评价素养有关，他们可能在增值评价领域的研究更为深入，或者比同学科背景的本科生具备更多评价方面的专业知识和专业理论。

根据图3-32呈现的统计结果，教师教龄不同，其拥有的评价主体知识各有差异。1—5年教龄的教师对于开展学生发展增值评价活动具有较高的熟练度，并且对应的学生家长和学生个人也会较为积极地参与学生发展增值评价活动；6—20年教龄的教师和20年以上的教师也能够在教学评价中较为广泛地运用增值评价方式；最后是新入职教师，可能他们还不具备科学的增值评价素养，所以，在协同增值评价主体的多元化认识、运用方面表现较差。

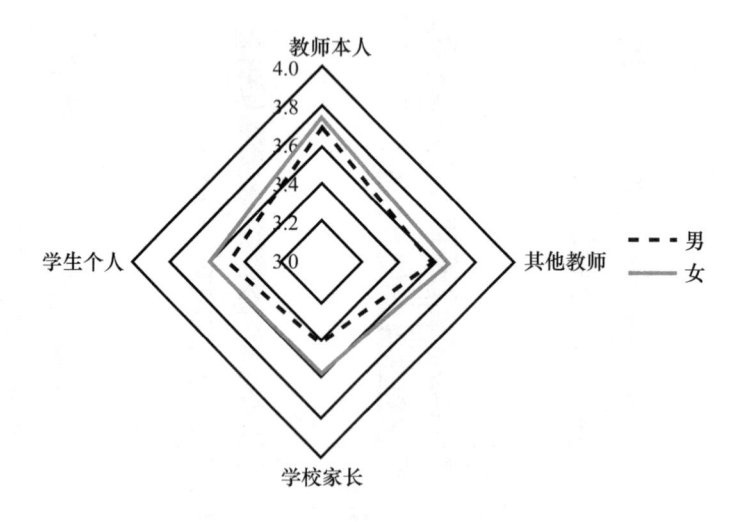

图3-30 教师性别与评价主体认知差异

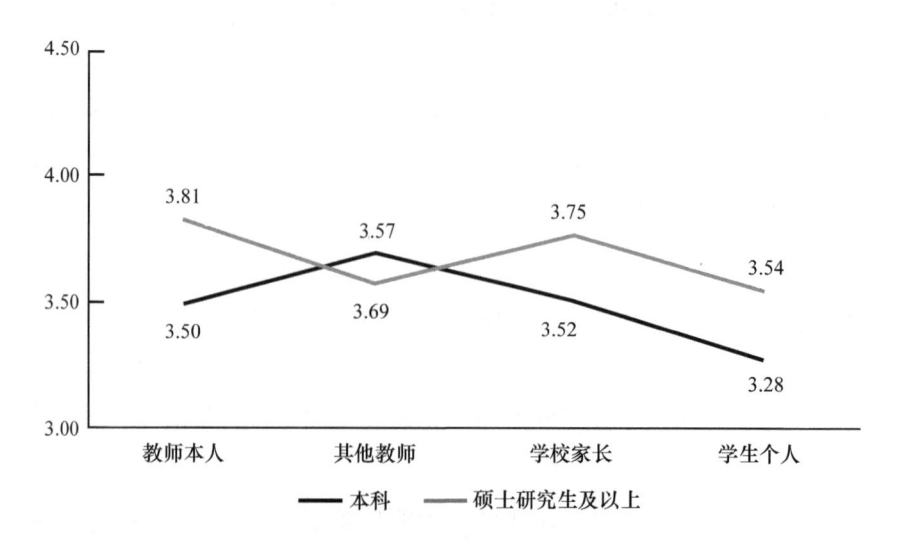

图3-31 教师学历与评价主体认知差异

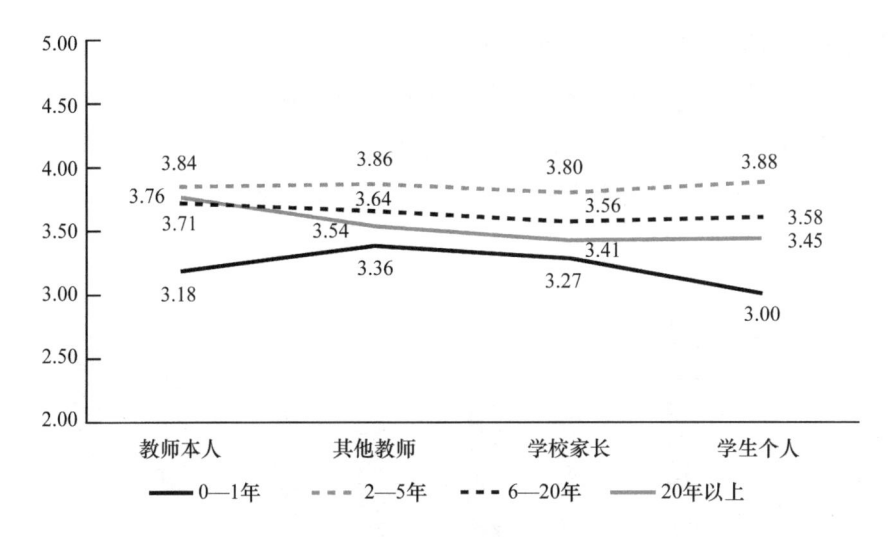

图 3-32　教师教龄与评价主体认知差异

如图 3-33 所示，在运用增值评价方式方面，小学教师比初中教师更为熟练。而学生家长和学生个人作为增值评价的主体，小学学段的各主体评价参与度要比初中的各主体参与度高。

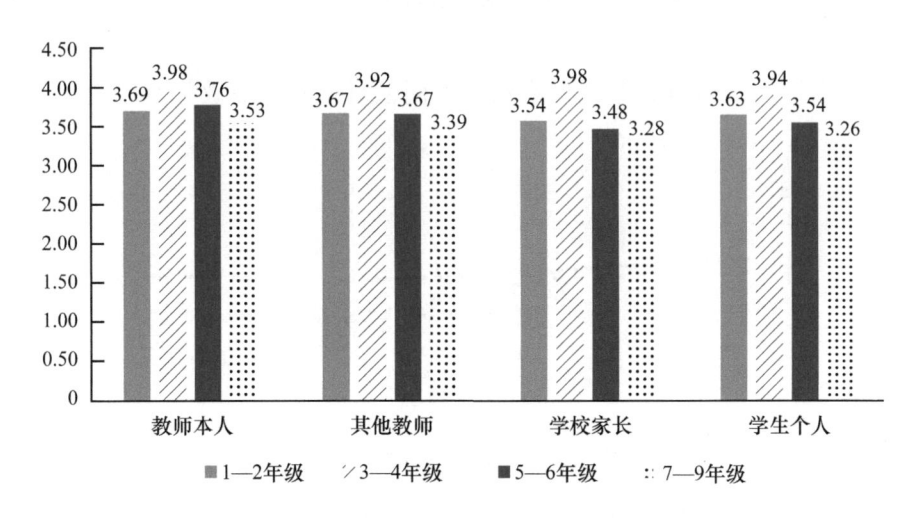

图 3-33　教师任教年级与评价主体认知差异

依据图 3-34 的结果可以看出，在开展学生发展增值评价方面，省市属重点学校教师比普通学校和县（区）重点学校的教师使用频率更加广泛，各评价主体的关注度和参与度都比较高。这表明，省市属重点学校的教师能够结合学生的发展特征，将增值评价方式的实施和运用与日常的教学评价相结合，合理评估学生的发展进步情况。

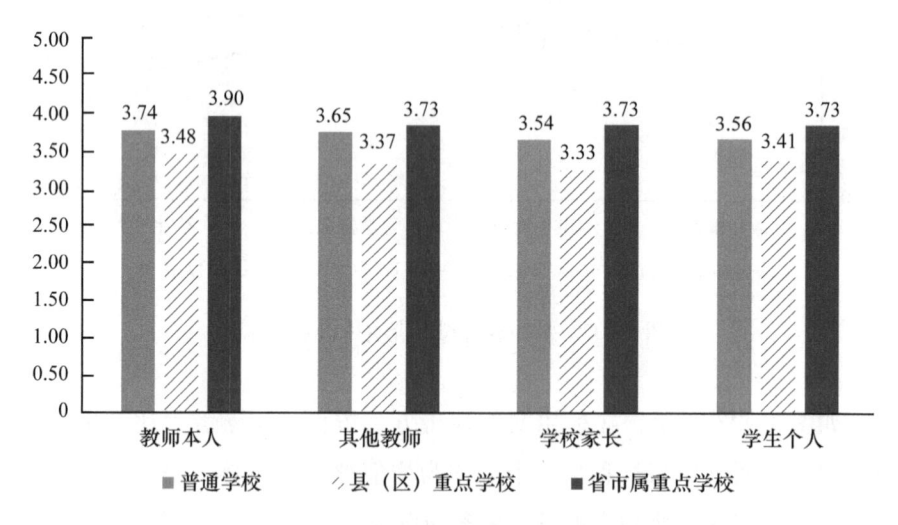

图 3-34 学校性质与评价主体认知差异

由图 3-35 可知，学校所在区域不同，对应各区域教师对增值评价

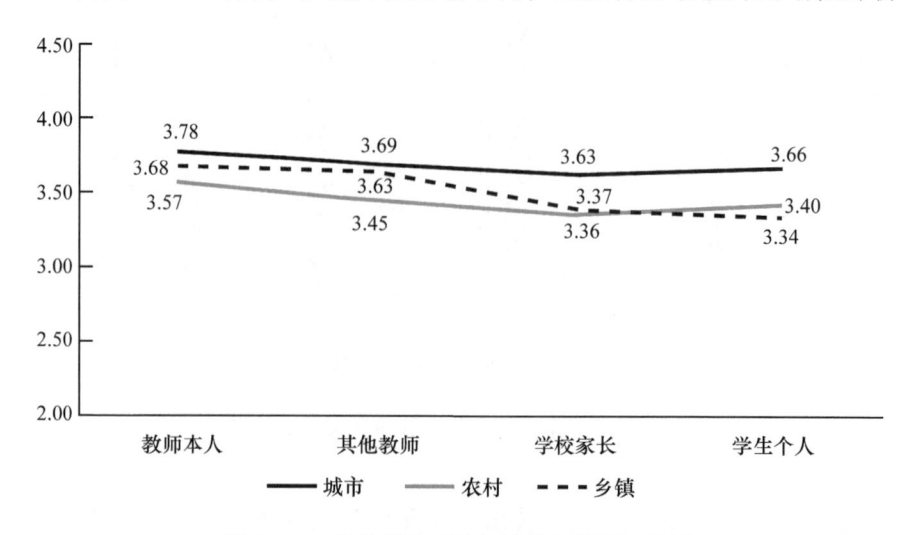

图 3-35 学校所在区域与评价主体认知差异

主体的理解情况也不同。整体而言，相比农村和乡镇学校，城市教师认为，学生家长和学生个人都应该成为增值评价的主体。这可能与城市教师对增值评价主体的理解程度有关，也可能与城市学校"家校社协同育人"实施的效果较好有关。

六　义务教育学校学生发展增值评价实施现状分析

（一）义务教育学校学生发展增值评价实施情况

如图3-36所示，调查所涉及的大多数教师反映他们自己所在学校在积极探索学生发展增值评价，占77.36%；22.64%的教师反映他们自己所在学校探索学生发展增值评价的积极性不高。图3-37显示，53.66%的教师认为"虽然我校有学生发展增值评价方案，但还没有付诸实践"；其余46.34%的教师反映他们自己所在学校的学生发展增值评价方案已被应用于实际教育教学评价之中。调查所得到的数据和访谈得到的信息有一定的出入，在访谈中大多数教师认为："学校在积极探索增值评价，但由于各种因素的影响，基本没有付诸具体实践。"由数据可知，虽然现阶段义务教育学校和教师能够普遍认识到增值评价在促进学生全面发展方面的优势，但由于学生发展增值评价缺乏统一标准、数据收集难度较大、增值评价模型复杂等原因，导致在义务教育学校落实学生增值评价存在许多现实困难。

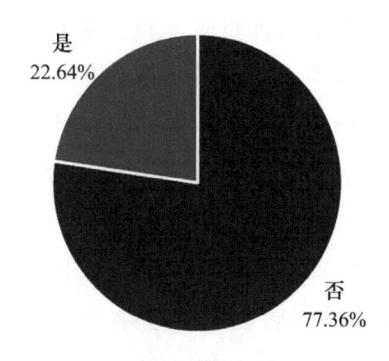

图3-36　我校有积极探索学生发展增值评价方案

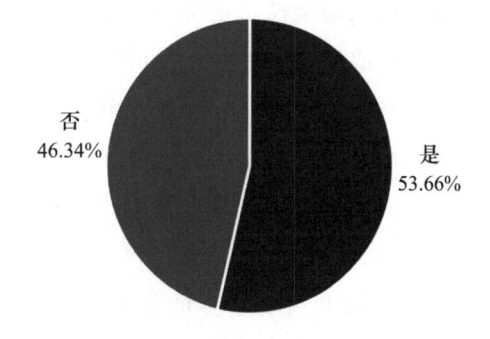

图3-37　我校有学生发展增值评价方案，但还没有付诸实践的情况

由图 3-38 可知,83.9% 的教师认为"我校主要用文化课成绩来考量学生发展增值情况"。这说明,当前许多中小学开展增值评价的方式主要是通过考查学生在一段时间内学业成绩的增长变化情况来衡量学生的学习水平和进步程度。这些学校理解和实施的增值评价与学业诊断性评价大同小异,未能关注到学生除学业成就之外其他素养的发展状况。

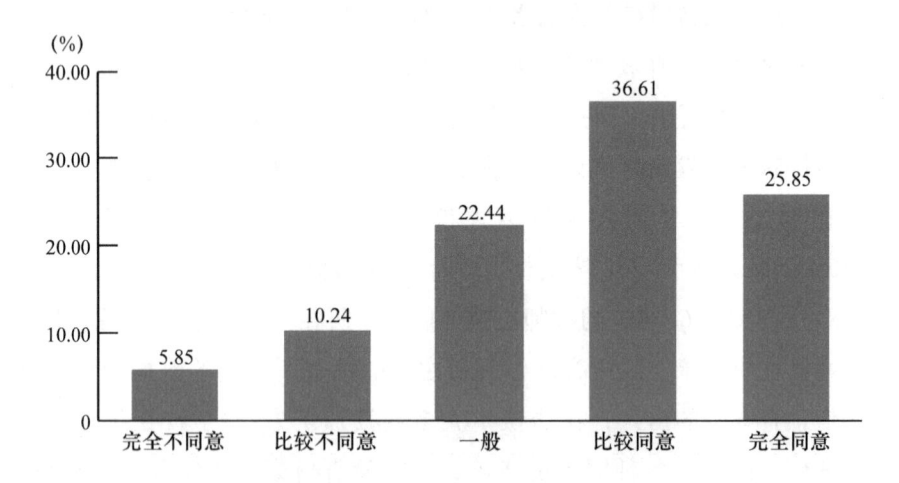

图 3-38 我校主要用文化课成绩来考量学生发展增值情况

从图 3-39 我们可以发现,所处区域不同的学校之间,运用增值评价的情况有着明显的区别。相比较而言,农村地区的学校较多地使用学生的学业成绩来考量学生发展增值情况,其次是乡镇地区的学校,最后是城市地区的学校。这说明,城区学校在实施增值评价时不只是考查学生的学业成绩,而是将学生的非学业性表现也纳入了该校增值评价体系中;而乡镇和农村学校的校长和教师,由于外出学习的机会少,关于学生发展评价方面的理论认识和实践探索相对欠缺,因此就会出现在增值评价理论认识和实践推进方面的偏差。

由图 3-40 可知,69.27% 的义务教育教师认为应该以学生发展增值评价结果来判断学生的发展状况;同样也是 69.27% 的义务教育教师认为应该以学生发展增值评价结果来衡量教师的教育教学成就。然而,访谈却发现,事实上大多数学校仍然以学生学业成绩衡量学生发展情况和教师的效能情况。

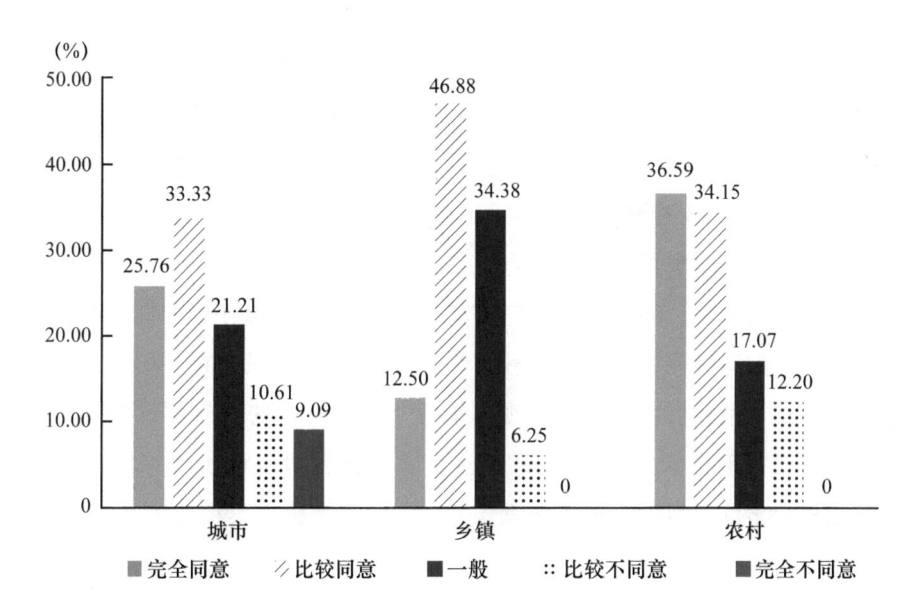

图3-39　我所在区域的学校主要以文化课成绩来考量学生发展增值情况

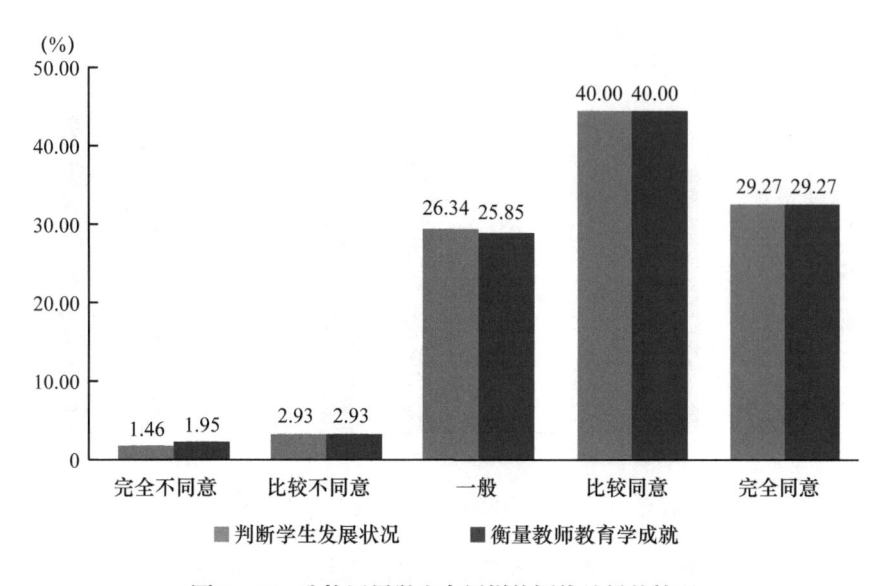

图3-40　我校运用学生发展增值评价结果的情况

(二)义务教育学校增值评价相关资源的配备情况

如图 3-41 所示,在开展学生发展增值评价的学校中,69.27% 的义务教育学校有学生发展增值评价的方案;68.29% 的义务教育学校有学生发展增值评价的具体操作指南;67.32% 的义务教育学校有学生发展增值评价的相应平台。在进一步统计中小学运用增值评价的具体措施时,结果如图 3-42、图 3-43 和图 3-44 所示,其中,67.32% 的义务教育学校设置了一些学生发展状况评价的观测点;65.36% 的义务教育学校开发了增值评价的相应网络平台;66.83% 的义务教育学校研制了增值评价的框架和实施方式。上述数据表明,部分义务教育学校在推进增值评价的过程中,正在探索适合其学生发展特点的评估观测指标,构建科学的增值评价框架并明确实施方式,正在探索较为科学完善的学生发展增值评价体系。但也有 30% 左右的学校仍然没有相应的操作平台、增值评价方案和具体操作指南。

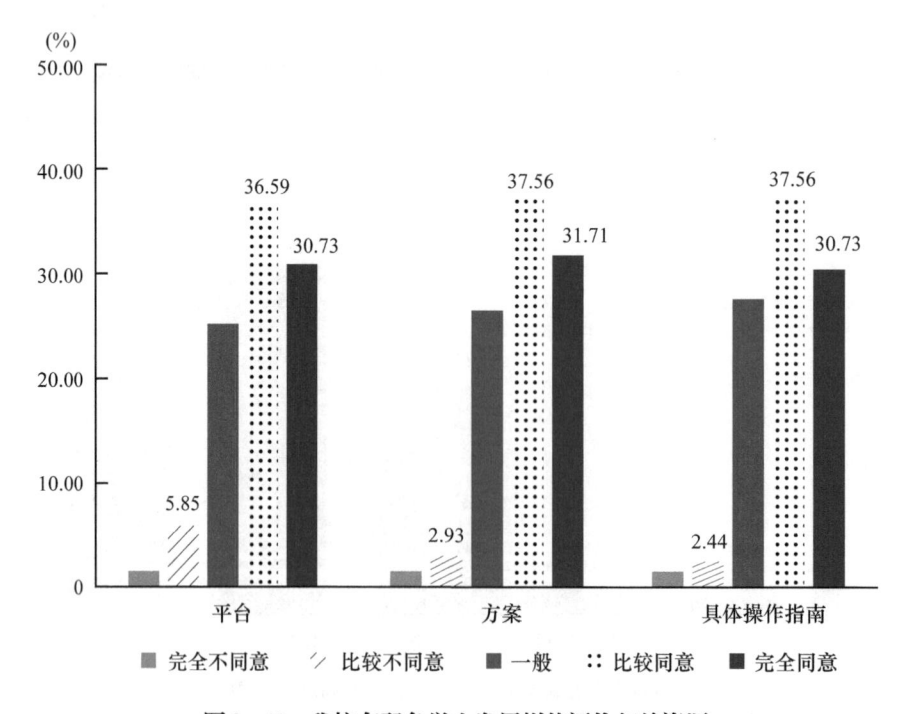

图 3-41 我校有配备学生发展增值评价相关资源

第三章 学生发展增值评价现状调查

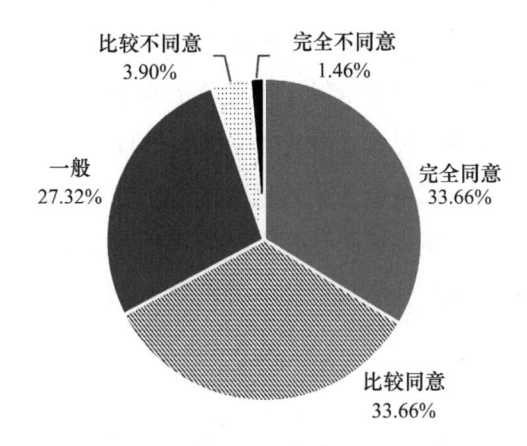

图3-42 我校有设置许多关于学生发展状况评价的观测点

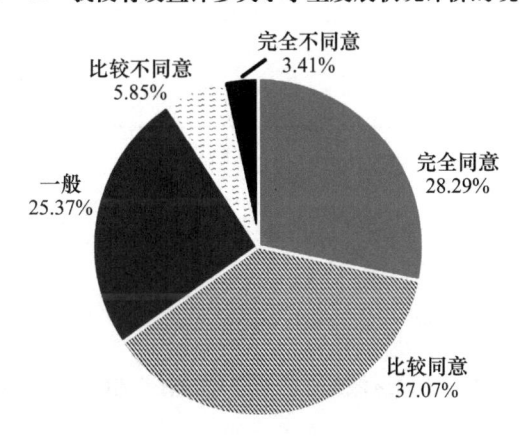

图3-43 我校有开发增值评价的相应网络平台

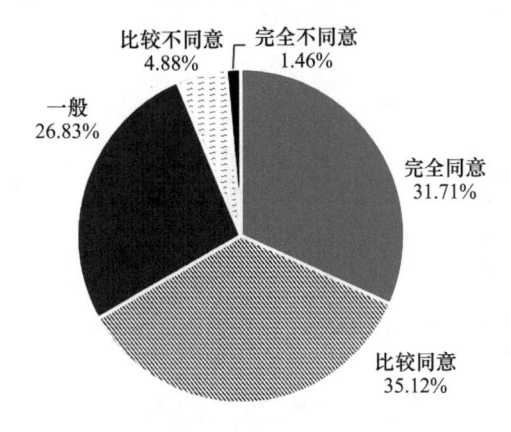

图3-44 我校有研制增值评价框架和实施方式

如图3-45、图3-46、图3-47和图3-48所示,学校所在区域不同,各学校对增值评价的资源配置情况也存在着不同程度的差异。城市义务教育学校在设置学生发展状况评价观测点上要显著优于乡镇和农村学校;而农村义务教育学校在开发增值评价相应的网络平台方面要略微优于乡镇学校。调查数据显示,大多数城区学校已经能够搭建学生发展增值评价的信息平台,以智能化信息化的网络平台应用来推动增值评价的落地;而乡镇

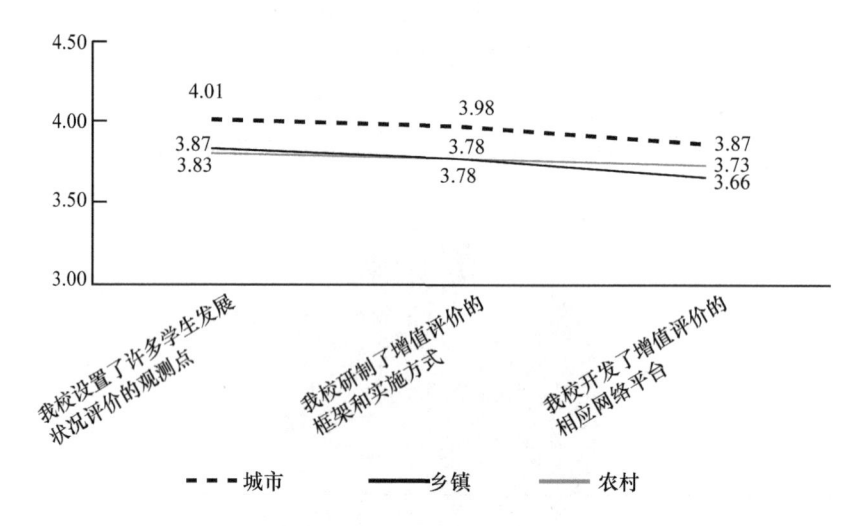

图3-45 不同区域的学校配备增值评价相关资源情况

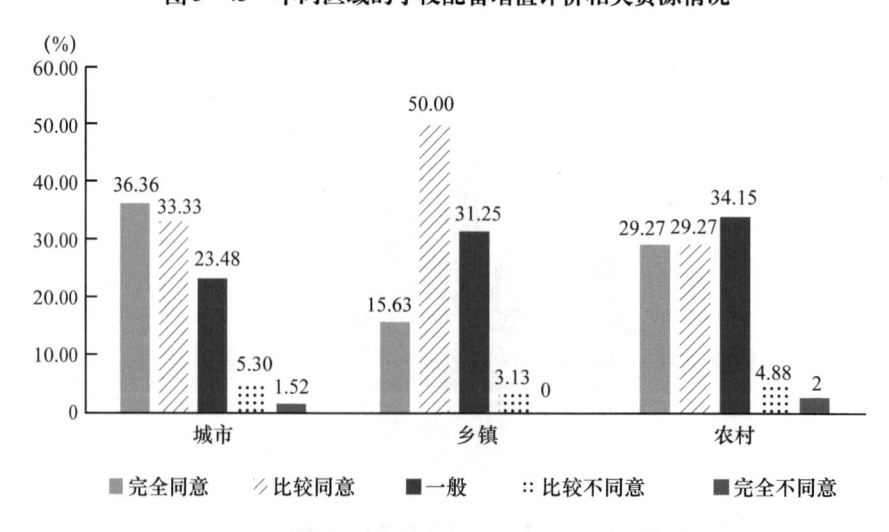

图3-46 我所在区域的学校有设置增值评价的观测点

第三章 学生发展增值评价现状调查

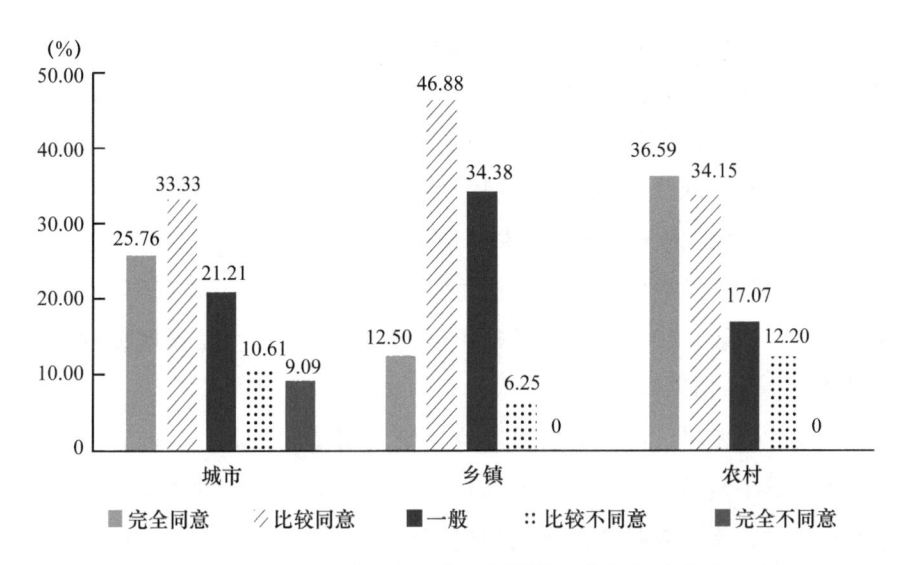

图3-47 我所在区域的学校有研制增值评价框架和实施方式

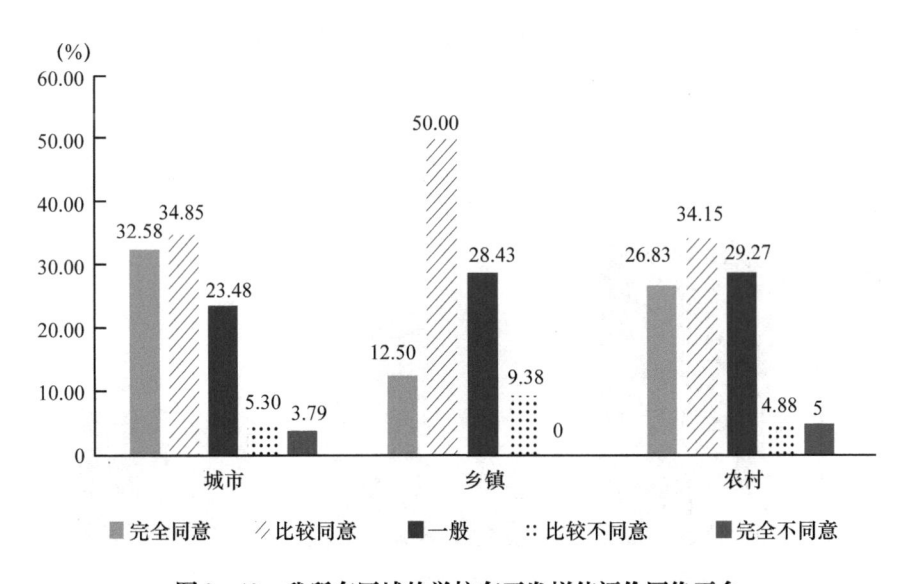

图3-48 我所在区域的学校有开发增值评价网络平台

和农村学校在研制增值评价框架和实施方式，以及开发网络平台方面表现得较差。从现场观察和访谈中我们了解到，城区义务教育学校在设置学生发展状况评价观测点上，开发了增值评价相应的网络平台，在制定评价实施方案与框架等方面要显著优于乡镇和农村学校。但这不是大多数城区学校的现状，而只是个别学校呈现出这样的推进现状。

由图3-49、图3-50和图3-51可知，45%左右的义务教育学校教师认为开展学生发展增值评价的过程繁杂且非常耗费时间；35%左右的教师则认为一般；20%左右的教师不认为学校开展学生发展增值评价的过程繁杂且耗费时间。

上述数据表明，从学生发展增值评价应用情况来看，目前近一半的义务教育学校教师认为，存在实施过程烦琐且不易操作的困难。因为操作烦琐困难，所以教师抗拒运用增值评价方法评估学生发展状况。这说明，虽然一部分义务教育学校已经具备了学生发展增值评价的操作指南和网络平台，但学校还应该加强增值评价技术平台的易操作性、增值模

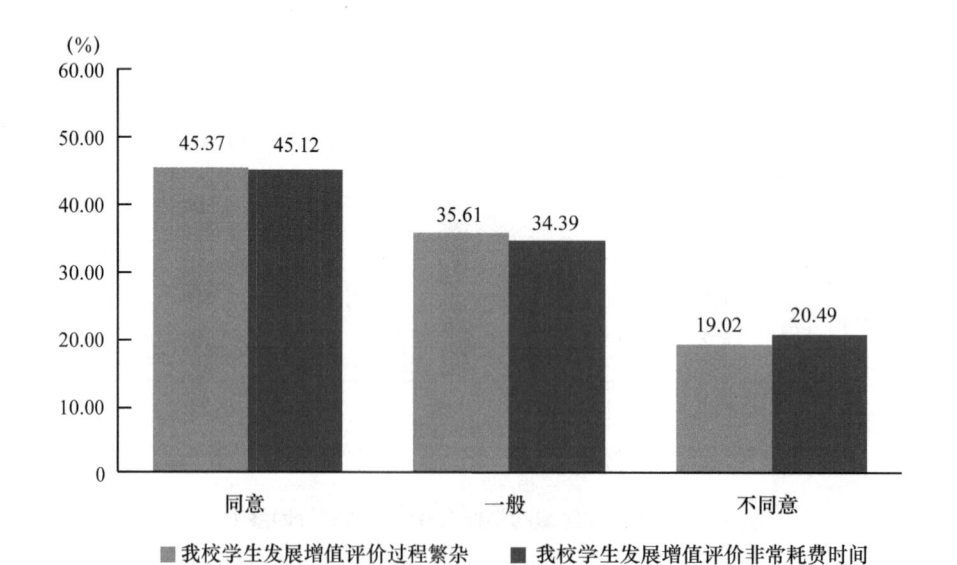

图3-49 义务教育学校的学生发展增值评价实施情况

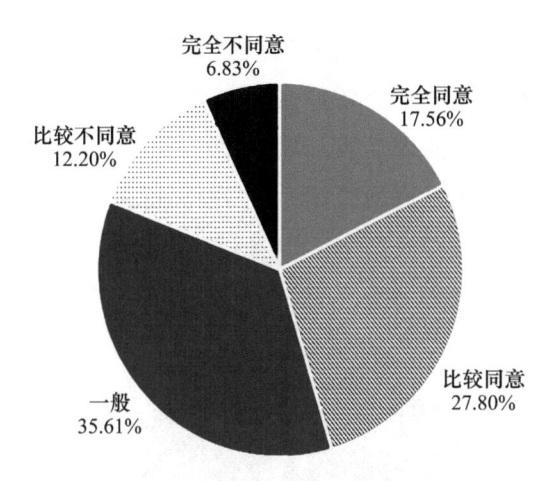

图 3-50 我校开展学生发展增值评价过程繁杂

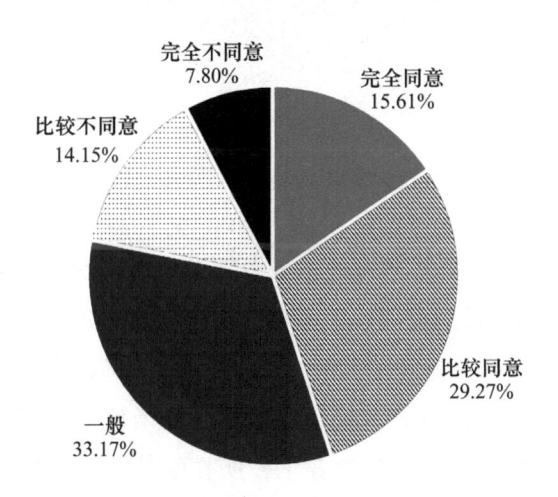

图 3-51 我校开展学生发展增值评价过程非常耗费时间

型的简洁性、数据收集方式的具体化和评价结果的易解读等方面的建设和改进。不同地区的学校也要根据自身实际情况设置学生发展增值评价的指标体系和测评工具,选择适合自己院校学生特点的增值评价模型和方式,以便更有效地评价学生发展状况。

(三)义务教育学校家长及教育局对开展学生发展增值评价的支持态度

如图 3-52 所示,70.25%的学生家长支持开展学生发展增值评价,

26.83%的学生家长表示一般，但也有2.93%的学生家长表示不太支持开展学生发展增值评价。从上述数据我们可以发现，大多数义务教育学校的学生家长是支持开展学生发展增值评价的；个别家长不支持的原因可能是没有认识到学生发展增值评价的功能和价值。

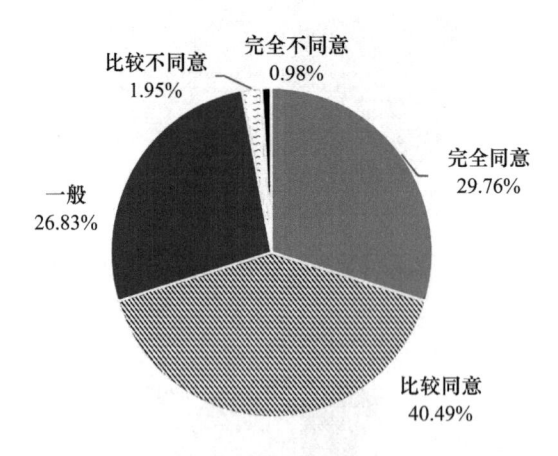

完全不同意 0.98%
比较不同意 1.95%
一般 26.83%
完全同意 29.76%
比较同意 40.49%

图3-52 我校学生家长支持开展学生发展增值评价

如图3-53所示，73.66%的义务教育学校所在地教育局非常支持学校开展学生发展增值评价；71.22%的义务教育学校所在地教育局会以学生发展增值评价结果来评价学校育人质量；69.76%的义务教育学校所在地教育局会请专业人员指导学校开展学生发展增值评价工作。上述数据表明，此次调查中大多数义务教育学校所在的教育局比较重视推进增值评价在义务教育学校的落实情况，也认同运用增值评价引导学生全面而有个性的发展，引导学校按规律办学的价值。

由图3-54可知，义务教育学校的性质不同，其归属地教育局在支持学生发展增值评价的态度上存在着一定的差异。在"当地教育局以学生发展增值结果来评价学校育人质量"方面，普通学校要比重点学校的归属地教育局更为重视；这可能与重点学校处在激烈的升学竞争中，没有广泛运用增值评价结果来评估学校效能有关。在"当地教育局非常支持我校开展学生发展增值评价"方面，县（区）重点学校所在的教育

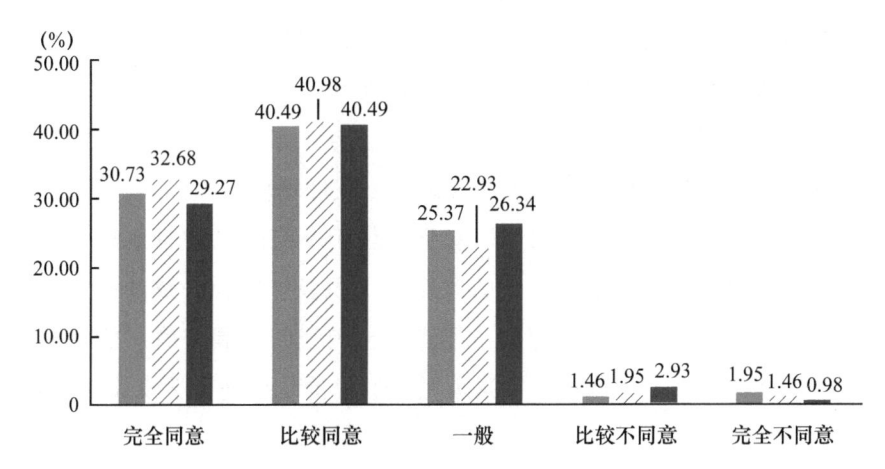

图 3-53 教育局支持学生发展增值评价情况

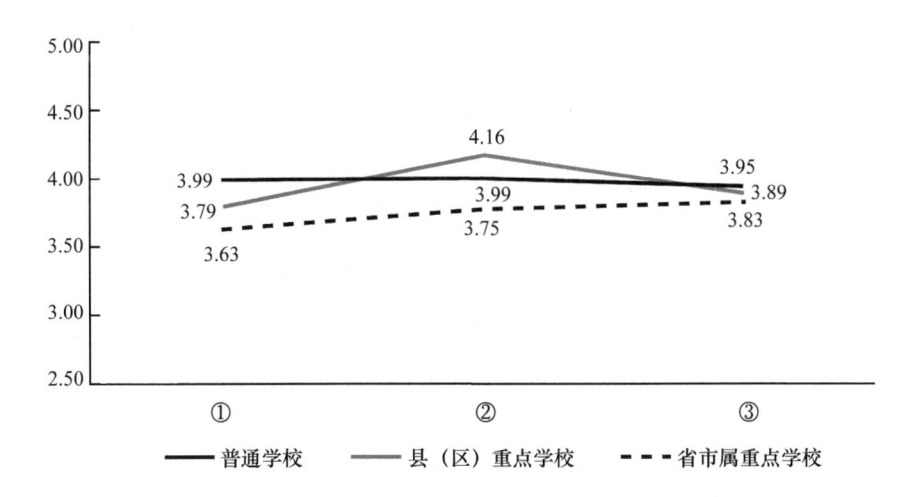

图 3-54 当地教育局支持不同学校性质开展学生发展增值评价情况

说明：①当地教育局以学生发展增值结果来评价学校育人质量；②当地教育局非常支持我校开展学生发展增值评价；③当地教育局会请专业人员指导我校开展学生发展增值评价工作。

局比普通学校和省市属重点学校的重视程度要略微高一点。在"当地教育局会请专业人员指导我校开展学生发展增值评价工作"方面，三种类型的学校所在教育局表现较为统一。这说明无论是普通学校还是重点学校，各地教育部门都在组织开展增值评价的专业培训课程，从而帮助所管辖的义务教育学校更好地探索和实施学生发展增值评价活动。

根据图3-55的结果我们可以看到，位于不同地区的各地教育局在支持学校开展学生发展增值评价的态度上是积极且较为一致的；无论是城市还是农村学校所在的教育局，都能够积极组织开展增值评价相关内容政策和理论学习，也能积极探索运用增值评价结果进行学校效能评估。

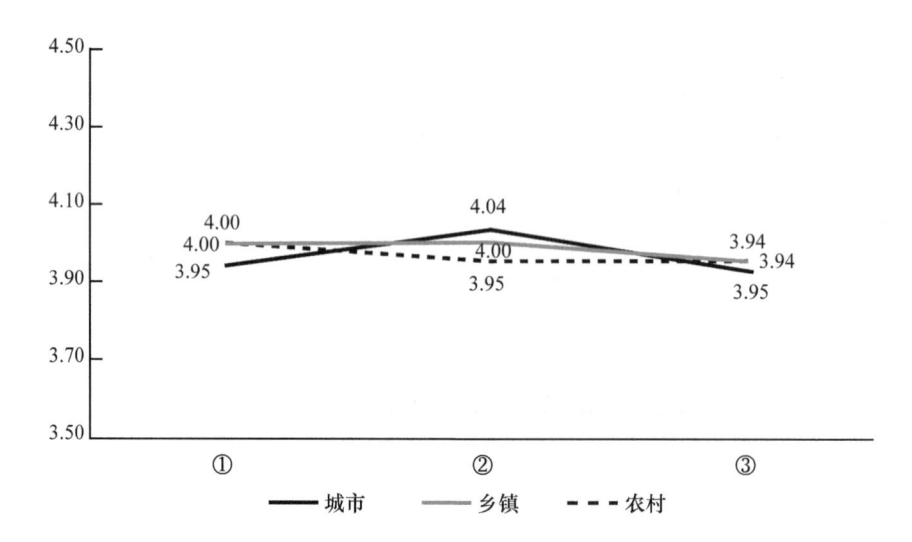

图3-55 教育局支持不同区域学校开展学生发展增值评价情况

说明：①当地教育局以学生发展增值结果来评价学校育人质量；②当地教育局非常支持我校开展学生发展增值评价；③当地教育局会请专业人员指导我校开展学生发展增值评价工作。

（四）义务教育学校教师开展学生发展增值评价能力的现状

如图3-56所示，78.05%的义务教育学校教师反映他们学校支持和鼓励教师积极探索学生发展增值评价；73.66%的义务教育学校教师反映他们学校有对教师进行增值评价理论与方法方面的培训，仅有不到3%的教师反映其学校未进行增值评价理论与方法的培训。上述数据表明，调查中所涉及的义务教育学校教师大多数参与过增值评价的相关理论与实践的学习。

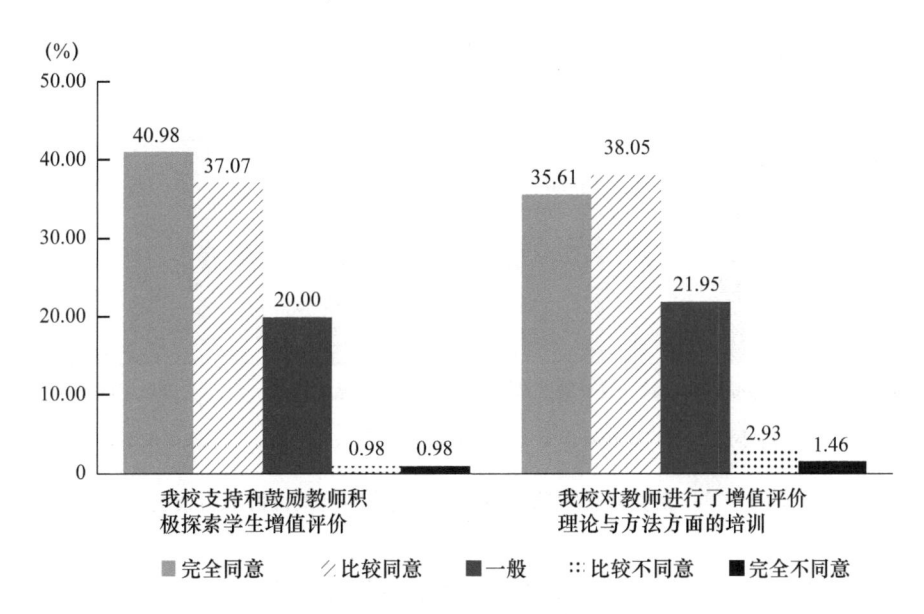

图 3-56 义务教育学校支持教师开展学生发展增值评价的现状调查

由图 3-57 可知，78.05%的义务教育学校教师认为，"我能为学生、家长和学校解读学生发展增值评价的结果"；77.07%的义务教育学校教师认为，"我对学生发展增值评价的结果的接受程度较高"；71.22%的义务教育学校教师认为，"在实际开展学生发展增值评价的过程中，我感觉到在数据搜集方面比较困难"；69.27%的义务教育学校教师认为，"在学生发展增值评价的数据处理方面，我感到困难"，仅有2%左右的教师认为不存在困难。上述数据表明，调查所涉及的大多数义务教育学校教师认为，虽然实施增值评价存在许多困难，但他们自己基本上具备解读增值评价结果的能力，也能够科学把握增值评价的结果来改进教育教学。这与访谈和实践观察中了解到的信息与问卷调查获得的信息不尽一致。访谈和现场观察发现，义务教育学校大多数教师不能很好地解读学生发展增值评价过程所收集的数据。

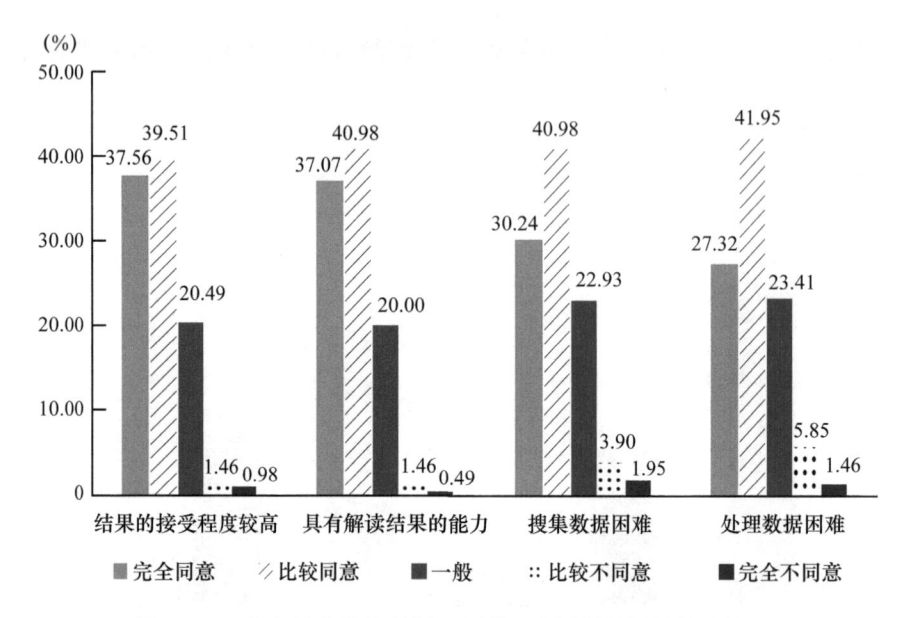

图 3-57 义务教育学校教师开展学生发展增值评价能力情况

如图 3-58 所示，不同性别的义务教育学校教师对增值评价结果的接受程度和解读能力比较一致，但在搜集学生增值评价数据方面，男性教师比女性教师存在着较大的困难。研究进一步发现，此次调查对象中男性教师在校内兼任教研主任和校级干部的居多，因此他们可能较少有时间和精力去采集学生的知识技能和非学业性表现等全过程数据。

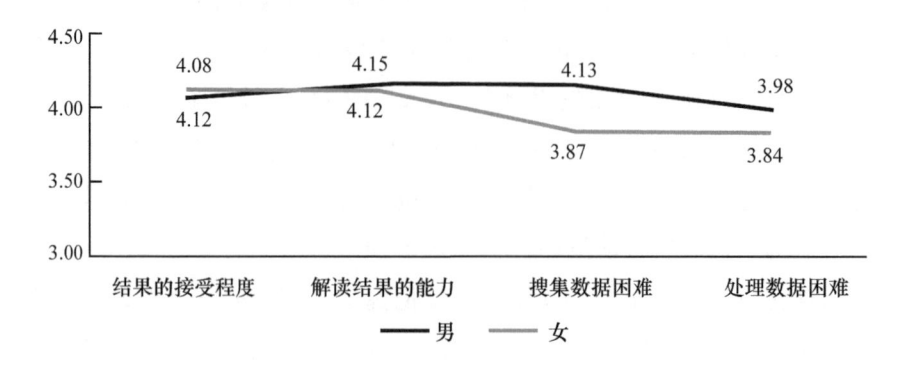

图 3-58 不同性别的教师开展学生发展增值评价的能力情况

不同年龄段的教师运用学生发展增值评价的能力不同，如图 3-59 所示，从义务教育学校教师能够接受增值评价的结果并对其进行解读的情况来看，31—40 岁年龄段和 41—50 岁年龄段教师的能力较强，20—30 岁年龄段和 51 岁及以上的教师能力较差；从义务教育学校教师是否能够搜集学生增值评价数据并处理数据的情况来看，31—40 岁年龄段和 41—50 岁年龄段的教师存在着较大的困难。这可能是因为，其一，21—30 岁年龄段的教师有着较好的信息技术应用能力，但他们的教学经验不足，在利用增值评价结果来反馈改进教学方面还需要经验；其二，30 岁以上的教师大多具有 7 年以上的教学经验，其教学方法和评价方式都已熟练，能够较好地理解增值评价结果，但其信息技术应用能力较弱。

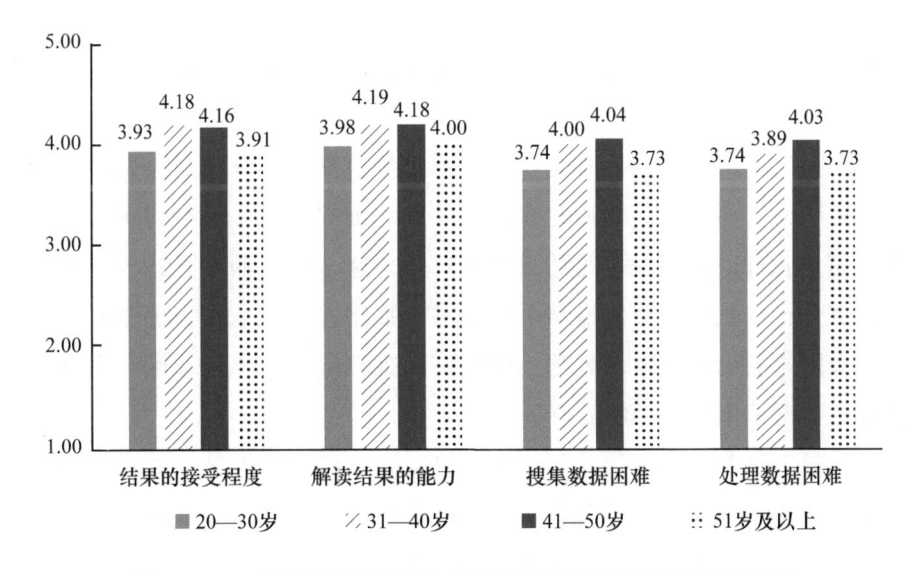

图 3-59 不同年龄段的教师开展学生发展增值评价的能力情况

如图 3-60 所示，在接受增值评价的结果和解读结果方面，表现较好的是具有 6—20 年教龄的义务教育学校教师；在搜集学生增值评价数据和处理数据方面，能力较强的是具有 2—5 年教龄的义务教育学校教师。这可能与大多数年轻教师在大学期间学习或接触过数据收集和处理的相关知识有关。

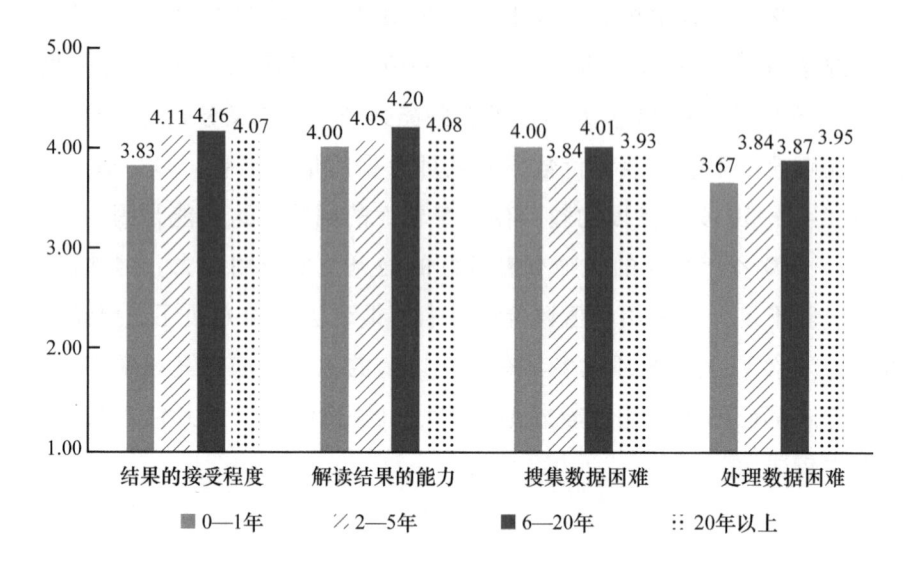

图 3-60 不同教龄段的教师开展学生发展增值评价的能力情况

由图 3-61 可知,职称不同的义务教育学校教师开展学生发展增值评价的能力也不同。从教师能够接受增值评价的结果并进行解读方面来看,相比而言,能力最强的是正高级教师,这与他们的教育评价专业能力强有关;从教师能够搜集学生增值评价数据并处理数据方面来看,存在较大困难的也是正高级教师。这与正高级教师由于年龄原因,不具有较好的数据搜集和处理能力有关。

如图 3-62 所示,不同学校区域的义务教育学校教师开展增值评价的能力存在一定的差异。在搜集学生增值评价数据并处理数据方面,乡镇义务教育学校教师要比城市学校教师弱。

根据图 3-63 可以发现,任教班级数量在接受并解读增值评价结果方面存在一定的差异。任教一个班的义务教育学校教师在接受并解读增值评价结果方面表现较好,但在搜集学生发展数据并处理数据方面也存在着较大的困难。这可能与这部分教师大多担任班主任角色有关。任教三个班级及以上的教师在解读增值评价结果方面表现较差,而他们的搜

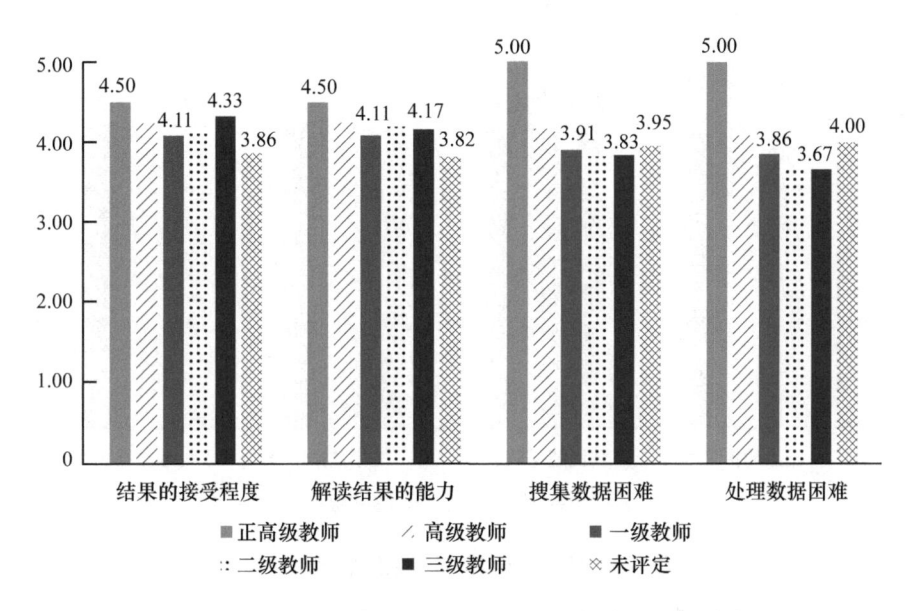

图 3-61　不同职称的教师开展学生发展增值评价的能力情况

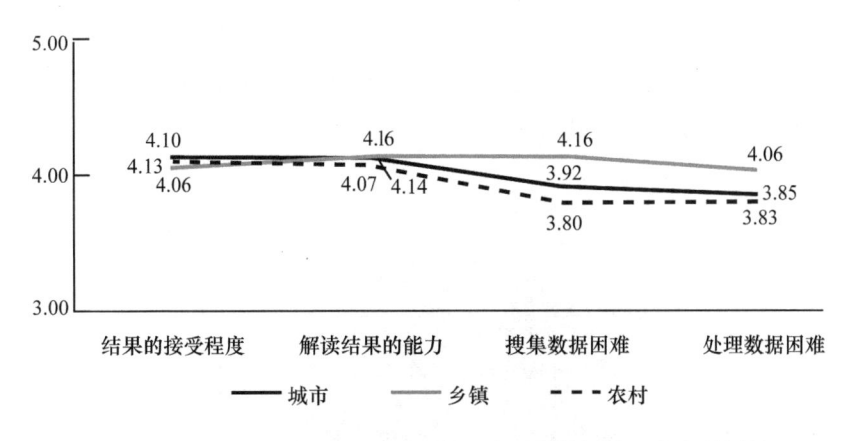

图 3-62　不同学校区域的教师开展学生发展增值评价的能力差异情况

◀◀◀ 信息技术支持的学生发展增值评价研究

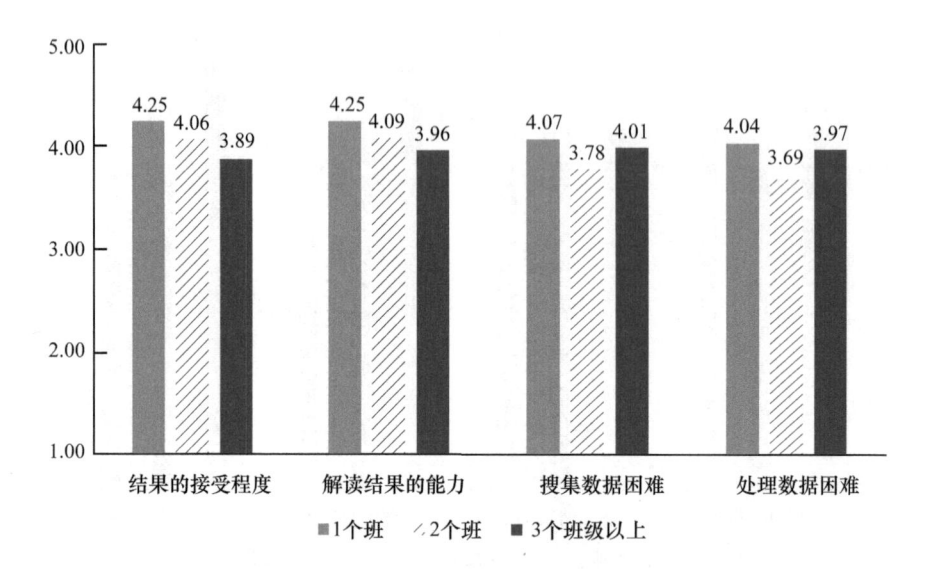

图3-63 不同任教班级数量的教师开展学生发展增值评价的能力差异情况

集数据和处理数据的能力也相对较差;这是因为这部分教师承担了较多的教学任务,致使其很难有精力关注学生的过程性发展。

如图3-64所示,78.05%的义务教育学校教师认为,"对于积极开展学生增值评价,我还需要更多科学的培训",20.49%的教师认为一般,仅有1.47%的教师认为不太需要。

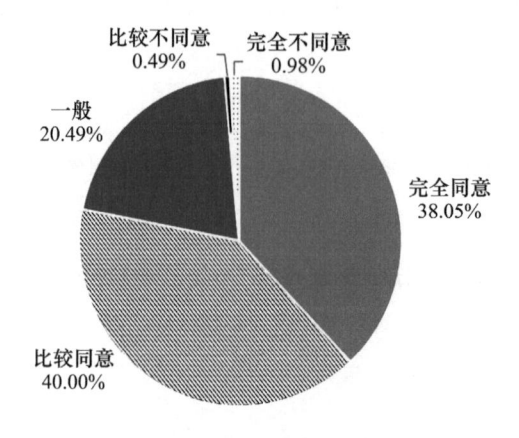

图3-64 对于积极开展学生增值评价,我还需要更多科学的培训

92

这表明在基础教育的评价改革中，增值评价已作为一种重要的评价方法和工具被应用到教育评价中。但增值评价的落实更需要在政府部门和教育行政机构的领导下，相应地提高义务教育学校教师的增值评价素养和评价能力。

七　义务教育学校教师对学生发展增值评价的未来期望情况

（一）义务教育学校教师对未来开展学生发展增值评价的态度

由图3-65可知，73.34%的义务教育学校教师认为，"我支持和鼓励探索学生发展增值评价"，20%的教师认为一般，仅有6.66%的教师认为不太支持；56.67%的义务教育学校教师认为，"我所在学校支持和鼓励教师探索和实施增值评价"，35%的教师认为一般，8.34%的教师认为学校没有很支持；65%的教师认为，"我希望未来在我校开展学生

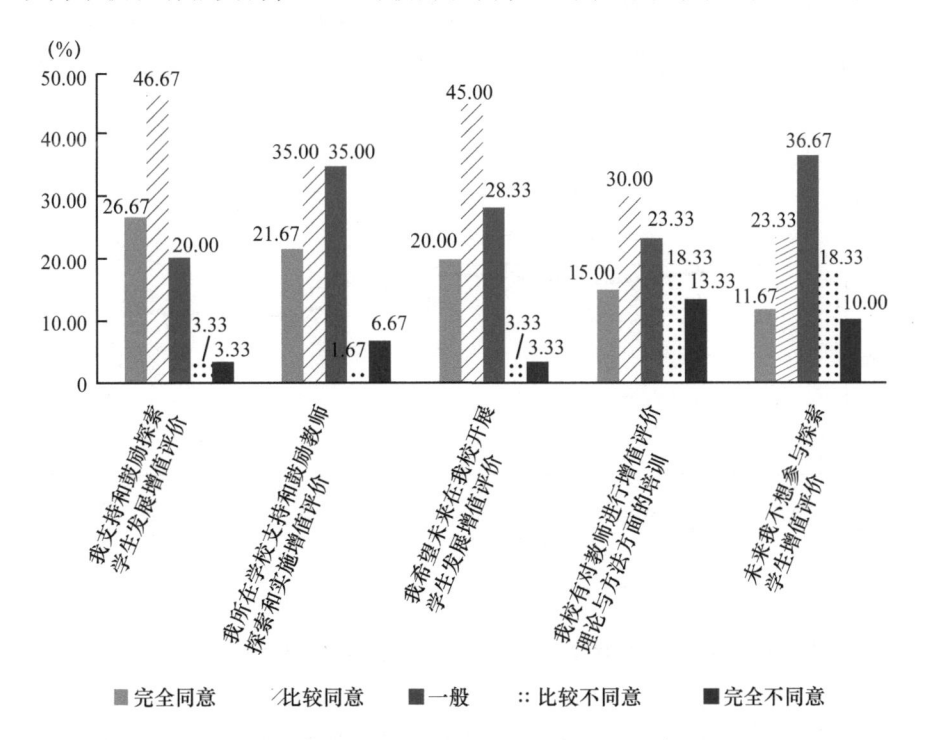

图3-65　义务教育学校教师对未来发展学生发展增值评价的意愿情况

发展增值评价",28.33%的教师认为一般,6.66%的教师表示不太希望;45%的义务教育学校教师认为,"我校有对教师进行增值评价的理论与方法方面的培训",23.33%的教师认为一般,31.66%的教师反映学校没有进行过相关培训;35%的义务教育学校教师认为,"未来我不想参与探索学生增值评价",36.67%的教师认为一般,有28.33%的教师反映未来愿意支持并参与探索学生增值评价。上述数据说明,调查所涉及的大多数教师对开展增值评价持有积极的意愿,说明绝大多数教师对于增值评价之于学生发展和教师评价的价值都有较为一致的认识。

如图3-66所示,不同性别的义务教育学校教师对开展学生发展增值评价的态度也存在显著不同。整体来说,女性教师更愿意在未来支持并积极探索学生发展增值评价,而男性教师的意愿略低一些。这可能与义务教育学校开展增值评价相关理论与方法的培训频率有关。根据调查结果,58.33%的男性教师反映他们的学校开展学生发展增值评价的培训频率较少;而大多数男性教师在校内承担着行政工作,在开展学生发展增值评价的积极性上表现较差。

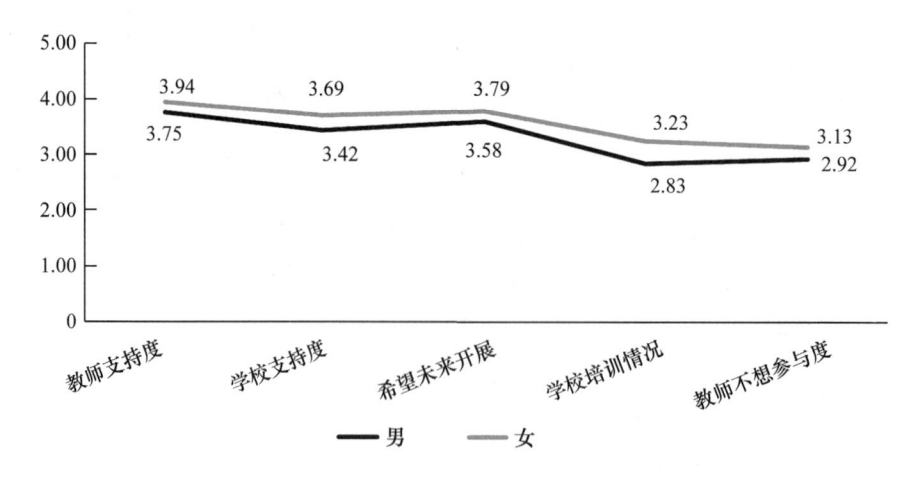

图3-66 不同性别的教师期望未来开展学生发展增值评价的态度情况

根据图3-67的结果,任教年级不同的教师期望未来开展学生发展增值评价活动的意愿也存在着明显的不同。从义务教育学校教师支持并愿意积极探索学生增值评价的态度来看，小学教师比初中教师的积极性更高；从义务教育学校组织开展增值评价理论与方法的培训活动情况来看，小学比初中的开展情况更好；在义务教育学校教师希望未来能够开展学生增值评价的态度方面，初中教师比小学教师的意愿更高，但初中教师不想参与的程度也较高。这可能与初中阶段处在中考升学的竞争压力中，学生的个性特点得不到全面发展，教师的教学任务繁重有关。

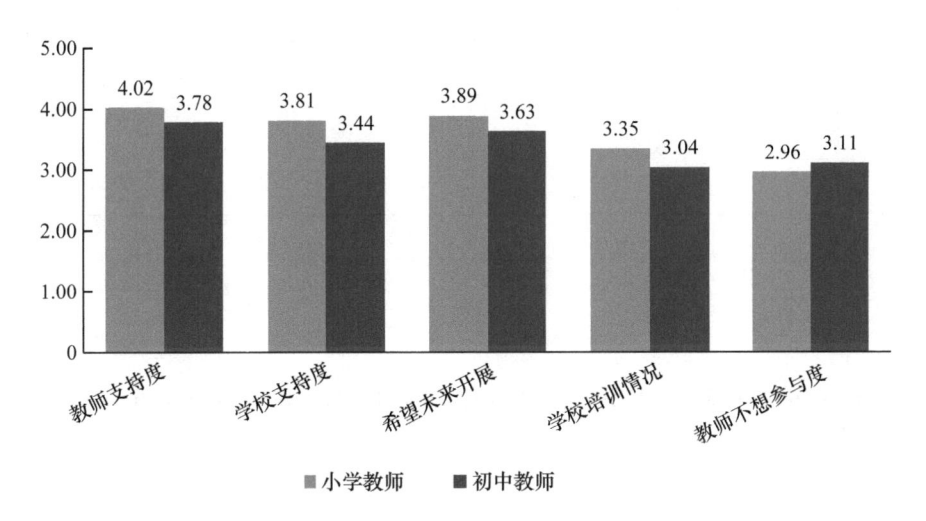

图3-67 不同年级段的教师期望未来开展学生发展增值评价的态度情况

如图3-68所示，从义务教育学校教师支持探索学生发展增值评价的态度情况来看，普通学校比重点学校教师的积极性更高，支持度也更高。这说明，普通学校的教师更关注学生在情感、态度、社会性和价值观等各个方面的进步和发展，更希望能够促进农村学生在基础教育阶段得到全面发展。

由图3-69可知，学校所在区域不同，教师期望开展学生发展增值评价的态度也不同。在支持开展增值评价的态度上，农村地区教师比城市和乡镇地区的教师积极性更高，但农村地区的学校组织开展增值评价培训的情况较差。在义务教育学校教师愿意在未来参与学生发展增值评价的态度上，农村地区教师比城市和乡镇地区教师的意愿更强。这表明，农村教师更愿意接受增值评价方式，但受经费、资源和技术条件的限制，学校在组织增值评价相关学习和培训活动方面明显不足；而城区教师相比不愿意参与探索学生增值评价，主要是因为他们处于考试升学竞争的压力之中，不愿意再付出精力去探索学生增值评价。

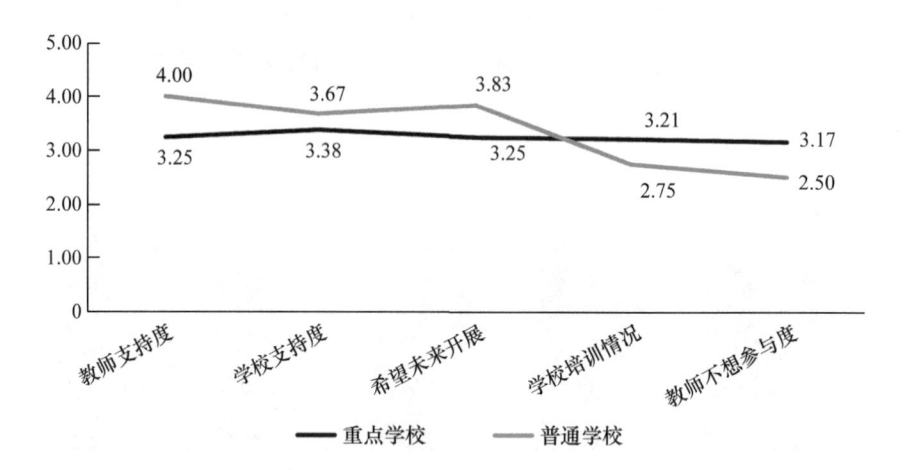

图 3-68　不同学校性质的教师期望未来开展学生发展增值评价的态度情况

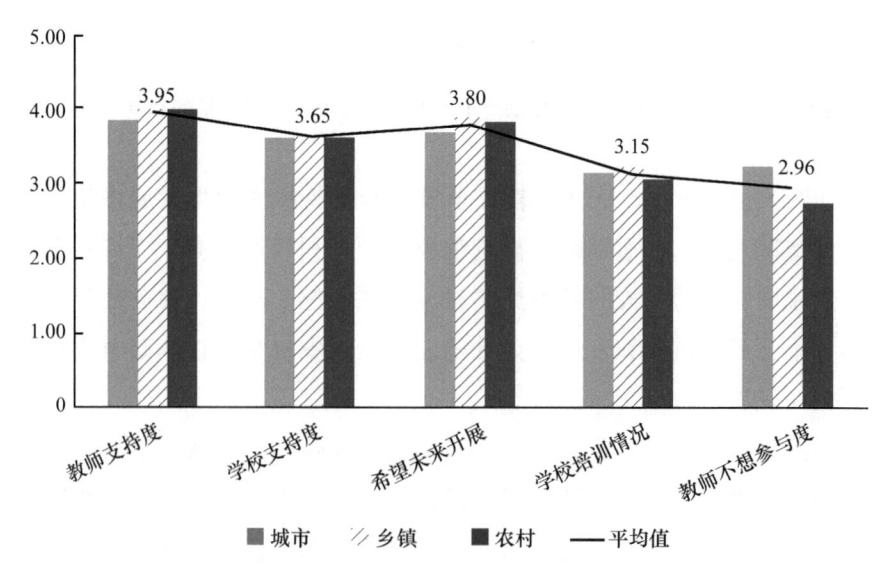

图 3-69　不同学校区域的教师期望未来开展学生发展增值评价的态度情况

(二)义务教育学校教师对学生发展增值评价内容的期望情况

关于教师对未来学生发展增值评价内容的关注问题,如图3-70所示,本次调查中有87.92%的义务教育学校教师关注学生"学习能力与表现"方面的增值;82.64%的义务教育学校教师关注学生"情感态度与价值观"层面的增值;82.26%的义务教育学校教师关注学生"学习方法"层面的增值;76.6%的义务教育学校教师关注学生"学业成绩"层面的增值;75.09%的义务教育学校教师关注学生"道德品质"层面的增值;74.34%的义务教育学校教师关注学生"交流与合作能力"层面的增值;59.62%的义务教育学校教师关注学生"公民素养"层面的增值。上述数据表明,大多数义务教育学校教师十分重视学生学习能力、情感、态度与行为习惯等综合素养的增值。

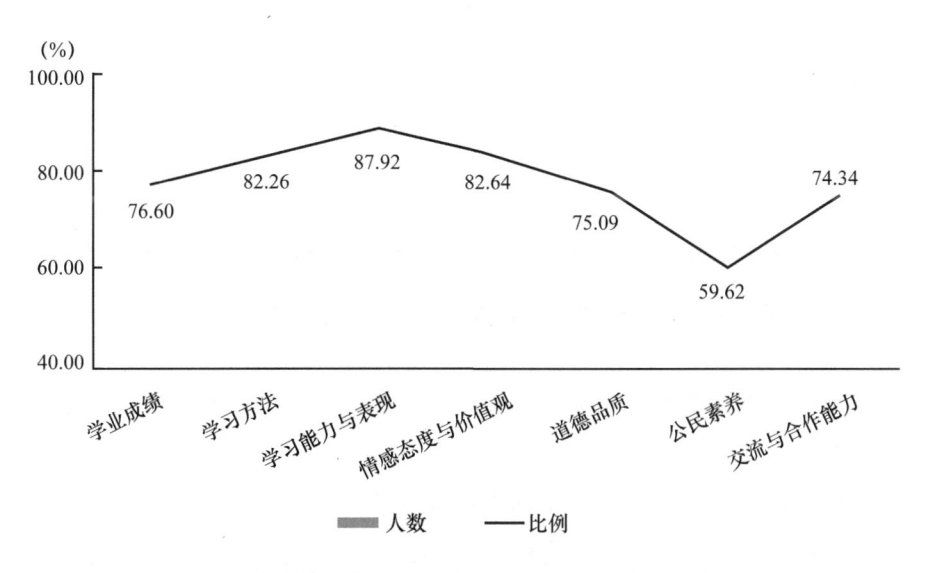

图3-70 义务教育学校教师对学生发展增值评价内容的期望情况

(三)义务教育学校教师对未来学生发展增值评价方式的期望情况

如图3-71所示,关于当前教师运用的学生评价方式问题,87.92%的教师主要采用过程性评价方式;73.58%的教师主要采用表现性评价方式;70.57%的教师主要采用终结性评价方式;57.36%的教师主要采用增值性评价方式；34.34%的教师主要采用档案袋评价方式。上述数据表明，大多数教师在日常教育教学活动中广泛使用的学生评价方式有终结性评价方式、过程性评价方式和表现性评价方式，而增值性评价方式的使用频率居中，档案袋评价方式相对较少。这也充分说明，当前大多数义务教育学校教师更加注重过程性评价，大多数教师能够认识到评价最主要的功能在于促进学生的发展。

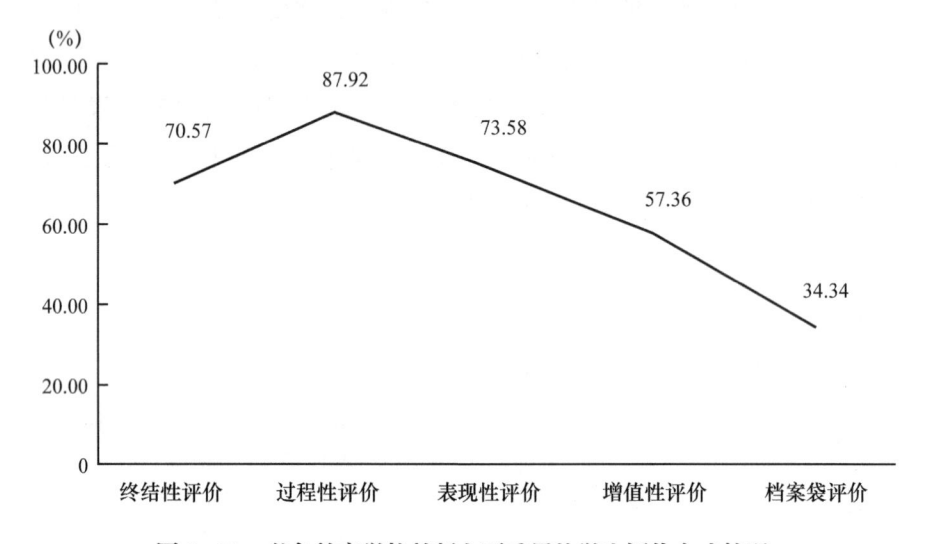

图 3-71 义务教育学校教师主要采用的学生评价方式情况

（四）义务教育学校教师对未来开展学生发展增值评价阻力及改进的认识情况

由图 3-72 可知，69.81%的义务教育学校教师认为开展增值评价的主要阻力在于"传统评价模式根深蒂固，占主导地位"；68.3%的教师认为开展增值评价的主要阻力在"大众对新兴的增值性评价模式不了解"；66.04%的义务教育学校教师认为开展增值评价的主要阻力在"增值性评价在国内实验较少，尚待试错"；还有 3.77%的义务教育学校教师认为开展增值评价还有一些其他阻力，上述数据和访谈结果表明，大多数义务教育学校教师认为，要推动学生增值评价落地，面临着诸多阻力，主要表现在以下几个方面：(1)缺少经费与技术；(2)教师日常工作量较大，无其他精力关注学生细节化表现并进行记录与统计分析；(3)增值评价过程比较烦琐，评价过程无法准确把握；(4)增值评价的可操作性不强，可能形式主义偏重；(5)授课学生较多，开展学生发展增值评价难度较大；(6)对于如何有效开展落实存在诸多困惑；(7)以成绩论升学的标准仍未改变。

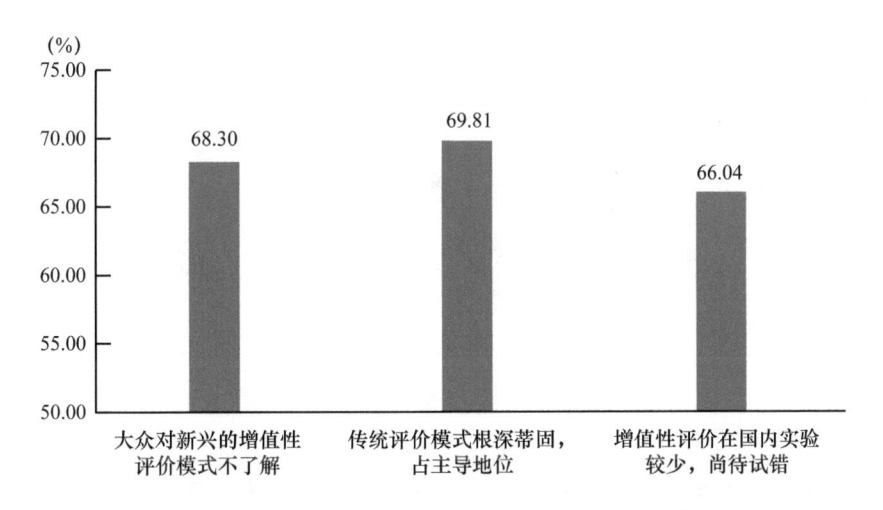

图3-72　义务教育学校教师对开展增值评价阻力的认识情况

注：该题目为多选题，因此比例相加大于100%。

根据图3-73的结果，82.26%的义务教育学校教师认为，如果要大面积推广增值评价，首先需要做的是"向教师群体普及增值评价内涵"；74.72%的义务教育学校教师认为首先需要做的是"建立增值评价的先行试验地"；74.72%的义务教育学校教师认为首先需要"做好政策的规划和预案，建立相应的制度"；65.66%的义务教育学校教师认为首先需要"向普通大众推广增值评价的内涵与意义"；63.02%的义务教育学校教师认为首先需要"组织指导增值评价的专业团队"。此外，还有3.4%的义务教育学校教师提出，如果要大面积推广增值评价模式，需要做的是：(1)给予财政支持，建立大数据库；(2)研发科学的增值评价工具和评价指标；(3)制定具体可行、操作简单的增值评价方案。上述数据表明，大多数教师认为，增值评价模式的落实和推广需要教育行政部门、社会、学校、教师、家长和学生等多方协同合作才可能达成。

(%)
82.26　74.72　74.72　65.66　63.02

向教师群体普及增值评价内涵　建立增值评价的先行试验地　做好政策的规划和预案，建立相应的制度　向普通大众推广增值评价的内涵与意义　组织指导增值评价的专业团队

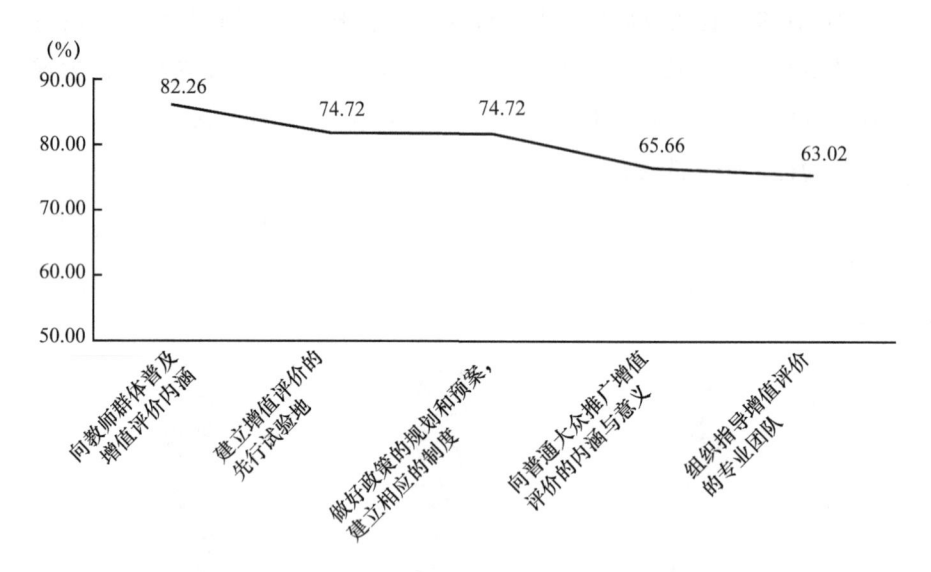

图3-73　义务教育学校教师对推进增值评价的建议

(五)义务教育学校教师对未来推进学生发展增值评价的建议

如图3-74所示，77.73%的义务教育学校教师认为"实施技术支持的增值评价，需要政策和资金支持"；72.83%的义务教育学校教师认为"国内缺乏增值评价的成功案例，仍需科学完善增值评价模式"；67.17%的义务教育学校教师认为"学生的非学业性表现存在复杂性和主观性，增值评价可能无法准确评价"；61.51%的义务教育学校教师认为"增值评价仍处于探索阶段，推广有一定的风险"。由上述数据可知，大多数教师能够认可增值评价方式在学生发展层面的科学性、客观性和公平性的优势，但是在国内推广应用增值评价模式，仍然存在着亟待解决的一些困难和问题。

如图3-75所示，63.02%的义务教育学校教师支持将增值性评价作为主要的学生评价方式之一；35.09%的义务教育学校教师表达了中立的态度，1.89%的教师表示不支持将增值性评价作为主要的评价方

式之一。

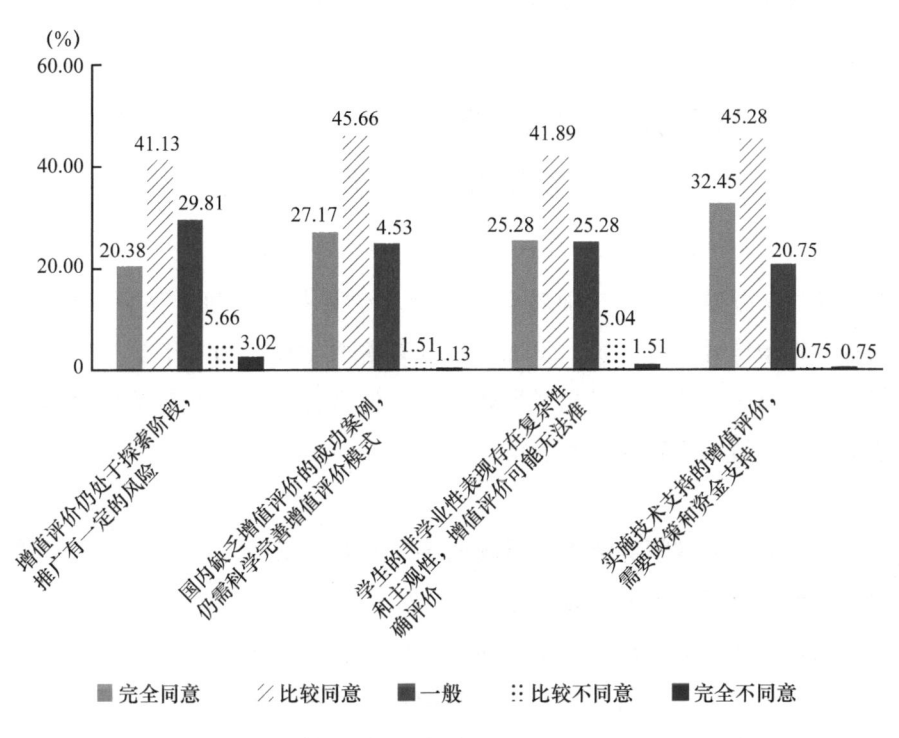

图 3-74　义务教育学校教师对深入推进增值评价的建议情况

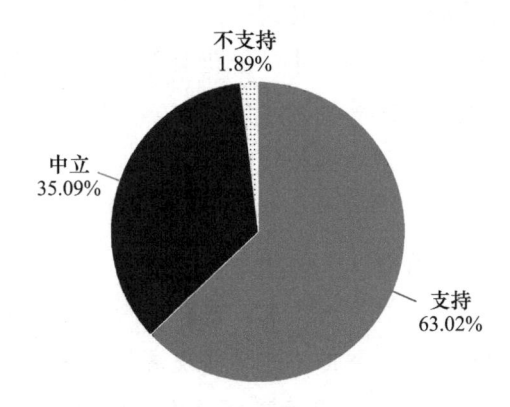

图 3-75　义务教育学校教师对增值评价在学生评价地位上的认识情况

图 3-75 表明，大多数教师能够认识到增值评价的目的是促进学生不断

101

地增值或进步，但由于目前缺乏政策保障、成熟的增值评价模式、统一标准的评价体系等，增值评价方式在国内的广泛应用还有很长的路要走。

第二节 义务教育学校学生发展增值评价的现状分析

通过义务教育学校教师对学生发展增值评价的态度、认识、实施、问题及期望统计分析，我们发现义务教育阶段学校教师对于学生发展增值评价的态度、认识情况相对比较乐观，但也暴露出他们对学生发展增值评价推进过程中存在困难的担忧。

一 大多数教师对学生发展增值评价持肯定态度，部分教师对推进学生发展增值评价持质疑和观望态度

调查发现，义务教育学校教师对学生发展增值评价持肯定态度，绝大多数教师肯定了增值评价之于学生成长、教师发展、学校效能的优势与价值。调查也发现，85%左右的教师认可增值评价之于学生发展、教师考评以及学校考评的重要性和意义，并表示会支持和积极参与到学生发展增值评价探索和实践过程之中。但仍有部分教师可能出于工作量增加、打破他们自己的舒适区等因素考虑而对学生发展增值评价抱有质疑和观望的态度。访谈中杭州 B 校长反映：

> 虽然本校有断断续续开展学生增值评价的相关学习培训，但会后也有教师发出抱怨的声音。一些教师觉得日常教学教研已经耗费了很多精力和时间，如今再关注学生发展增值评价，无疑给教师添加了不少负担；也有一些教师害怕操作实践过程中的烦琐和困难，内心不愿意去接受学生发展增值评价。

由此可见，部分教师因不确定学生发展增值评价是什么、如何评、结果如何运用等问题，所以对学生发展增值评价持中立或排斥态度。这种情况的存在也有其合理性，一是当前我国学生发展增值评价在概念、内涵、类型等方面确实还存在争议，学生发展增值评价关注学生全面个性发展的本体功能与指导意义在某种程度上被掩蔽了，仍未充分落实；二是学生发展增值评价作为一个新的评价理念和模式，还没有形成较为成熟的典型案例，没有可仿效的经验。随着理论研究的深入和实践探索的成熟，教师的这种态度可能会改变。总体来看，本次调查所涉及的教师中至少有一半以上的教师认为增值评价同时兼有发展性评价和过程性评价功能，尤其是肯定了增值评价关注学生发展的过程性的价值，肯定了增值评价对学生发展的促进作用，这种认识对于矫正学校忽视教育规律的无序竞争具有积极意义。

二 教师关于增值评价素养的自我认知程度较高，但不同学校之间存在较大差异

教师增值评价素养被理解为教师在评价理念革新、增值评价知识理解、增值评价技能掌握、增值评价方法运用、增值评价合作、增值评价伦理规范等方面所具备的专业能力[1]。研究发现，具备良好评价素养的教师，其评价行为表征表现为持有以评促教、以评优学的价值取向，能在教学中有意识地利用评价知识和技能设计开展"促学"的评价活动，促进教与学行为的改进[2]。由此可见，教师的增值评价素养是影响学生发展增值评价的重要因素。调查发现，义务教育学校教师对于学生发展增值评价素养的各维度和整体的自我认知均分较高，达到 4.06 分。教师们对自身具备的增值评价素养也有较大的信心。这一结果表明，参与调

---

[1] 白文昊：《教师增值评价素养的结构要素、生发机理与培育策略》，《当代教育论坛》2022 年第 5 期。

[2] 张瑞、覃千钟：《从"脱嵌"到"嵌入"：乡村教师评价素养发展的实践转向》，《教育理论与实践》2021 年第 2 期。

查的教师认为其自己有能力把握增值评价的内涵与运用方式，同时表现出对于增值评价的实施有一定的信心。然而，调查也发现，不同区域和不同职称的教师在增值评价素养方面存在差异：一是不同职称的教师在素养方面存在的差异。具有高级职称的优秀教师对新的学生评价方式接纳程度更强，对他们自身的增值评价素养的认知也相对较高。而刚入职未评职称的新教师与较低职称的教师，对他们自身的增值评价素养的认知相对较低，其学习增值评价理念的意愿和积极性也相对较弱。二是不同区域学校的教师在素养方面存在差异。在城区学校任教的教师增值评价素养和理念认知情况均好于在农村和乡镇学校任教的教师，这与城区教师参与学习的机会多，学习资源较为丰富，学校对教师专业发展的要求高有关。

三 大多数教师对学生发展增值评价内涵有一定的认知，但对增值评价的具体运用过程不够清晰

全面正确理解增值评价的内涵是科学实施学生发展增值评价的前提，"增值"的理念要求重视学生综合素质的全面发展，同时强调体现学生发展的过程性，兼顾学生的个体差异[①]。从问卷调查的情况来看，90%以上的教师都认可增值评价应该指向学生全面发展并关注学生个性发展。如在关于"增值评价应该关注学生综合素质的发展状况"问题的回答方面，85.66%的教师选择的是"比较同意"和"完全同意"，说明调查所涉及的大部分教师是认同这一观点的。然而，在关于"增值评价应该主要评估学生的学习成绩变化情况"的回答上，81.13%的教师选择了"同意"。教师访谈进一步验证了他们对此问题认识的真实性。在对杭州C教师和南京的H教师的访谈中，他们都谈到学校一般都是通过将学生的期中与期末成绩进行数据相减对比的方式，来关注学生的学业成绩增值情况，不是所有学科都这样做，而是重点关注几门统考科目或中考科

---

① 张亮、张振鸿:《学校"增值"评价的内涵与实施原则》,《当代教育科学》2010年第10期。

目。调查表明，义务教育学校教师对增值评价究竟应该评估学生的哪些方面的素养比较模糊，之所以选择认可"增值评价应该关注学生综合素质的发展状况"，可能是因为这个命题本身的正确性，也可能是因为教师在参与相关培训过程中只了解了增值评价的理念，对它的具体内容了解得并不深入有关，还有可能的是因为关于增值评价的理念宣传和学校实际运用存在"两张皮"。这种现象说明，大多数教师对学生发展增值评价虽然有一定的认知，但不够深入，这就需要教育行政部门和学校对教师加强增值评价方面的理论指导和实践引导。

四 部分教师虽然了解学生发展增值评价方法，但科学运用学生发展增值评价方法的能力还有待提升

调查发现，部分教师了解学生发展增值评价的一些方法，他们认为，增值评价要综合运用多种评价方法，重点关注学生发展的过程性数据，强调对学生发展过程的关照。访谈中，杭州 A 教师表示：

> 我们学校现在正尝试用增值评价的方法评价学生发展状况，我们也知道要关注学生发展的过程，但我们没有时间，也不懂得如何收集学生发展的过程性资料。如对低年级学生的学习习惯、课堂行为等方面的表现只能使用简单语言进行记录。由于不能及时记录，所以记录也存在不准确的问题。

杭州 B 教师反映："我们学校引进了 56 智慧平台帮助收集学生学习的数据，但基本只发挥了统计功能，呈现出来的都是结果，学生学习的过程无法体现。"总体来看，教师虽然了解增值评价应该综合运用多种方法，重点关注学生的学习过程，但科学运用学生发展增值评价方法的能力有待提升，主要表现在以下几个方面：一是对学生发展增值"数据"收集方式较为单一、随意。在教师调查中我们发现，绝大多数教师都在运用测验法和观察法收集学生的学习"数据"，而且收集数据的时间相对比较随意，这可能会导致收集到的学生学习数据存在不全面、不客观的问题。二是教师运用信息技术收集学生发展增值"数据"的能力普遍不高。在研究所涉及的江浙沪地区的义务教育学校里，信息技术已经普遍用于教育教学过程之中。但从调查的情况来看，绝大多数教师无法很好地运用信息技术工具对教育教学活动中学生行为数据进行科学记录和全面分析。一方面是因为部分技术本身不具备收集学生行为数据的功能，另一方面是因为技术的操作过程非常复杂，教师无力掌握和运用这些技术收集学生的行为数据。

五 学生发展增值评价的主体对其自我角色认识不明确，作用发挥不充分，参与学生发展增值评价的积极性不高

实现学生全面而有个性发展需要健全"教育行政部门—学校—专业研究人员—教师—家长"等多方主体的联动机制[①]。学生发展增值评价需要统筹构建政府、学校、家长、教师和学生等多元主体，并增强多元评价主体的责任意识[②]。也就是说，学生发展增值评价需要多元主体积极参与才能达成促进学生全面而有个性发展的目的。调查发现，学生发展增值评价的各方评价主体普遍对其自我角色认识不清，主要表现在三个方面：一是教育行政部门在学生发展增值评价中的引导功能发挥得不够。从调查情况来看，当地教育行政部门虽然在不同场合反复强调要探索增值评价，要关注学生全面而有个性发展，但等到年终考核学校办学质量时，又非常重视学校统考的成绩排名，甚至会在公开场合批评一些成绩排名靠后的学校。这种评估学校的导向势必会影响学校探索增值评价的信心。二是学校和教师探索增值评价的积极性不高。受当地教育行政部门评估学校导向的影响，学校和教师从理念上认可并愿意探索学生

---

① 朱立明、宋乃庆、罗琳、邹晓东：《新时代教育评价改革的思考》，《中国考试》2020年第9期。

② 郑智勇、宋乃庆：《新时代基础教育增值评价的三重逻辑》，《教育发展研究》2021年第10期。

发展增值评价，但行动上与之前的评价方式并没有太大的变化。三是家长基本没有参与到学生发展增值评价的过程之中。调查发现，家长没有参与到学生发展增值评价的原因主要表现在两个方面。一是家长不了解学生发展增值评价。虽然增值评价在国外已经探索和实践了很多年，但将增值评价引入我国，尤其是纳入我国政策视域却是近几年的事情，所以家长不了解增值评价也实属正常。二是家长没有能力参与学生发展增值评价。因为不了解学生发展增值评价，也没有专业机构告知家长应该怎样参与学生发展增值评价。所以家长不会参与学生发展增值评价也在情理之中。另外，由于不了解学生发展增值评价，学生也不清楚他们自己在学生发展增值评价中应该承担什么角色和责任。

六　学生发展增值评价的探索虽然已经展开，但成体系的理论研究成果和可借鉴的实践探索经验还没有形成

调查发现，调查所涉及的义务教育学校都不同程度地探索了学生发展增值评价，积累了一定的经验。一是许多学校专门邀请专家对学校教师进行了学生发展增值评价相关理论的培训，城区学校的大多数教师都对学生发展增值评价有一定的了解。二是相当数量的学校正积极探索学生文化课成绩增值情况，调查所涉及的学校都在关注一定时间段内学生学业成绩的增值或净效应。三是个别学校借助外部技术力量开发了增值评价平台，研发了观测值与预测值的差值分析系统，为进一步实施学生发展增值评价搭建了平台。四是个别学校针对学生的特点，借助专家力量研制了学生发展增值评价的具体框架和实施方式。五是个别学校也建立了学生发展增值评价的数据呈现平台，展示了学生发展增值评价的结果。调查也发现，虽然许多义务教育学校对推进和实施学生发展增值评价进行了大量的探索，但也存在大量亟待解决和进一步探索的问题。一是大多数学校校长和教师对学生发展增值评价的内涵特征和实践路径理解得还不够深入，导致在探索的过程中出现了许多背离促进学生发展宗旨的问题。二是部分学校制定的学生发展增值评价实践操作过于繁杂，

耗时过多，致使许多教师无力全身心地投入评价的实践过程中。在访谈中，杭州的 B 老师告诉我们："我认为增值评价可能离我还是太遥远了，它究竟该怎么落实尚未出现具体的方案。大家都同意增值评价在学生发展层面的重要价值，可我已经渐渐对它的实施失去了兴趣，因为它的过程太复杂，太费时间了。"三是部分学校虽然建立了学生发展增值评价的评价框架和具体观测点，但指标描述内容过于抽象，致使教师在具体实施过程中无法操作。四是在学生发展增值评价的推进中专业力量介入不足，导致学校自己研制的评价框架和观测点的科学性无法保证。五是成体系的理论研究成果和可借鉴的实践探索经验还没有形成。

七 当地教育行政部门在推进学生发展增值评价方面的矛盾心理影响义务教育学校探索学生发展增值评价的积极性

在我国，当地教育行政部门对义务教育学校办学、课程设置、教学和评价改革等都有重要的引导和规约作用。如果教育行政部门倡导和支持某项教育行为，学校就会想方设法地推进该项教育活动。如果教育行政部门不支持某项教育行为，在一般情况下，学校也不会积极推进该项教育活动。调查发现，有近50%教师认为，当地教育行政部门支持并大力发展学生发展增值评价，支持的方式主要有召开评价改革动员会、邀请专业人员进行政策解读和理论指导等。在访谈中，浙江杭州的 A 校长告诉我们："我们区教育局还是比较重视学校探索增值评价改革的，经常会请一些专家为我们讲讲增值评价的特征、要素及实践路径。"还有近50%的教师认为，当地教育行政部门虽然公开倡导和支持各个学校积极探索如何在学生评价中科学运用增值评价，但在学期末的学校质量评估中依然将学生的学业成就作为最主要的考量指标进行评比。在访谈中，许多教师都谈到，教育局虽然大力倡导我们探索增值评价，但最看重学生的学业成绩增值情况，会采用多个指标来描述学校、班级和学科的学业质量，通常会将几次学业成绩的增值情况按所辖区域内的同类学校进行高低排序，这似乎和专家们解读的增值评价有一定出入。强有力的外部支持是学校深入推进学生发展增值评价的重要保障。然而，由于各地教育行政部门的政策和实际关注有所差异，支持力度和方式也各不相同，致使学生发展增值评价探索举步维艰。因此，教育行政部门要想深入推进学生发展增值评价，就必须摒弃矛盾心理，按照国家教育教学评价改革的要求科学制定系统的、切实可行的政策，引导和保障学校积极探索学生发展增值评价。

八　学生发展增值评价标准或指标体系尚未建立

学生发展增值评价体系是开展学生发展增值评价的重要依据。没有一个相对科学的学生发展评价指标或指南，义务教育学校实施学生发展增值评价就无章可循，探索之路也会异常艰难。调查发现，部分学校虽然在学生评价中探索增值评价，但由于没有相对科学的学生发展增值评价指标体系或指南可以参照，因此，义务教育学校探索和推进学生发展增值评价的速度缓慢，而且在探索和推进过程中还存在许多不科学或无形中增加教师负担的问题。在调查中，一位老师谈道："专家告诉我们，学生发展增值评价一定要立足于学生的全面发展，所以我们探索实施增值评价时为了尽可能地做到全面，就出现了教师工作量不断增加的问题，自增值评价实施以来，感觉我们的工作量增加了1/3，每天都有做不完的记录，每个周五也有填不完的表格。"还有教师谈道："增值评价在我们学校已经探索和推进了近一年了，但我们对自己制定的评价维度或指标还不够清楚，请来的专家中有人说好，也有人说不好，我们自己也不知该如何改进，没有更高层面的指南或者类似指标框架做指导，是我们实施增值评价面临的最大问题。"另一些老师也谈到他们认为增值评价应该关注学生的综合素质，但综合素质包括的内容很多，有些素质如学业成就，容易衡量，有些素质，如德育、美育，不好判断增值情况，至少在短期内无法较为准确地判断德育和美育的增值情况。总体来说，学生发展增值评价标准或指标体系缺失对义务教育学校积极探索和深入推进学生发展增值评价有重要影响。

第三节 推进义务教育阶段学生发展增值评价的对策

学生发展增值评价作为一种新兴的评价学生发展状况的评价方式，虽然它从目标和过程方面都较之以往学生评价有很多值得大家期待的东西，然而，调查也发现它在探索和推进的过程中遭遇了许多问题。因此，需要从政策方面给予支持，理论方面给予引领，实践方面加强指导，推进学生发展增值评价能够最大限度地促进学生全面而有个性的发展。

一 加强政策引领，让政策为义务教育学校探索增值评价保驾护航

在我国，政府对教育具有重要的引导作用，任何教育改革的启动和推进，都需要政府行为的干预与引导，教育评价改革也不例外。可以说，政府正确的领导和有效的支持是学生发展增值评价是否取得成功的关键。调查发现，在探索增值评价的过程中，教育行政部门的矛盾心理和不明朗的政策取向对学校探索实践有重要影响。鉴于此，我们认为教育行政部门要通过政策杠杆和评价杠杆来引导学校确立科学的育人目标，大胆探索学生发展增值评价。第一，教育行政部门要站在为国育才，为党育人的高度，以促进学生全面而有个性发展为目标，结合国家层面教育评价改革的精神，科学制定学校增值评价政策和实施指导意见，明确学校增值评价的原则、主体、内容、方式及结果的运用等具体内容。让学校在探索和实施学生发展增值评价时有章可循、有规可依。第二，健全学生发展增值评价的试点机制。教育行政部门要采用先实验后推广的策略。组建包括教育行政部门负责人、评价专家在内的工作团队，每个区域确定1—2所学校进行试点。由于增值评价是一种新的评价类型，大多数学校校长和教师对其实施流程不熟悉，因此，需要教育行政部门组织专家团队对试点学校进行跟踪指导。第三，教育行政部门要建立"容错机制",保护学校和教师探索的积极性。任何探索都存在失败的风险,学生发展增值评价探索也不例外。如果这种探索得到教育行政部门的保护,学校和教师不会冒着社会的负面舆论和家长质疑与指责去探索一种新的评价方式。所以,在确定试点学校之前,教育行政部门一定要明确地告诉学校和教师,只要学校和教师科学地规范探索和实施学生发展增值评价,教育行政部门就会替学校和教师应对社会的负面舆论和家长的质疑。第四,教育行政部门要通过政策文件、网络推送、专家解读等方式向社会和家长宣传增值评价之于学生发展、教师成长和学校改进的价值和意义,为学校和教师探索学生发展增值评价扫清舆论障碍。总之,要推动学生发展增值评价的进一步落地,就必须从政策制度层面给学校和教师提供相关保障,并且将增值评价的实践探索纳入基础教育质量监测顶层设计框架之中[1],引导学校和教师放下包袱,大胆探索学生发展增值评价的中国路径。

二 加强学生发展增值评价理论研究,理清学生发展增值评价的核心问题,为学生发展增值评价的科学实施提供清晰的理论指导

理论是人们从实践中概括出来的关于自然和社会的系统认识,只有从理论上把一个现象或事件认识清楚了,关于该现象或事件的实践改进才会更加科学。关于学生发展增值评价的实施和推进,首先要从理论上理清增值评价内涵、主体、内容等核心问题,这样才不至于让教育行政部门、校长、教师等增值评价的主体在推进学生发展增值评价中产生困惑或混乱。事实上,在前期调研中我们已经发现,义务教育学校校长和教师对学生发展增值评价的认识存在许多模糊不清的问题,以至于他们在探索学生发展增值评价过程中也存在许多困惑,教师对学生发展增值评价认识不清楚、态度不明朗的主要原因是对其内涵及本质把握不准确。只有正确把握学生发展增值评价的内涵特征、基本原理和精神实质,才

---

[1] 韩玉梅、严文蕃、蒋丹:《探索增值评价的中国路向:基于美国实践经验的批判性分析》,《华东师范大学学报》(教育科学版) 2023 年第 2 期。

会保证学生发展增值评价实施过程中不至于出现定位失准、作用式微、发展偏差等问题①。事实上，问题的核心在于教育理论界关于学生发展增值评价的认识还不够深入，存在许多亟待进一步厘清的问题。这与学生发展增值评价是一个"舶来品"的概念有很大关系。所以，加强学生发展增值评价内涵、内容等核心问题的研究，不仅有助于促进增值评价理念的本土化解读与发展，还有利于促进学生发展增值评价的科学实施。

第一，引导学生发展增值评价的相关主体要树立评价促发展的理念。理念是行动的先导，教育行政部门要通过聘请专家解读、政策宣讲等方式引导学生发展增值评价的主体明确增值评价是一种促进学生全面而有个性发展的评价理念，也是一种评价类型。只有树立这样的理念和认识，增值评价的价值和意义才能充分彰显。总体来说，教育评价的最终目的就是促进通过学生全面发展进而实现教育质量整体提升。增值评价作为教育评价的一种评价类型，它更加关注学生的个性差异特征和促进学生的全面个性发展，尤其关注学生发展的过程。

第二，组建专家团队科学构建学生发展增值评价研究的问题域，加强对学生发展增值评价的核心问题的研究。问题域是指提出问题的范围、问题之间的内在关系和逻辑可能性空间。探讨学生发展增值评价的问题域意味着在审视和研究学生发展评价时，要明确学生发展增值评价的问题研究范围、各问题之间的内在关系和逻辑空间。纵观现有关于增值评价与学生发展的文献我们发现，已有研究关注了增值评价的内涵与特征、功能与价值、方法与模型等关键问题，但站在促进学生全面而有个性发展的立场上，以增值评价与学生发展的关系为主线，拓展增值评价与学生发展的问题范围，构建学生发展增值评价问题域的还相对较少。因此，需要构建学生发展增值评价的问题域，以促进学生发展为目标，厘清学生发展增值评价的核心问题。只有真正立足于学生发展开展增值评价才

---

① 刘志军、范韵婧：《我国增值评价研究：现状、问题与展望》，《中国考试》2023年第4期。

能真正促进学生全面而有个性的发展和落实立德树人根本任务。

三 提升教师评价素养和实施学生发展增值评价的能力

教师评价素养是指教师在日常教学与评价行为活动中逐渐内化而成的素质，其中包括评价的概念、评价的意识、评价的规划、评价的解释、评价的描述、评价的改进、评价的伦理等诸多要素[①]，它体现着教师个体对评价理念和运作程序的理解。作为学生增值评价的重要参与者，教师的评价素养对学生发展增值评价的科学实施会产生重要影响。具备良好增值评价素养的教师，能够秉持学生全面发展的育人取向，能够科学合理地运用增值评价知识和技能来更好地实施学生发展增值评价。前期调查显示，当前义务教育学校教师的增值评价素养普遍偏低且存在高低差异，要想科学实施学生发展增值评价并将学生发展增值评价的效益最大化，首先需要提升教师增值评价素养。教师增值评价素养和能力主要包括五个方面：一是能够正确把握学生发展增值评价的价值取向；二是能够熟练运用合适的评价方法收集学生信息；三是能够恰当地选取科学的评价形式或统计模型；四是能够科学地利用评价数据进行结果判断；五是能够有效地交流运用并反馈增值评价结果。研究认为，可以从以下四个方面提高教师增值评价素养和能力。第一，帮助教师树立正确导向的增值评价理念。评价理念涉及评价方向，主要回应的是为何而评的问题，对整个评价过程均有导向性影响。因此我们首先需要引导教师突破传统学生评价的局限，科学地理解增值评价的价值，准确把握增值评价的特征优势。第二，引导教师掌握系统的增值评价知识。系统的增值评价知识涉及评价的科学性，主要回应的是依据什么而评的问题。教师要想科学开展学生发展增值评价，必需掌握增值评价的操作流程及方法，例如观测指标、评价框架、数据收集、统计分析和结果解读等知识[②]。

---

① 钟启泉：《课堂评价的挑战》，《全球教育展望》2012 年第 1 期。
② 杜晓梅、郝春东：《对中小学生进行增值评价的探究》，《教育教学论坛》2021 年第 29 期。

因此，教育行政部门和学校要聘请专家指导教师学习学生发展增值评价的系统知识。第三，引导教师掌握科学的增值评价相关技能。评价技能涉及评价过程的科学性，回应的是如何科学有效评价的问题。教师需要掌握增值评价的资料收集技能、数据统计分析技能等。如学生发展增值过程中数据收集的技能和数据模型构建技能等。另外，随着大数据、人工智能等新兴技术的发展，利用多模态数据、数字画像、学习分析和区块链等技术赋能学生发展增值评价会使学生发展增值评价更加科学。[①]因此学校要与时俱进地引导教师掌握这些新兴信息技术及其在学生发展增值评价中的运用方法。第四，引导教师形成专业解读增值评价结果的能力。对评价结果的解读对学生发展至关重要，回应的是如何分析增值评价结果的问题。解读增值评价结果会涉及教育行政部门、学校、教师、家长、学生等结构性主体利益，因此，从有利于促进学生发展的角度科学解读学生发展增值评价的结果，学校不仅要引导教师深入学习，还需要组织不同利益主体共同协商。

四　加强学生发展增值评价指标体系建设，尽快出台学生发展增值评价的实施指导意见

学生发展增值评价指标体系是学校科学地实施学生发展增值评价的重要依据。前期调查发现，部分学校正自行探索学生发展增值评价，个别学校已形成了它们自己的评价实施方案。但由于缺乏参考的标准和指导意见，各个学校形成的评价方案和实施措施差别很大，且普遍存在科学性不足的问题。其主要原因在于缺乏科学的评价指标体系规约。鉴于此，教育行政部门应该尽快组织包括学生评价专家、学校、教师、学生家长、学生在内的专家团队，科学制定学生发展增值评价的评价指标体系，尽快出台学生发展增值评价的实施指导意见，为各个学校探索适合本校的学生发展增值评价方案提供科学依据。第一，对学生每个阶段的

---

① 刘邦奇、刘碧莹、胡健等：《智能技术赋能新时代综合评价：挑战、路径、场景及技术应用》，《中国考试》2022年第6期。

发展状态或表现形式进行画像。组织包括儿童发展心理学、生理学、教育学等复合型专家团队按照2021年颁布的《义务教育质量评价指南》对学生发展质量的要求，根据学生发展的年龄特征，从学生品德发展、学业发展、身心发展、审美素养、劳动与社会实践五个方面对学生每个阶段的发展状态或表现形式进行画像。第二，开发学生发展监测指标体系。按照《义务教育质量评价指南》对学生发展质量的要求，根据品德发展、学业发展、身心发展、审美素养、劳动与社会实践五个方面的特征，分类开发适合监测不同类型素养的监测体系。但由于学生素质中的品德发展、学生身心发展、审美素养、劳动与社会实践等方面的素养难以用量化数据直接测量，因而在进行评价指标体系设计时，需要将学生质性或隐性因素设置为有序分类的观测指标点，并为评价标准制定统一的规范，从而确保体系中的每一项评价要素都可以被观测或衡量。因此，检测系统至少应该包括技术检测和人的观察记录两个部分，全面收集学生综合素质发展的信息。第三，指标中权重分配要切实发挥增值评价的发展性功能，关注学生发展全方面的增值空间，科学地为学生的品德发展、学业发展、身心发展、审美素养、劳动与社会实践五个方面分配权重，引导学生全面而有个性的发展。

五 加强学生发展增值评价的诚信体系建设

由于我国传统诚信文化的影响，教育领域诚信危机的凸显、学生发展评价中失信现象的存在等，致使学生发展增值评价可能存在诚信风险。因此我们认为，诚信应该是学生发展增值评价的过程中必须坚守的道德法则。建立学生发展增值评价诚信体系，能够提升学生发展增值评价过程的科学性和结果的可靠性，为促进学生发展、改进教师评价、规范学校评估提供科学依据。一是要培育与学生发展增值评价相适应的诚信文化，强化政府在学生发展增值评价诚信文化建设中的主导作用。只有发挥政府在诚信文化建设中的主导作用，才能制定出维护社会诚信的法律法规制度，才能实现对社会诚信进行全面有效的监督和管理，才能充分动员各种社会力量参与到社会诚信体系建设中。二是建立学生发展增值评价诚信制度。应该从制度设计的诚信、制度执行的诚信、对评价机构及人员的约束、对评价机构及人员的奖惩和建立失信行为的监督和处理机制等方面建立学生发展增值评价诚信制度。三是构建评价机构和评价主体的信用系统。一方面鼓励第三方机构建立针对评价机构的信用信息数据库；另一方面政府有关部门也要建立针对评价机构的监控系统和评估系统，对评价机构实施监控和评估。另外，还应该建立严格的退出机制和守信激励与失信惩戒机制。

六　积极推进新兴技术与学生发展增值评价深度融合

信息技术的飞速发展带来了人工智能、大数据、深度学习等新型工具与教育教学的深度融合，对教育评价改革提供了新的思路与实践路径。[①] 大数据、人工智能、学习分析等现代信息技术手段通过对评价对象的行为和轨迹进行跟踪，实现过程性数据的实时采集、记录与分析，为增值评价的开展提供了数据与技术支撑。[②] 信息技术赋能教育评价可以体现在"增强""创新"评价工具、优化评价管理、提升评价质量和拓展评价结果等方面。[③] "总体方案"明确指出，要充分利用信息技术，提高教育评价的科学性、专业性、客观性。[④] 因此，利用多模态数据、人工神经网络、数字画像等技术优势来破解增值评价实践中的难题，为实现增值评价的落地和推广应用提供了新思路和新措施。[⑤] 信息技术赋能学生发展增值评价的优势是促进增值评价的专业化和精准化，为准确

---

① 朱德全、吴虑：《大数据时代教育评价专业化何以可能：第四范式视角》，《现代远程教育研究》2019年第6期。
② 杨宗凯：《利用信息技术促进教育教学评价改革创新》，《人民教育》2020年第21期。
③ 张志祯、齐文鑫：《教育评价中的信息技术应用：赋能、挑战与对策》，《中国远程教育》2021年第3期。
④ 中共中央、国务院：《深化新时代教育评价改革总体方案》2020年10月13日，http://www.gov.cn/zhengce/2020-10/13/content_5551032.htm。
⑤ 刘邦奇、朱广袤、张金霞：《智能技术支持的增值评价模式及典型实践》，《中国远程教育》2022年第12期。

评估学生的全面发展提供了技术上的多种可能。因此，为了实现智能技术在学生发展增值评价应用上的赋能，需要探索并转化技术工具的作用，从而将智能技术建立在更为科学性与实用性的基础之上，实现与学生发展增值评价方式的紧密融合。然而，在探索智能技术赋能学生发展增值评价的理论与实践研究中，也不能完全依赖技术、神化技术，而是要尽可能地全面认识增值评价技术中的争议与不足，摸清增值评价的技术边界，在技术融合增值评价的探索中实现突破与创新。① 在增值评价的具体实践中，应如何优化技术来实现学生发展增值评价的专业化和精准化，如何创新融合技术与增值评价方式来评估学生的全面发展情况，具体来说，需从以下几个方面进行探索：一是构建学生发展增值评价信息数据库或链接平台。② 通过建立学生发展评价数据库，实现学生发展的大规模全过程数据的稳定储存，实现数据的收集、维护、处理和安全共享。③ 当前增值评价面临的技术问题主要在于无法长期追踪并保存学生发展层面的多源多维数据，而大数据技术为储存丰富数据、采集多源数据和高质量处理加工数据提供了发展的空间。二是建构学生发展增值评价数据采集系统。在建立好数据库的基础上，全方面多维度地收集学生的发展过程数据是最重要的。如借助可穿戴设备、视频图像采集、情感识别、物联感知、数字画像等技术，对学生的全过程、全方位、全维度教育数据进行采集。三是加强探索增值评价模型的方法和技术研发。增值评价模型的选择关系着学生发展评价的有效开展和科学验证。因此，在选择增值评价模型或计算方式时，应尽可能充分了解已有的增值模型的优缺点，探索技术支持的与学生发展相匹配的增值模型。如借助人工神经网络、数字画像、学习分析、机器学习等计算机技术，寻找或设计满足本

---

① 韩玉梅、严文蕃、蒋丹：《探索增值评价的中国路向：基于美国实践经验的批判性分析》，《华东师范大学学报》（教育科学版）2023年第2期。
② 王天平、牌代琼：《新时代教育增值评价改革：从数据描绘走向价值呈现》，《中国考试》2022年第10期。
③ 边玉芳、王烨晖：《增值评价：学校办学质量评估的一种有效途径》，《教育学报》2013年第1期。

土需求的增值模型或评价工具等。[1]智能技术可以为学生发展增值评价的评价平台或系统提供支撑。如可以借助大数据、区块链等技术来满足学生发展数据的采集需求，利用多模态数据分析技术可以进行数据清洗、特征提取、模型表征开展协同工作，利用聚类技术、数字画像等技术可以对学习者的特征、行为与活动进行分类[2]，利用机器学习、机器建模技术可以探索增值评价模型的适配性，实现学生发展增值评价的评价要素表征、评价主体参与、评价数据收集、评价分析模型、评价结果呈现等功能。

七 积极推进探索实践，形成学生发展增值评价实施的典型案例

学生发展增值评价是以学生为主体，强调学生品德、身心、学业、审美、劳动与社会实践等综合素质的全面发展。从理论上讲，学生发展增值评价是当前一种较为科学的学生评价方式，但还需要大量的科学的实证研究和实践案例来支撑。许多学者已经开始关注学生发展增值评价的实践运用情况。如有学者在天津以地方教育考试机构利用大规模考试数据信息开展学生学业增值评价，有学者在江苏苏州的学业质量监测体系中设计了增值评价工具来描述学校的学业质量增值发展情况。四川省成都市青羊区初步构建了融合增值评价理念的学生发展增值评价体系。但从学生发展增值评价的实证研究和实践探索情况来看，大多数研究更多地围绕学生学业成绩来开展增值评价，聚焦学生德、智、体、美、劳等综合素质的实证研究和实践案例较少。很多研究和探索还处在初级阶段，还没有形成可以推广的典型案例。为了在基础教育领域深入推进学生发展增值评价，需要进一步推进相关实践探索，生成本土化的可以模仿的典型案例。具体来说，应该从以下三个方面着手准备。第一，教育

---

[1] 陈元媛、吕路平：《职业教育增值评价：演进、逻辑和路径》，《职业技术教育》2022年第16期。

[2] 张琪、王丹：《智能时代教育评价的意蕴、作用点与实现路径》，《中国远程教育》2021年第2期。

行政部门倡导并利用政策杠杆引导各个学校积极探索学生发展增值评价模式。加强学生发展增值评价的探索与实践，需要推动学生发展增值评价的大范围落地，这种大范围落地需要政策引导。因此，教育行政部门应该出台相关政策引导学校探索学生增值评价实施方式。第二，教育行政部门聘请学生发展增值评价方面的专家引导和指导学校结合各自实际探索学生发展增值评价的实施路径。增值评价是一种个体发展性价值导向的评价方式，关注学生发展过程和潜能价值。学生发展和潜能是两个比较专业的术语，需要借助专家的智慧将其转化为可以观察、记录、比较和评价的学生知识和行为。第三，学校边实践边总结，形成可以借鉴甚至复制的典型案例。在我国，学生发展增值评价还是一种新型的学生评价理念和类型，没有成功的案例可以借鉴。因此，需要各个学校在教育行政部门和专家的引导下，边实践边总结，最终形成可以对同类型学校实施学生发展增值评价有借鉴的典型案例。

第四章　学生发展增值评价的价值

学生评价是学生学习过程的必要环节，也是促进学生发展的主要途径，对学生发展具有不可替代的作用。虽然学者关于学生评价的认识见仁见智，但基本上都坚守这样的认识：学生评价所追求的不应该是给学生下一个精确的结论，更不是给学生一个等级或分数并与他人进行比较、排队，而是要通过对学生过去和现在状态的了解，分析学生存在的优势和不足，在此基础上提出具体的改进建议，促进学生在原有水平上提高，逐步达到基础教育培养目标的要求。[①] 学生发展增值评价作为一种新型的，以促进学生在其自己已有的基础上不断进步的评价方式，符合国家教育评价政策改革方向，能更好地落实立德树人根本任务，能引导学校按规律办学，促进学生全面而有个性的发展。

第一节　学生发展增值评价有利于落实立德树人根本任务

对于一个国家和民族来说，培养什么人，是教育的首要问题。习近平总书记在党的二十大报告中指出，要"办好人民满意的教育""全面

---

① 韩立福：《促进发展：学生评价的价值追求》，《教育测量与评价》（理论版）2009年第9期。

贯彻党的教育方针,落实立德树人根本任务,培养德智体美劳全面发展的社会主义建设者和接班人"。立德树人是党的教育工作的根本任务,也是教育事业的根本任务。落实立德树人的教育目标不仅需要全社会共同努力,还需要不断改进教育评价方式,将整个教育过程引向立德树人。

教育评价事关教育发展方向,有什么样的评价指挥棒,就有什么样的办学导向。教育的根本目的是育人,教育评价必须围绕"学生中心"这一核心理念和价值追求展开,强化立德树人的鲜明导向,坚持把立德树人的成效作为检验教育工作的根本标准,明确"立什么德""树什么人",确保教育改革发展的正确方向。不仅如此,教育评价还必须关注立德树人落实机制的构建。只有"五育"并举、综合育人的机制不断健全,立德树人的根本任务才能得到有效落实。然而,落实立德树人根本任务涉及多个方面,教育评价改革应形成协同推进的机制,引导全党全社会树立科学的教育发展观、人才成长观、选人用人观。教育评价还必须坚持鲜明的问题导向与目标导向,既融通中外,积极借鉴国际教育评价的理念、方法、技术,务实开展教育评价国际合作,又扎根中国大地,坚持中国特色,从党中央关心、群众关切、社会关注的问题入手,破立并举,推进教育评价关键领域改革取得实质性突破。

当前教育中存在的种种弊病,不能说都是教育评价观造成的,但完全可以说不科学的教育质量评价观是造成这些弊病的重要因素。新时代教育评价改革的方向和重要任务就是要树立科学的教育质量观,建立健全以发展素质教育为导向的科学评价体系。一是强化各级党委政府对教育评价工作的领导责任。2020年10月,中共中央、国务院印发的《深化新时代教育评价改革总体方案》要求各级党委认真落实领导责任,建立健全党委统一领导、党政齐抓共管、部门各负其责的教育评价领导体制。政府对教育评价的领导责任主要体现在确立正确的教育质量评价观并科学地确定地方教育的发展目标上。只有政府在遵守教育规律的基础上确定地方教育的发展目标,在地方教育的发展中就能够避免出现"揠苗助长""急功冒进"的教育行为和教育现象。二是推进对各级各类学校教育质量评价标准的制定和实施。在改革学校评价的政策设计中，落实立德树人根本任务是"总体方案"最根本的目标追求，要求加快完善各级各类学校评价标准，健全学校内部质量保障制度，坚决克服重智育轻德育、重分数轻素质等片面办学行为，促进学生身心健康、全面发展。在幼儿园层面，制定幼儿园保教质量评估指南；在义务教育学校层面，制定义务教育学校办学质量评价标准；在普通高中层面，制定普通高中办学质量评价标准；在职业学校层面，将德技并修作为重点评价内容；在高等学校层面，改进本科教育教学评估，突出思想政治教育。三是完善学生评价方式方法。评价宗旨决定评价路径与方法的选择，评价的路径与方法又在很大程度上制约评估目标的实现。把握科学的评价方法是教育评价改革的重要组成部分。"总体方案"首次提出"改进结果评价，强化过程评价，探索增值评价，健全综合评价"的要求，对评价方法的改革具有十分重要的意义。教育结果反映教育质量，教育评价不应忽视教育结果，但只重结果有可能会忽略形成教育质量的过程与要素，甚至会助长教育的功利化。因此，必须改进结果评价。教育过程决定教育质量，而且过程本身在一定程度上就是教育的质态和质量，过程评价应进一步得到强化；增值评价源于学业评价，是对评价对象的进步幅度进行测评的一种评价方法，以原起点上的变化与进步作为评价的核心，更能体现评价的激励作用；综合评价尊重评价主体、内容、方法的多元性，重在全面考查，有利于促进学生德、智、体、美、劳全面发展，也有利于破除"五唯"的顽瘴痼疾。对学生的评价导向牵引着学生的成长方向。"总体方案"强调树立科学成才观念，要求坚持以德为先、能力为重、全面发展，完善综合素质评价体系，切实引导学生坚定理想信念、厚植爱国主义情怀、加强品德修养、增长知识见识、培养奋斗精神、增强综合素质。在完善学生评价方式方法上，"总体方案"强调根据学生不同阶段身心特点，科学设计各级各类教育德育目标要求，引导学生全面发展。学生在不同成长阶段会呈现出不同的身心发展特点，根据不同阶段的身心特点设计教育目标，探寻多元主体参与评价的制度机制，突出日常行为表现的过程性评价。①科学的评价方法应统筹兼顾、综合施策，注重发挥评价对象的主体作用。在评价过程中要推动内部质量保障体系与外部质量保障体系形成良性互动，指导评价对象主动对照评价标准加强自评自建，明确努力方向，针对评价对象存在的不足形成问题清单，并引入督查审核机制，建立问题清单销号制度，压实评后整改任务，让教育评价进一步硬起来，推动评价对象落实主体责任、建立持续改进的长效机制；科学的评价方法应注重发挥专业机构的作用。要注意培育第三方评价机构和专业评价人员，委托第三方专业机构和社会组织在政府制定的评价框架内独立开展教育评价。积极探索教育评价的新技术。科技进步深刻地影响着教育变革，也必然会推动评估技术创新。新时代教育评价必须充分利用信息技术，提高教育评价的科学性、专业性、客观性。一方面要利用人工智能、大数据等现代信息技术，深入挖掘已有的各类教育质量监测数据平台、学生综合素质评价系统、国家统一的学籍库等长期积累的数据资源，探索开展评价对象全过程的纵向评价、德智体美劳全要素的横向评价。另一方面要创新评价工具，针对教育评价开发专项管理系统，实现教育评价线上线下"一体化"设计，促进信息技术与评估方式方法深度融合，做深线上评价，减轻线下评价负担，努力追求教育评价的减负增效。总体来说，从当前基础教育发展和评价的现状来看，尊重教育规律，探索增值评价，能够引导各级政府和学校按照规律办学，更好地落实立德树人根本任务，助力培育担当民族复兴大任的时代新人。

第二节 学生发展增值评价有利于引导学校按规律办学

教育行政部门评价学校的内容和方式对学校的办学方向和教育行为

---

① 冯刚、张智：《在教育评价改革中落实立德树人根本任务》，《中国教育报》2021年1月14日第6版。

具有重要的引导作用。从目前的情况来看，大多数学校的教育活动和教育行为都是按照教育行政部门评价要求进行的。因此，科学评价学校办学成效对教育行政部门来说就显得非常重要。然而，从现行义务教育办学实践和课程设置来看，我国义务教育的培养目标表现出越来越强的"人才"培养特征和标准化取向。这种目标定位和标准化取向既不符合现行我国的教育目的，也不符合义务教育对象的身心发展实际，更有悖于义务教育的性质和根本任务，还滋生了许多具有深层根源的社会问题。具体表现在以下几个方面。

第一，用"一把尺子"量所有学校的标准化评价倾向明显。标准化评价的目标侧重于了解当前学校质量处于何种水平，实际上就是了解学校教育过程与结果达到学校教育目的的程度。义务教育学校的教育目的来源于国家对义务教育培养目标的规定。教育行政部门按照国家对义务教育培养目标的要求制定义务教育学校评价标准和实施细则。虽然在评价标准的制定过程中也会考虑到地区差异、民族差异等因素，但更多地强调的是"尺子的标准化"。这种用"一把尺子"量所有学校的标准化评价思路和方式，对于实现义务教育培养目标和国家对公民基本素质的要求有着非常重要的意义。但对于地区差异、校级差异较大的学校来说，这种评价就存在着引导学校违背教育规律，忽视儿童立场办学的风险。而且这种风险在一些学校已经暴露得非常明显。

第二，只评价看得见的指标，不关注看不见的发展。从理论和政策角度来看，在学校质量评价中，评价对象是学校质量的发展和变化。学校质量的发展和变化，具体表现在校园硬件设施建设、校园文化建设、教师发展状况、学生发展状况等若干个维度上。在这若干个维度上，有些维度是可以观测的，如校园的面积、班级的规模、体育器材的数量等，还有一些维度不能或不好准确观察，如教师发展和学生的成长。但评价团队为了使评价更能得到领导的认可和更能满足老百姓对教育公平的追求，按照标准化测量的要求为无法测量的教育行为和教育活动赋值，如在教师发展方面，总分为20分，学校有一个特级教师加5分，有一个高级教师加3分。将教师发展简化为优秀教师数量的增加。从表面上看起来这似乎很合理，实际上则存在以偏概全的问题。例如，有些小学为了打造一个名师，将所有的外出学习机会和展示的机会都集中一个教师身上。如果这种现象存在，这样成长起来的名师不仅不能代表整个教师队伍发展的质量，而且存在着破坏教师正常发展生态的可能性。

第三，学校质量的同质化现象普遍存在。学校质量的同质化就是指学校没有个性，千校一面。"标准化测试"建立在学校质量无差别的价值预设之上，任何与评价目标相悖的学校特质都将被视为学校发展的不利因素而着力消除，所以学校在追求优质的同时也意味着去个性化。凡是真正从事教育实践和教育研究的人都明白，每一所学校都有其自己独特的历史沿革和现实需要，也面临着许多独特的发展困境。这些需要和困境往往不可通约。它们无疑是学校特质的一个重要组成部分。但学校为达到标准化目标，无力充分考虑这些需要，也不会将过多的精力用在解决发展困境上去。而是围绕评价目标，"对标对表"，层层落实。这种仅仅满足教育行政部门评价目标的办学思路和方式所带来的结果就是学校个性的泯灭，学校质量的趋同现象加剧。

第四，学校质量的功利化现象明显。学校质量的功利化现象是指学校把绩效目标作为学校质量评价的唯一目标，为达到绩效目标，不惜牺牲学生的利益，使学校成为优胜劣汰的筛选机器。"标准化目标"没有充分考虑接受评价的学校的实际情况，对于一些学生入学基础整体较差的学校而言，"标准化目标"属于非常高的要求，而这样的目标又是给定且不可更改的。此外，这些目标还与上级教育行政部门的绩效问责联系起来，如果达不到目标，学校将会受到惩罚。迫于巨大的压力，一些学校唯有铤而走险，采用一些极端的方法来应对绩效问责。有学校就曾劝说部分学习较差的在校学生放弃升学考试来提高学校的升学率。这种做法固然能够提高学校的绩效，从而使学校达到"标准化目标"，成为所谓的"优质学校"。但此种做法必然以牺牲处境不利或学业成绩不佳学生的成长为代价，同时也不可避免地会造成学生的片面发展，如专注于应试能力的培养而忽视学生的身心健康，从而对教育公平、学生全面发展造成负面影响。以基础教育为例，在功利化学校质量的影响下，优质生源、教育资源、社会资源等都会涌向高分数、高升学率学校，导致区域教育发展不平衡。增值评价通过建立科学而公正的学校效能评价与监控体系，不仅让薄弱学校教师的付出得到家长和社会的认可，而且有助于教育行政部门更加客观而准确地评估学校效能。同时通过对教育增值的分析，得出影响学校效能的重要特征变量，从而为区域教育改革提供依据和参照，促进区域教育优质均衡发展。

第三节　学生发展增值评价有利于客观评估教师付出

教师评价是学校教育活动和管理活动的重要组成部分。科学的教师评价能够有效促进教师发展，引导教师积极投入教学改革和研究的实践中，进而为学生发展提供更好的教育服务。然而，从当前教师评价的实践来看，教师评价还存在无视教师工作的复杂性、独特性和创造性，过分强调绩效评价等问题。主要表现在以下两个方面。

第一，工具性的教师评价观。长期以来，教师评价活动主要被看作一种"行政性概念"和"控制性概念"，它的基本职能是"行使权力"和"对教师进行管理"，从而使"组织本身控制系统合法化"。表现在评价过程上就是，整个评价过程是程序导向的，严格受行政权力的控制，"大多带有压迫、监控与权威的意味"。这种教师评价背后所隐藏的一个基本信念便是：学校的发展与教师直接相关，学校教育质量主要靠摈除经评价不合格的教师以及对教师进行严格的管理和控制来得到保障。可以看出，这种评价观秉持的是可控制性、进步性等信念，它仅仅把教师看作提高教育质量的工具和手段，从本质上讲是一种工具性的教师评价观。以"工具人"假设为基础的、带有鲜明"工学"特征的教师评价，虽然在一定程度上促进了教育教学质量的提高，然而，它存在着根本性的缺陷。工具理性主导一切及其相应的效率效益至上观念，使得人们忽视了对目的、意义和价值的思考，这样，人们仅仅在工具理性意义上思考和衡量一切，效率和效益成了判断一切的标准。可以说，长期以来，教师评价中的唯技术主义、工具主义倾向，使得教师评价逐渐远离教师的真实生活情景，鲜少关注教师的专业发展和个人成长，而仅仅把教师当作教育教学的一种工具。同时，这种工具性的评价观还导致教师评价实践的非人性化，把教师当作管理对象、把领导变成监工，动辄使"下岗""解聘"的"大棒"在教师头上飞舞。也许坚持这种做法的出发点是好的：想通过评价，对教师排出先后顺序，实现"能者上、庸者下""优者更优、劣者赶优"的激励机制。但这种做法完全无视教师工作的复杂性、独特性和创造性，严重扭曲了教师的人性，忽略了教师人之为人的方面。

第二，严格的绩效评价存在问题。在教师评价领域一直存在着三种不同类型的评价，分别是教师胜任力评价、教师绩效评价与教师效能或有效性评价。[①] 教师胜任力评价是教师进入岗位之前的资格评价，应该与在职过程中的工作绩效评价分开。而教师绩效评价与教师效能评价是两种不同类型的绩效评价，前者强调工作行为，而后者强调工作的直接结果。教师绩效评价是教育系统人事决策，如提职、晋级、奖惩、留用或解聘的重要依据，也是教师资格考试以及培训效果检验的重要效标。因此，它一直受到教师研究与管理领域的关注。教学是一个相当复杂的过程，教师在教育教学过程中表现出来的与教育教学目标相一致的行为也是复杂的。多数教师评价工具所包含的行为内容只涉及教学效能方面，而这实际上只是绩效的一个方面，即任务绩效，也就是工作所规定的教

---

① 蔡永红：《对教师绩效评估研究的回顾与反思》，《高等师范教育研究》2001年第3期。

师必须做出的行为。① 教师绩效评价的内容主要包括学生成绩、工作量、师德、教学水平、工作热情、科研成果、获奖等②。近年来，许多学校在对教师工作的考核中存在着过分追求量化、标准化的倾向，片面强调了量化评价指标体系的作用。量化评价虽具有客观、精确、易于操作的优点，但同时存在只能评价群体的行为，注重评价共性的东西，兼顾不到个体的特点；较多地注重评价具体的行为，难以对整体做全面的把握；由于指标体系设计技术上、观念上的诸多原因常常会导致评价结果的误差较大，从而影响其科学性和公正性。教师工作绩效评价的根本目的是充分调动教师的工作积极性，通过发展教师来实现学校的目标。但是当前的教师绩效评价只注重考核的形式，忽视了"发展人"的精神实质，偏离了评价目的，具体表现为在绩效评价中"重事不重人"，过分强调人的经济属性，而忽视人的社会属性等。

学生发展增值评价体现了以学生为中心的思想。它以学生发展的增值来评价教师的工作效能，将关注点由"教师中心"转向"学生中心"，教师的专业实质是以育人为本的专业实践。当前我国的教师评价多以教师参加各级各类教学比赛的获奖情况、教学课题和论文的完成情况为主要指标，实则还是停留在对教师专业能力层面的关注上，而对于教师是否真正促进了学生的成长则关注较少，即便对学生有所关注，也只关注学生成绩的绝对水平。增值评价以发展的眼光看待学生的成长，关注学生的进步，并且关注全部学生，要求教师不能只关注优等生，而要兼顾所有学生的发展。教师增值评价对教师评价来说更为公平。增值评价分离出学生的生源质量、学生家庭和社会经济背景等因素，考察教师对学生成长的"净效应"，可以激发薄弱学校教师的工作热情和动力，也可以减少优势学校教师"搭便车"的心理。运用增值性评价可以探究出教师的哪些行为和特点能够促进学生的学业进步，并对之进行有效改进，

---

① 蔡永红、林崇德：《教师绩效评价的理论与实践》，《教师教育研究》2005年第1期。
② 宁本涛：《高中绩效工资制实施进展分析——基于东中西部13省高中的调查》，《华东师范大学学报》（教育科学版）2020年第1期。

从而改善学生的学业成就。根据增值评价提供的信息也可以更合理地依据教师的特点安排教师的调配和流动。在"五唯"评价方式的影响下，许多教师，尤其是薄弱学校教师无论怎样努力，在优质学校教师面前谈论教学质量时，总感到底气不足；在面对家长的质疑和批评时，总感到有口难辩。增值评价能让教师的付出得到社会的认可。以学生进步为核心，通过相关的统计分析追踪学生在一段时间内综合素质的变化，测评一定时间内学生的进步幅度，考察学校或教师对学生影响的"净效应"。它不以学生的考试成绩作为评价学校和教师的唯一标准，而是以学生综合素质的提升幅度来评价学校和教师的努力程度和进步程度。这样关注学生发展过程和进步程度的评价，必将让薄弱学校教师的付出得到家长和社会的认可。

第四节　学生发展增值评价有利于促进学生全面发展

学生评价追求的是一种合规律性与合目的性相统一的价值判断，就其合规律性而言，评价要获得认识上的客观性以确保评价标准的科学性，从而使整体评价具有信度保证。就其合目的性而言，学生评价首先应该是一种教育性活动，即学生评价一定要促进学生发展。然而，从过去甚至当前的学校教育实践过程来看，作为服务于教学的工具、实现教学目的的手段的评价却被异化为一种目的，成为一种凌驾于教学之上的指挥系统。教师为评价而教，学生为评价而学。学生评价异化为一种独立于学生之外的纯粹技术性活动，具体表现在以下几个方面。

第一，学生评价中甄别的痕迹依然明显。一般来说，学生评价主要有三种功能。一是侧重于选拔淘汰的选拔功能。基于选拔淘汰的学生评价，主要指向是通过一定的规则选拔出具有评价主体认可和强调的特征和品质的学生，就像收购苹果一样，收购商用一个他们认可的圈对果农的苹果进行鉴定，他用圈去套果农手中的苹果，对刚好能够套住的他就收，过大或者过小的他都不要。收购商在制定手中这个圈时并没有对当年的苹果进行前期调查，所以就会出现大多数苹果都不能被及时收购的问题。以选拔为目的的学生评价标准就像苹果收购商手中的这个圈，如果这个圈是用于高等教育选拔人才，还能勉强接受；如果作为义务教育学生发展的评价标准，所造成的后果就不限于学生积极性削弱、家长焦虑增加的问题了，还会影响国民素质的提升。二是侧重于发展水平评判的鉴定功能。基于学生发展水平鉴定的学生评价，主要指向学生个体或学生群体目前发展水平的衡量。评价者一般会采用一个常模对学生当前发展水平和常模进行对照，然后给出学生个体或群体当前发展的层级。这种学生评价方式虽然也会关注学生的发展状况，但它最终指向的不是学生发展，而是对学生发展状况的评价。三是以促进学生发展为目的的发展功能。以促进学生发展为指向的学生评价，主要强调的是如何通过评价发现学生发展中表现出的优势和存在的问题。我国传统的学生评价比较重视其甄别和选拔功能。对于学生发展，评价者都有一个没有依据的基本假设，即在一个群体中只有极个别的个体是优秀者，大多数人都只能达到中等水平。而评价的主要目的就是把少数的优异者选拔出来，为此，传统的学生评价比较强调评价的甄别、选拔功能，热衷于排名次，比高低。在这样的评价过程中，只有少数所谓"优秀者"能够体验到成功的快乐，获得鼓励，而与这少数的"优秀者"相比，大多数"中等水平者"在整个学习历程中都很少能体验到学习带给他们的乐趣。长此以往，他们就会产生厌学情绪，最终选择过早离开学校。

第二，学生评价过分聚焦学生的"错误"。关于学生评价，无论在政策方面，还是在理论方面都强调要关注学生综合素养的发展，但学生综合素质发展中却存在发展不均衡的问题，一些素质可能会发展得慢或发展得不好，另一些素质可能会发展得快或发展得很好。那么，关于学生评价的聚焦点应该放到发展快的或发展好的素质方面，还是应该放在发展慢的或不好的方面呢？长期以来，我国的学生评价往往聚焦学生发展慢的或不好的方面。如在学生德育评价方面，教师往往会将那些行为习惯等方面不好的学生作为众矢之的进行批评，个别老师将班会课开成了批斗课，无限放大学生的不当行为，试图通过"杀鸡给猴看"的方式达到所有学生都优秀和高尚的理想状态，然而，因为这种行为违背了学生发展和教育的规律，所以其理想也一次次破灭了。在智育评价方面，教师往往在批改学生作业、试卷时，凭借一双"火眼金睛"，将学生的错误一眼识破，并且揪住不放，不依不饶。虽然表现出精准的专业判断力，但这种只有专业没有教育的行为常常令学生敏感、紧张，学习自信心受到打击。这样做的结果是，促使学生在作业和考试中将精力更多地放到被动"防错"上，而不是主动"求新"上。其实，换一种思路或许更好，就是我们可以多发现学生的优点和长处，肯定它、放大它、激励它，直至让学生自己觉得美在其中；甚至可以故意无视或忽略学生的缺点和错误，让它们像得不到浇水的草一样自行萎缩。也就是说，学习评价要注意运用"优势诱导"效应[①]，尽可能放大学生的优点，让学生抱着乐观、积极和自信的心态逐渐纠正他们自己的不当行为，慢慢提升他们自己的劣势因素。

第三，片面强调评价主体多元化。在综合评价中，绝大多数学校改变了主体单一、单纯由教师评价学生的状况，让学生、同伴、家长等多主体也参与到评价中。但如果那么多指标都让不同主体评价一遍，再给不同主体的评分赋以不同的权重，最后合成每个被评学生的表现分数和等级，其过程烦琐又不能保证评价的客观公正，还可能导致学生中出现互相讨好、互相猜忌，甚至互相贬抑等现象，使校园内外的人际关系出现微妙变化。在学生评价中，不少教师也积极引入多主体评价，有些相对比较复杂的表现性评价任务，如写作、研究性学习、实验，教师不仅让学生先自评，而且让同伴互相评价，最后才由教师予以评定；有时候教师在课上提问，学生回答完毕，教师也会引导学生自评或互评。然而，

---

① 李如密：《对学生进行学习评价需要反思的四个问题》，《教育测量与评价》2018年第2期。

这种课堂上的多主体评价有时会流于形式，特别是在教师没有提供明确评价标准或量规的情况下，多主体评价容易偏离评价焦点，不具体也不深入，不能准确描绘和评判学生达成预期目标的程度，自然也就不能为教与学的改进提供有价值的信息。推动评价主体多元化，体现了第四代建构主义评价观，落实了评价民主。但正如现代社会强调多元共治与民主决策，不能什么事务都让所有利益相关者广泛而深度的参与，都以同样方式在同等程度上参与一样，学生学业评价中的多主体参与和民主协商也要戒除形式主义，不能加以简单化地推动。评价主体多元化，不是所有的评价都需要主体多元，更不是每一次评价都要所有主体的广泛参与。即便在一次评价中需要多主体的参与，每个主体参与的内容范围、方式方法和程度都要根据评价目的而加以区别化设计。主体多元化的核心目的是让各种利益相关者群体能在评价中发出他们自己的声音，不因评价不当而使利益受损。围绕这一核心目的，应由评价设计者决定谁该参与、如何参与，以及参与到什么程度。

第四，评价方法为了多样而多样。传统评价主要依赖书面测验和考试。与五育并举、全面发展、评价内容多元化等改革理念相呼应，评价方法需要多样化。用多样化的方式方法收集评价信息，不仅可以从多种来源收集信息，在多种信息之间互证，促进评价的准确性与有效性，而且可以在一定程度上增加评价活动的趣味性与吸引力。但在实践中有些中小学校和教师为了多样而多样，主要表现有：片面强调方法创新，标新立异，提出一些声称有创新但实际上"换汤不换药"的所谓新方法，或者不规范的新方法；倡导某些新兴评价方式，比如成长记录评价，但在实践中出现扩大化应用的问题，有学校不顾学科特点要求所有学科的教师都必须使用同一种评价方式；教师培训不足，教师没有掌握基本的评价原理与方法，在应用多样化方法的过程中用不好方法，出现这样或那样的问题，影响了评价的信效度与公平性，致使评价不能发挥其应有的作用，有时候甚至误导了教师的教与学生的学。评价方式方法服务评价的功能与目的，所以，评价方式不是说一定要多样化，不能为了多样而多样。相对单一、简单的评价方法，如果能准确评价学生的学习进展与不足，能为教学提供真实而有用的信息，也是好的评价方式。①

学生评价的目的是什么呢？学生评价是否存在客观一致性的标准。从成人评价者的角度考虑当然希望如此，毕竟这样有利于权衡结果、归类筛选，并据此证明他们的工作。然而，主观愿望、经验判断或是现实的需要还得经受理论的推敲，这就需要诉诸评价的合理性考虑。评价是否有合理性可言呢？人们曾一度发现这是个悖论。因为从逻辑上而言，应该首先确定评价是有合理性的，才能具体研究具体的合理性是怎样的，但当人们考察了具体的研究领域之后，又对合理性怀疑起来。哲学家认为合理性是哲学中十分棘手的问题之一。由于评价本身兼具预测、选拔、导向、发展等功能，在不同时期的不同评价者所依据的教育理念以及对评价理解侧重点的差异，往往使这种"合目的性"表现出不同的取向。但从现有情况来看，占主导地位的主要有两种目的性取向，即对评价的根本功能两种观点的甄别与发展。认清这一点才能选准今天学生评价改革的着眼点。当然，也许立即会有人反对这样的提法，即甄别也是为了促进学生发展，或者当前提倡学生个性化发展势必要以甄别为基础。的确，就甄别与促进发展的功能本身而言，它们不是简单的非此即彼的二元对立关系，但是需要澄清甄别中所蕴含的"发展"与真正教育所追求的发展是不能相提并论的。《教育部关于积极推进中小学评价与考试制度改革的通知》明确指出："中小学评价与考试制度改革的根本目的是更好地提高学生的综合素质和教师的教学水平，为学校实施素质教育提供保障。充分发挥评价的促进发展的功能，使评价的过程成为促进教学发展与提高的过程。"因此，促进发展是学生评价的出发点和归宿。增值评价是一种以促进学生发展为目的的评价方式，它是通过追踪一段时间内学生综合素质的变化，来考察学校教育对学生身心发展影响的净效应。由于家庭条件、生存环境等因素的影响，学生在学习方式、个性特长、学

---

① 赵德成：《"双减"政策背景下学生学业评价问题的若干思考》，《课程·教材·教法》2022年第1期。

业基础等方面都存在差异。增值评价是在尊重差异性的基础上，关注学生身心健康、学业成绩、情感态度、行为方式等方面的起点，重视他们在一定时间内综合素质变化状态和发展程度，使学生既能看到他们自己因不断努力而前进的步伐，也能够看到他们自己因投入不足而原地踏步甚至退步的足迹。

第五章　指向"学生立场"的学生发展增值评价

　　长期以来，受绩效主义的影响，我国学生发展评价通过自上而下的目标构建、责任到人的任务分解、"对表对标"的效果评估、赏罚分明的结果反馈和不留情面的责任追究等途径，使整个评价从过程到结果都呈现出客观化的特征。2020年10月，中共中央、国务院印发的《深化新时代教育评价改革总体方案》指出："要遵循教育规律，针对不同主体和不同学段、不同类型教育特点，探索增值评价……"增值评价的核心是依据增量进行评判，它重视起点、强调过程。从本书掌握的文献来看，当前国内外教育领域关于增值评价的研究集中在学校效能和教师效能增值评价两个方面。主要是通过多水平模型和相关统计分析技术，以学生多次考试成绩为依据，测量一定时间内学生的进步幅度，以此来评估学校效能和教师效能。这种以学生学习成绩为依据判断学校效能和教师效能的思路和方法，具有明显的"绩效主义"痕迹。绩效主义影响下的学生评价，使评价过程和评价结果都呈现出客观化的特征，满足了政府和公众对客观性、公平性评价结果的需要。但却将学生发展评价一步步推向了既无"教育"也无"人"的极端量化境地。增值评价和学生发展相遇，为矫正这种错误的评价逻辑提供了新的视角。学生发展增值评价应站在"学生立场"，以促进学生全面而有个性发展为道德尺度和科学依据，探索增值评价促进学生发展的路径与方法。

第一节 学生发展评价中"绩效主义"倾向的表现

20世纪80年代以来,在西方教育改革乃至经济社会事业改革中居于主导地位的新自由主义(Neo-liberalism)和新管理主义(New Managerialism)对我国教育评价理论与方法具有重要影响,它们潜移默化地支配着决策者、管理者和教育者的评价思想与管理行为。新自由主义和新管理主义在教育评价上的合流形成了著名的"绩效主义"(Performancism)。[①]"绩效主义是一种以绩效为核心,以层层分解指标任务为重点,以精细化的量化考核为杠杆,以经济奖励和惩罚为手段,以实现绩效管理的高效化、系统化与制度化为目标的管理理念。"[②] 它强调目标制定,任务分解、效果评估、结果反馈和责任追究。[③]

一 目标确定:承载着多项非教育职能

绩效主义影响下的学生发展评价目标制定的依据主要包括以下三个方面。一是国家及上级教育行政部门依据学生身心发展规律和时代特征对本地学生发展水平提出的要求。二是当地政府依据学生身心发展规律和当地教育发展的需要对本地学生发展水平的要求。当地政府的要求源于上级政府对当地政府在教育方面的要求和当地老百姓对学生发展的期望。三是政府负责人对本地学生发展水平的要求。政府负责人的要求除了按照上级政府的要求下达任务和考虑当地老百姓的教育期望之外,还会将其自己任期内的政绩考量在内。因此,绩效主义影响下的学生发展

[①] 石中英:《回归教育本体——当前我国教育评价体系改革刍议》,《教育研究》2020年第9期。

[②] 杨小芳、贺武华:《新管理主义对公共教育改革的影响及其反思》,《教育发展研究》2013年第10期。

[③] 付亚和、许玉林:《绩效管理》,复旦大学出版社2004年版。

评价目标是一种自上而下的政府主导且承载着许多额外职能的目标体系。

二 任务分解：将学生发展定格到班级和个别教师身上

绩效主义影响下的学生发展评价任务分解是指当地教育行政部门将精心研制的承载了许多额外职能的学生发展评价指标，根据当地学校实际情况进行分工。任务分解一般包括三个环节。首先，教育行政部门相关负责人将评价指标进行分类，如分为优秀、良好、合格等。其次，通过摸底、沟通和开会等方式将具体指标以数字的形式分配给相关学校，这个过程常常会出现"讨价还价"的情况。最后，学校根据各个班级和任课教师的实际情况把指标进一步分解到班级。至此，学生发展就定格在班级和个别教师身上。

三 效果评估："对表对标"的客观评价

效果评估是校长和教师必须面对的、十分痛苦且无奈的工作之一。必须面对是因为教育主管部门会对学校的办学质量进行监督和考核；痛苦是因为评估不仅会干扰正常的教育教学秩序，还会附带许多汇报、填表和座谈等要求；无奈是因为学校及教师许多无法测量的辛勤付出得不到应有的认可。绩效主义影响下的学生发展效果评估明确提出了"对表对标"的思路和方法。在一项任务结束之后，教育行政部门的专业人员会通过填表汇报、问卷调查、深度访谈等方式收集各个学校学生发展状况的大量数据，然后通过方差分析、回归分析、模型建构乃至大数据分析技术等对各个学校学生发展状况进行"对表对标"的客观评估，任何与"表"和"标"无关的教育事件和行为都不能进入评估的视野。

四 结果反馈："有人欢喜有人忧"

一般来说，无论教育行政部门、学校和教师多么努力，学生发展评价的结果总会出现"有人欢喜有人忧"的局面。在绩效主义看来，这种局面的出现具有一定的必然性。在通常情况下，结果反馈还会伴随着评优选先。评优选先是指当地政府和教育行政部门对完成或超额完成任务的学校和个人进行表彰，授予相应的荣誉，兑现一定的待遇。通过评优选先，一方面表扬那些出色完成任务的学校和个人，另一方面也批评那些没有完成任务的学校和个人。表扬和批评的目的是让校长和教师牢固树立绩效目标意识和规则意识。

五　责任追究："照单全收，按期整改"

责任追究是指当地政府和教育行政部门采用层级追究的方式，对没有达到指标要求的教育行政部门相关负责人、校长和教师等追究责任。首先是政府负责人问责教育行政部门负责人，一些教育行政部门负责人会因此调离教育行政岗位；教育行政部门负责人问责相关学校校长，并在下一轮的资源分配上会减少该校长所在学校的资源，有些校长也会因此被调离校长岗位或到条件较差的学校任职；校长会仿照上级的方法问责教师。通过约谈批评、工作调整、绩效津贴扣除等方式追究责任后，教育行政部门会聘请区域内外的相关专业人员和超额完成任务的学校校长组成专家团队，按照教育行政部门的指示精神和政府主导的学生发展评价指标来帮助没有完成任务的学校查找问题、分析原因，然后再"对标对表"地提出整改建议。对于没有完成指标任务的校长来说，基本上没有资格反驳专家提出的整改建议，只能"照单全收，按期整改"。

第二节　学生发展评价中"绩效主义"问题反思

绩效主义影响下的学生发展评价，迎合了教育管理中"控制、公平和效益"的需要，也满足了公众对客观性、公平性评价结果的需要。唯独对"学生"的需要重视不够。不重视"学生"需要的评价不仅助长了教育评价中工具理性的泛滥，而且引发了教育中的无序竞争，破坏了整个教育生态,严重影响了高质量人才的成长。

一 管理至上的价值取向

绩效主义将管理知识和意识形态相联结,同时剥夺被管理者的决策权力,使管理者与被管理者始终处于一种权力不平等的地位[①]。在绩效主义影响下,评价者主要站在便于管理的立场上看待学生评价,将评价作为管理学校、教师和学生的重要手段。整个评价过程实质上是一个自上而下的控制过程。评价者对评价指标、内容、方式、结果等内容的制定和选择拥有绝对的权力。学生,也包括教师和校长,难以在评价中维护他们自己的利益或为他们自己的利益进行辩护,处于绝对服从的地位,被动接受评价结果。站在管理的立场上看待和实施学生发展评价,管理者关照的首要目标不是评价是否能或在多大程度上能促进学生全面而有个性的发展,而是领导的政绩、学校的声誉、校长和教师业绩的达成情况。不指向"学生发展"的学生发展评价必然会出现无视教育规律、学生健康成长规律,压抑学生个性特点的反教育行为,这种反教育行为以及带来的教育内卷已经成为我们社会的"顽瘴痼疾",并严重影响了创新性人才的成长。

二 自上而下的指标构建

从上述绩效主义影响下的学生发展评价指标体系构建过程来看,它既考量了国家对学生发展的要求,也关照了上级教育行政部门对本地学生发展的要求;既关注了当地政府对当地学生发展的期望和要求,也考虑了政府负责人的政绩工程。唯独学生在评价指标体系构建中始终处在"失语"状态。这是典型的、无视"当事人"的自上而下的评价指标构建理路。这种自上而下的评价指标构建,虽然也将国家对学生发展的要求考量在内,但更关注评价者想要的结果。而评价者想要的结果又与领

---

① Klikauer, T., *Managerialism: A Critique of an Ideology*, London & New York: Palgrave Macmillan, 2013, p. 2.

导政绩、学校声誉、校长和教师业绩等非学生全面而有个性发展的要素直接勾连。这种勾连注定学生发展评价的结果无论是好还是坏，都与学生全面而有个性发展的关系不大，甚至还可能影响学生全面而有个性的发展。

三 量化为主的评价过程

绩效主义影响下的学生发展评价方法非常强调基于技术的科学实证及量化分析，强调评价的客观性，期望评价过程和结果能够达到像数学实证那样的"精确"，非常重视评价流程、评价数据采集、评价结果统计等环节的精确性。这种强调量化的评价过程，一方面认为学生发展的所有方面都是可测的。[①] 另一方面也是为了满足公众对客观性、公平性评价结果的需要。因为公众对评价结果客观、公平的不断强调，使得任何带有主观性的做法都面临着巨大风险。为了避免风险，评价者将学生发展评价过程一步步推向既无"教育"也无"人"的极端量化境地。然而，客观数字只看到学生发展中所呈现的外在表象，而学生发展中那些无法用数据测量的，也许是更重要的素质则得不到应有的重视和强化。

四 强调效益的评价结果

绩效主义影响下的学生发展评价按照评价标准统一，操作过程统一，评价结果表达统一的原则将"合乎标准"的学生筛选出来。学生成功被塑造成标准化的"产品"。先不要说学生作为标准化的"产品"对社会发展的负面价值，就从效益最大化方面来说，整体效率的最大化并不意味着每个人所得都一样，个人所得资源或利益之间的不平等很可能被平均数所"掩盖"。学生发展评价中的效率体现在对标准化和一致性的追求上。用同一套标准来衡量不同的评价对象，势必会忽视个体间存在的

---

① 刘志军、徐彬：《综合素质评价：破除"唯分数"评价的关键与路径》，《教育研究》2020年第2期。

差异，对弱势群体造成侵害。罗尔斯认为："正义是社会制度的首要价值，正像真理是思想体系的首要价值一样。一种制度，不管它们如何有效率和有条理，只要它们不正义，就必须加以改造或废除。"① 在罗尔斯看来，一项政策是否合理，不仅要考虑效果的最大化，而且要考虑社会中的弱势人群，并以其受益的最大化为衡量标准。

五 竞争导向的奖惩体系

竞争机制是商品经济活动中优胜劣汰的手段和方法，它能最大限度地刺激各利益主体的能动性。绩效主义将竞争机制引入评价系统之中，并反复强调用物质奖励、资源倾斜、人事调整等奖惩方式将教育机构和教育者推向竞争状态。这种竞争状态将区域内原本可以相互学习借鉴的学校和可以相互切磋研讨的教师演化为一种竞争关系。客观地讲，有序的、必要的竞争对学校改进、教师发展和学生成长是有利的。然而，现实情况是涉及物质奖励、资源倾斜、人事调整等高利害的竞争已经或正在将学校教育引向无视教育规律、破坏教育生态的状态。

从上述绩效主义影响下的学生发展评价表现及存在的问题可以看出，整个评价过程既没有"教育"的痕迹，也听不见"学生"的声音。这种既无"教育"，也不见"学生"的评价，不仅助长了教育评价中工具理性的泛滥，而且引发了教师间、学科间、学校间、区域间的无序竞争，破坏了整个教育生态，严重削弱了教育事业的公共性。学生发展评价遭遇的种种问题从表面上看是理论基础和技术运用方面的问题，实质上是价值取向和评价思路的问题。评价的主要功能不应是一种基于权力的"管理"，也不应是站在管理者方便管理、方便应对社会公众质疑的立场上评价学生，而是应站在"学生立场"，以促进学生全面而有个性发展作为衡量一切评价理论与方法的道德尺度。

---

① ［美］约翰·罗尔斯：《正义论》，何怀宏等译，中国社会科学出版社1988年版，第1—88页。

第三节　学生发展增值评价的学生立场及路径

什么是学生发展增值评价？学生发展增值评价是指在义务教育培养目标的引导下，学校、教师、家长等结构性评价主体，按照尊重差异、重视起点、关注过程、强调发展等原则，综合运用多种方法，对学生品德、学业、身心等综合素质在接受某一阶段教育后的发展进步程度进行客观测评和价值判断的过程。在评价理念上，它指向立德树人的目标，贯彻面向全体学生的价值追求；在评价伦理上，它承认差异，处处充盈着对生命个体独特性的尊重；在评价主体上，它强调结构性主体按照各自权重综合出场；在评价方法上，它强调在遵循教育逻辑的基础上，充分利用大数据等新兴技术全面客观地测评学生发展程度。

何为"学生立场"？简单来说，"学生立场"就是站在促进学生全面而有个性发展的角度思考教育问题，制定教育政策，设计和实施教育活动。学生发展增值评价中的"学生立场"是指无论是思考学生发展增值评价问题、设计学生发展增值评价框架，还是选择学生发展增值评价的策略和方法等都要将促进学生全面而有个性发展作为前提条件。具体来说，应该从以下几个方面理解和推进学生发展增值评价中的"学生立场"。

一　学生发展增值评价必须成为政府评价学校的重要手段

在我国，政府对学校的评价在很大程度上规约着学校的育人方式。当政府看重学生的"成绩"，并将其作为它们自己的政绩工程打造时，以促进学生全面而有个性的发展的增值评价与以衡量学生成绩高低的甄别性评价的矛盾就会显现出来。在正常情况下，后者必然成为大多数人的选择并会为之赴汤蹈火。这样一来，学生全面而有个性发展的教育目的就会异化为对分数的狂热追逐。"重智轻质"的教育行为也顺理成章地演化为学校教育常态。如果政府按照"总体方案"的要求,不以升学指标或中高考升学率考核下一级党委和政府、教育部门、学校和教师,而是站在学生立场上,以学生在学校受教育后的发展增值情况为依据评估学校、校长和教师时,校长的办学思路、学校的课程体系和教育教学模式必然会逐渐走上促进学生全面而有个性发展的科学育人轨道。

二 学生发展增值评价必须指向学生全面而有个性的发展

全面发展和个性发展是人发展中的不可或缺和分割的两个部分。全面发展在本质上反映的是人的发展在德、智、体、美、劳等基本面上的完整性和和谐性。个性发展是个体在需求、习惯、性格、能力、爱好、兴趣等方面形成的不同于他人的稳定的特殊性。两者都强调个性充分而自由的发展。① 全面而有个性的发展是基于学生身心发展规律和教育规律而提出的科学的学生发展理念。促进学生全面而有个性的发展是落实立德树人根本任务的基本途径,也是培养创新型人才的基本手段。因此,学生发展增值评价必须始终坚持以促进学生全面而有个性的发展为设计和实施学生评价的出发点和归宿,以是否促进学生全面而有个性发展作为衡量评价理论与方法的道德尺度。

三 学生发展增值评价必须尊重学生权利

坚持学生的立场,最重要的行为就是对学生权利的尊重。尤其要尊重能体现他们的价值、促进他们发展的参与权利。参与权,作为学生一项基本权利,已受到相关法律的保护。《儿童权利公约》② 和《中华人民共和国未成年人保护法》都对此权利予以了确认。《儿童权利公约》第12条明文规定:缔约国应确保有主见能力的儿童有权对影响到其本人的一切事项自由发表他们自己的意见,对儿童的意见应按照其年龄和成熟

---

① 燕国材:《略论素质教育的几种外部关系》,《上海教育科研》2001年第6期。
② 联合国儿童基金会:《儿童权利公约》,https://www.unicef.org/zh/儿童权利公约/儿童权利公约文本,2020年2月16日。

程度给以适当地看待。学生发展评价是涉及学生自己发展的重大问题，学生当然应该参与其中并有权利发表他们自己的观点。因此，学生发展增值评价在目标制定、指标研制、方法选择、结果呈现等方面一定要以适当的方式让学生参与其中，按照自下而上和自上而下相结合的方式科学地研制评价体系。这不仅是尊重学生权利的体现，也是学生发展增值评价体系科学运行的基本条件。

四 学生发展增值评价必须坚持评价主体的多样性

如前所述，学生发展增值评价是一项既涉及政府关于学校教育质量评估方式的变革，又涉及学校内部评价观的改变，更涉及学校培养目标、课程体系和教学模式的改革系统工程。所以它既需要来自政府的强力引导，也需要来自学校和教师的大力支持；既需要来自学生的积极参与，也需要来自家长与社会群体的理解配合。加之学生发展过程又不全在学校完成，因此，我们认为，学生发展增值评价不能仅仅依靠专业人员或教师等单一主体来完成，而应该至少包括政府、学校、教师、专业人员、学生、家长六个层面的结构性主体协商实施和完成。当然，结构性主体应该在什么时间、以什么样的形式、各自持多大权重参与学生发展增值评价还有待进一步研究。

五 学生发展增值评价必须体现评价标准的多元性

标准的多元性源于个体的差异。个体差异是自然界和人类社会的常态，也是自然生态系统和谐运行和人类社会丰富多彩的源泉。尊重差异就是尊重规律。在学生发展中，尊重个体差异会面临如何对待全面发展的问题。从现有研究成果来看，关于全面发展有两种理解方法。一种是"达标式"理解，即要求所有学生在德、智、体、美、劳五个方面都必须达到一定的标准。另一种是"竞争式"理解，即要求或者至少希望学

第五章　指向"学生立场"的学生发展增值评价

生在德、智、体、美、劳五方面都同时发展，不要有明显短板。① 这两种理解都是基于管理立场对学生全面发展的认识。马克思主义认为，全面发展是指个体个性充分而自由的发展。② 鉴于此，本书认为，个体的全面发展是指个体在现有的基础上，德、智、体、美、劳五方面按照他们自己的节律充分而自由地发展。因此，坚守学生立场的学生发展增值评价，就必须在充分尊重学生个体差异性和个体发展节律的基础上，制定多元化的评价标准。

六　学生发展增值评价必须强调评价方法的综合性

强调评价方法的多元性主要是针对当前学生发展评价中过度使用量化、强调客观的问题而提出的。如前所述，量化评价是关于学生发展评价中十分简单的一种评价方式，也是上级主管部门最喜欢和能够避免许多风险的评价方式。然而，但凡有教育经历的人都知道，学生发展过程中有很多元素都不能用数字来描述，至少可以说不能用数字准确地描述。因为从本体论意义上讲，人的心智、心灵品质无法被数据估算，人的生命价值也不应当被估算。数据化教育测评体现为一种强制机制，它不仅以数据标注、预测、预定、区隔学生，也激化了教育的竞争与焦虑，加剧了教育的功利化和工具化。教育测评看起来是为了实现教育目标，促进教育效率，实际上，它是附加在教育实践之上的非教育装置，与真正的教育及其过程相异，与存在性学习对立。③ 因此，坚守学生立场的学生发展增值评价，就应按照学生发展的逻辑选择和综合运用多种方法，尤其要重视"人在其中"的观察、访谈、讨论等质性评价方法的运用。

七　学生发展增值评价必须体现评价结果的建设性

近年来，国家关于学生发展的评价也非常重视结果之于学生进一

---

① 柯政：《学生评价改革的难为、应为、须为》，《教育发展研究》2021年第18期。
② 《马克思恩格斯全集》（第四十二卷），人民出版社1979年版，第129页。
③ 金生鈜：《大数据教育测评的规训隐忧——对教育工具化的哲学审视》，《教育研究》2019年第8期。

步发展的建设性，但这种建设性仍然属于蜻蜓点水层面的思路和建议，在评价者心中始终存在一种无形的、抹不去的优、中、差标准。事实上，真正对学生后续发展发挥作用的是教师心中的这个无形标准及其影响下的教育态度和教育行为。而教师的这种无形的标准又来源于学校及上级教育行政部门乃至政府部门评价教育的标准。评价结果的建设性强调，学生发展增值评价一定要能够促进学生发展。学生发展增值评价的结构性主体在呈现学生发展增值评价结果时，不仅要阐明"我"过去做了什么，做得怎么样，为什么是这样。更要明确指出，未来"我"应该做什么，目标在哪里。也就是说，评价主体要对学生有生命的敬畏与关怀，要尊重学生的差异和未成熟状态。要以发展的、动态的、持续的过程性思维来看待学生的终极性发展与暂时性表现之间的关系。

总之，绩效主义影响下的学生评价已经扼杀并正在扼杀许多学生的个性和创造性，影响着国家高质量人才的培养，也与国家立德树人的目标要求格格不入。基于学生立场的学生发展增值评价应该充盈着对生命个体之独特性的感知和尊重，对学生与生俱来之天赋、潜能与品质的体认和品鉴；应该悦纳每一个学生个体，开发每位学生的潜力，弘扬其个性，发展其特长，发现和张扬学生优秀的个性。它所追求的不是给学生下一个精确的结论，更不是给学生一个等级或分数并与他人进行比较、排队，而是要通过对学生过去和现在状态的了解，分析学生的优势和不足，并在此基础上提出具体的改进建议，进而促进学生在他们自己原有的水平上全面而有个性的发展。

第四节 学生发展增值评价研究的问题域

问题域（problem domain）是指提出问题的范围、问题之间的内在关系和逻辑可能性空间。① 探讨学生发展增值评价的问题域意味着在审视和研究学生发展评价时，提出新的问题，拓展问题范围。综观现有关于增值评价与学生发展的文献发现，一种普遍的思路是将增值评价的思想和理论作为一种认识工具，批判学生评价现存的问题和改进学生评价的实践。并没有或鲜有学者探讨增值评价与学生发展"相遇"后，实现了何种意义上的知识生产？如何科学地厘清学生发展增值评价研究的问题域？一种较为简单的方式便是从评价的具体要素出发，探讨以"增值"视角打开的学生发展评价问题。然而，如果仅从评价要素，即为什么评、评什么、谁来评、怎么评等框架去分析，就会发现这种分析框架的落脚点依然停留在"领域"层面，其核心问题并不明晰。本书拟站在促进学生全面而有个性发展的立场上，以增值评价与学生发展的关系为主线，拓展增值评价与学生发展的问题范围，构建学生发展增值评价的问题域。

一 增值评价的本质及特征问题

受绩效主义评价思想的影响和规约，一提到评价，我们自然就会想到优秀、良好、合格、不合格，A、B、C、D 等级和相应的分数区分。这是典型的甄别、遴选的评价逻辑，它已经扼杀并正在扼杀许多学生的个性和创造性，也与国家立德树人的目标要求格格不入。增值评价可以为矫正这种错误评价逻辑提供一种有效的视角。然而，学生发展增值评价与发展性评价、表现性评价等相比，其本质区别和关键特征是什么，还需要进行确定性研究。

二 政府评价学校的立场问题

在我国，政府对学校的评价在很大程度上规约着学校的育人方式。当政府看重学生的"成绩"，并将其作为它们自己政绩工程打造时，以促进学生全面而有个性的发展的增值评价与以衡量学生成绩高低的甄别

---

① 褚宏启主编：《新时代需要什么样的教育公平：研究问题域与政策工具箱》，《教育研究》2020 年第 2 期。

性评价的矛盾就会显现出来。这样一来，学生全面而有个性发展的教育目的就会异化为对分数的狂热追逐。"重智轻质"也顺理成章地演化为学校教育常态。如果政府按照"总体方案"的要求，不以升学指标或中高考升学率考核下一级党委和政府、教育部门、学校和教师，而是站在学生立场上，以学生在学校受教育后的发展增值情况为依据评估学校、校长和教师时，校长的办学思路、学校的课程体系和教育教学模式必然会逐渐走上促进本校学生全面而有个性发展的轨道。然而，政府如何转变评价学校的立场，转变立场后又如何管理、监督和引导学校按照教育规律办学需要深入研究。

三 增值评价与学生发展问题

学生发展增值评价问题是一个涉及多种因素互相交织的理论问题和实践命题。厘清增值评价与学生发展的关系是进行学生发展增值评价理论研究和实践探索的前提。增值评价，即对价值增量的评判，它的含义注定它是一个充分受质疑的词语。因为价值是主体在事实基础上对客体所做的观念性的判断。[1] 主体的价值信念和价值目标又会受到文化等多种因素的影响，不同的价值信念和价值目标会产生不同的评价结果。学生发展也是一个内涵比较复杂，外延又相对难以把握的词语，它不仅包括学生认知发展、技能发展，还包括情感发展、社会性发展等若干方面。然而，无论它们之间的关系如何盘根错节，我们都应该花大力气厘清它们的关系，并将增值评价理念和方法引入学生发展评价体系之中，以矫正以往过分注重评价的"甄别""选拔""管理"等外在性功能，将评价引向促进学生全面而有个性发展的功能上来。

四 评价结果与学生升学问题

评价之所以会成为导向，关键是因为它的高利害性和社会影响力。

---

[1] 陈玉琨：《教育评价学》，人民教育出版社1995年版。

它的高利害性和社会影响力，一方面让评价确实具有强大的"反拨作用"，这也是国家为什么把评价改革作为撬动教育其他方面改革抓手的主要原因。但另一方面又容易滋生新的"应试导向"。因此，必须慎重对待增值评价与升学问题。从现有评价结果与升学制度安排来看，只要学生在智、体、美（德、劳则相对缺乏）某一方面有突出表现，就有制度保障他们进入高一级学校学习。所以，对高一级学校来说，如果下一级学校提供的增值评价结果不能满足它们招生的要求，它们就不会用这些信息。对下一级学校来说，如果高一级学校不将增值评价结果作为录取的条件，那它们也不会用心实施增值评价。因此，我们一定要通过深入研究，让增值评价结果以适当的方式与学生升学相挂钩。这种挂钩在短期内可以为增值评价在下一级学校的"落地"提供直接动力，有利于促使增值发展评价工作融入下一级学校日常教育教学活动中，实现增值评价的常态化。从长远来看，将增值评价用于高一级学校尤其是高校招生，有助于"倒逼"基础教育学校更新人才培养目标，转变人才培养模式，促进人才培养的高质量发展。

五 评价内容与综合素质的关系问题

学生发展增值评价是关于学生发展状况的评价，学生发展状况通过哪些内容来衡量呢？2021年3月，教育部等六部门印发的《义务教育质量评价指南》（下文简称"评价指南"）指出，义务教育学生发展质量评价主要包括学生品德发展、学业发展、身心发展、审美素养、劳动与社会实践五个方面的重点内容。学生发展增值评价应该按照"评价指南"提供的五大领域对学生实施增值评价。然而，每一个领域都具有独立的领域特征，且在学生发展中都会呈现出不同的形式。因此，学生发展增值评价研究每个领域知识、能力和素养的表现形式，这些知识、能力或素养的发展变化形式，以及用什么方法和工具才能衡量这些知识、能力或素养的发展变化等。只有厘清涉及学生发展的每个领域的知识、能力和素养的表现形式、发展变化的形式及衡量发展变化的方法和工具，才能真正实现站在学生立场对学生发展状况实施科学的增值评价。

六 结构性评价主体问题

如前所述，学生发展增值评价是一项既涉及政府关于学校教育质量评估方式的变革，又涉及学校内部评价观的改变，更涉及学校培养目标、课程体系和教学模式改革的系统工程。所以它既需要来自政府的强力引导，也需要来自学校和教师的大力支持；既需要来自学生的积极参与，也需要来自家长与社会群体的理解配合。加之学生发展过程又不是全在学校完成的。因此，我们认为，学生发展增值评价不能仅仅依靠专业人员或教师等单一主体来完成，而应该至少包括政府、学校、教师、专业人员、学生、家长六个层面的结构性主体协商实施和完成。然而，结构性主体应该在什么时间、以什么样的形式、各自持多大权重参与学生发展增值评价则需要深入研究。

七 评价诚信体系建设问题

学生发展增值评价要求结构性评价主体通过长期观察和准确记录学生品德、学业、身心等综合素质的表现，并结合大数据等现代信息技术对学生发展的伴随性数据采集和学生画像的结果，综合判断学生发展增值状况。"长期观察""准确记录"和"客观判断"的前提是评价文化、评价制度、评价机构及评价主体的诚信。然而，由于受我国传统诚信文化的影响、教育领域诚信危机的凸显、学生发展评价中失信现象的存在等，致使学生发展增值评价可能存在诚信风险。因此，要通过深入研究，建立学生发展增值评价诚信体系，以提升学生发展增值评价过程的科学性和结果的可靠性，进而为促进学生发展、改进教师评价、规范学校评估提供科学依据。

尽管本书根据推进学生发展增值评价将会遭遇困难，提出了学生发展增值评价的本质及特征、政府评价学校的立场、增值评价与学生发展、评价结果与学生升学、评价内容与综合素质、评价主体、评价诚信体系

第五章 指向"学生立场"的学生发展增值评价 ▶▶▶

建设等八个问题。但必须承认，本书所提供的问题域只是一种关于学生发展增值评价可能的研究思路。随着国家教育评价改革的深入推进和学者对增值评价问题认识的不断深化，关于学生发展增值评价可能还会有更多的、更有价值的问题出现。

第六章 信息技术支持学生发展增值评价的可行性

信息技术推动的教育发展极大地促进了我国教育资源供给与适应性服务能力的提升。信息技术与教育教学的深度融合已经在更深刻的教育思维层面引发了大众教育观、公民学习观、学校发展观、教育质量观、课堂教学观、学生评价观的改变。积极探索互联网环境下学习方式、教学方式、评价方式的新形态、新价值及可行路径，对于促进学生全面而有个性的发展具有重要意义。[①] 信息技术赋能的学生发展增值评价就是利用不断迭代更新的技术手段与方法，更加系统、科学、全面地收集、处理和分析学生发展过程中的信息和数据，对学生发展状况做出全面科学判断的过程。信息技术介入学生评价使学生评价从"用经验说话"逐渐走向了"用数据说话"，提升了学生评价的精准性、有效性和全面性，在一定程度上实现了评价促进发展的功能。

第一节 传统学生评价方式之于学生发展的局限性

"强调什么、考什么，考什么、教什么，教什么、学什么"是当前

---

① 黄荣怀：《互联网促进教育变革的基本格局》，《中国电化教育》2017 年第 1 期。

第六章　信息技术支持学生发展增值评价的可行性

我国基础教育鲜明的实践逻辑。这种实践逻辑影响下的学生发展评价，"理所当然"地将纸笔测试作为基础教育阶段学生发展最主要的评价方式。当然，自从将纸笔测试作为学生发展主要评价方式以来，关于其弊端的批评也从来没有停止过。然而，纸笔测试尽管备受诟病但依然无法被取代的重要原因在于它形式的公平性迎合了教育管理部门对客观性的追求和老百姓对教育公平的追求。但无论纸笔测试承载着怎样的教育公平功能，其形式背后隐藏的对学生情感、情绪、思维等方面的忽视状况使教育理论研究者和一线教师都感到担忧和无奈。因为从纸笔测试的实际运行过程来看，它往往重点测试学生认知方面的发展状况，关注学生知识记忆与理解的程度和简单的分析与应用能力，这种测试导向将学生引向了死记硬背和题海战术之中，不利于学生高阶思维的发展。更为重要的是，纸笔测试无力顾及学生的非认知能力如学生社会责任、集体意识、合作能力、创新能力、情绪调节等方面素养的发展状况。从纸笔测验的实施情况来看，当前我国基础教育阶段的纸笔测试主要有两种范式。一种是被广泛认可的"考试"。其基本形式为"问题—反应"操作模式，一般通过提问题来诱发学生对认知内容的反应，获得学生的反应结果，基于反应结果对潜在能力和素养进行推论。二是利用量表、问卷等形式衡量学生潜在的心理特质。其原理是设计一系列测验项目，这些项目提供对潜在特质外在表现的不同程度描述，学生根据其自身情况自我报告在每一种描述上的符合程度，再利用统计分析方法估计学生潜在特质水平的高低。"考试"被主要应用于认知测验，量表和问卷被主要用于动机、态度、情感等心理倾向的测量。但学生发展却是一个综合概念，是知识、能力、态度、情绪、情感等综合素质的集合。如果仅仅基于"考试"的范式来测量学生发展状况，很难全面诱发学生知识层面、能力层面、态度与价值观层面等综合素养的反应，特别是纸笔测试，难以全面记录学生素养各维度的外在表现，更难获得学生内在情感、态度等心理品质的真实变化过程。如果利用心理量表自我报告的方法测量学生发展状况，学生对试题描述的自我判断是主观的，由于对判断标准把握的不一致可能会导致结果估计偏差,甚至误判。此外,如果在高利害的测验中采用"自陈式"的方法,学生可能会选择有利于其测验结果的反应,难以确保测验的客观性。[①]

随着基础教育改革的深入推进和对传统学生评价方式的批判,表现性评价作为一种矫正传统学生评价弊端的评价方式被引入我国。表现性评价通常要求学生在真实情境或模拟情境中,运用先前所获得的知识完成某项任务或解决某个问题,以考查学生知识与技能的掌握程度,或者问题解决、交流合作和批判性思考等多种复杂能力的发展状况。[②] 它强调测验的真实任务情境构建,突出基于学生的活动过程进行评价,致力于测量学生在复杂任务中的高阶认知能力和情意表达。表现性评价注重复杂技能的测量,强调基于完成任务的过程进行测评,强调真实性情境,这些理念与评估学生发展的基本要求相一致。但在具体操作层面表现性评价存在任务不够真实、缺乏可操作的评分细则、评分成本耗费较大等一系列问题。在当前基础教育阶段全面实施的综合素质评价实践中,部分地区采用"课堂学习记录单""档案袋评价"等方式评价学生的非学术能力,但普遍存在着测量问题、评分问题、诚信和监督问题,进而导致评价有失公允,评价功能定位不清,评价结果未能得到有效利用。也就是说,理念先进的表现性评价在实施中也面临着许多困境。调查发现,表现性评价面临的操作性困境是先进的评价理念与滞后的测量与评价技术矛盾的结果。大多数学者和一线教师虽然已经认识到关于学生发展的测评,需要关注学业与认知之外的情感、态度、价值观,但对测评形式的认识仍然局限于"考试"的刻板印象。表现性评价的设计与开发缺乏新的话语体系指引,仍然停留在"试题—反应"的传统测评话语体系之中,局限于"试题"与"答案"的传统评价设计思维上,无法关照学生综合素质的发展。研究认为,信息技术和学生发展理论的深度融合,能

[①] 袁建林、刘红云:《核心素养测量:理论依据与实践指向》,《教育研究》2017年第7期。

[②] 赵德成:《表现性评价:历史、实践及未来》,《课程·教材·教法》2013年第2期。

够探索出较为全面和科学的学生发展评价理论与方法，进而重塑我国基础教育阶段表现性评价普遍存在的"试题—反应"的测评体系。

第二节 信息技术支持的学生发展评价的优势

新一代信息技术（云计算、大数据、物联网、移动互联网、人工智能）与教育教学的深度融合促进了智慧教育的发展，催生了海量的教育大数据。综合应用多种采集技术（物联感知、视频录制、图像识别、平台采集）对海量教育数据进行全面、自然、动态、持续的采集和挖掘、分析、聚类等能够透视数据背后隐藏的教育问题和教育规律，也能对教育的未来趋势做出客观且科学的预测。当代的学生都是互联网时代的原住民，他们的生活与学习几乎离不开电脑、手机等电子设备，互联网上留下了他们学习与成长的足迹。因此，就学生发展评价而言，大数据技术为记录和分析学生发展中的表象信息提供了可能。一般来说，学生的素质要通过多个表象呈现出来，大数据技术为记录和分析学生身上出现的多种复杂的表象提供了技术支持。学生发展评价也是一个需要耗费大量人力、物力的系统工程，需要从多个维度全程记录学生的成长数据，加之作为被评价对象的学生数量本身也十分庞大，相较于通过人力进行纸本操作，基于大数据的学生发展评价能够充分发挥信息技术操作便捷、方便处理与传播等优势，降低成本，提高评价效率。总体来说，借助大数据能够采集学生在自然状态下产生的信息，基于这种未加工的真实信息的评价有利于避免出现霍桑效应和晕轮效应，反映学生真实的学习状态。

大数据引入学生评价还有利于打破学生信息孤岛，将数字变成数据，全面深入挖掘学生发展的过程数据。如长周期行为数据、大规模考试数据、师生面谈数据、阅读数据、位置信息数据、社交圈及关键词、检索行为数据、在学习平台上学习数据（如电子教科书、阅读平台、MOOC、

APP应用、DIS数字化实验、每次作业表现)等数据都可以让我们更好地了解学生，发现其特殊潜质和需要改进的地方。对学生行为数据的研究既能服务学生成长，又能为学校教育教学改进提供客观全面的数据支撑。大数据分析技术能够最终生成学生个体及群体数字画像，使教师、家长能够更加形象、全面地了解学生综合素质发展情况。个体数字画像可以帮助学生看清他们自己的成长状态，同时有利于高等学校人才选拔。[1] 总之，相较于传统的学生发展评价而言，数据驱动的学生发展评价从经验转向实证，从模糊走向精准，在评价功能、评价对象、评价内容、评价方法、评价过程、评价结果等方面表现出一定的优势。

第一，在评价功能方面，能够推进以"改进"为主的评价目的的科学落地。促进"改进"是学生评价的核心功能。然而，当前我国学生评价甄别选拔痕迹仍然很明显，评价标准过于单一，评价内容仍停留在成绩的评定上，这在很大程度上阻碍了学生全面而有个性的发展。新一代信息技术通过相关教育信息的关联挖掘、分析，能精准确定不同个体的认知起点，根据数据分析结果预测其未来发展趋势，帮助个体制定个性化的发展目标，评价者也能够实时监测个体的目标完成情况，及时提供针对性的改进建议。另外，大数据还能"放大"个体的细微变化，生动展示学生发展变化的每一个细节和"增值"情况，为教师针对不同个体提供适合的干预和促进个体最大限度的全面而有个性的发展提供依据。

第二，在评价主体方面，能够真正实现评价主体的多样化。管办评三位一体的教育管理格局使得教育评价的主体只能是政府和教育行政部门。这种评价主体相对单一的评价管理格局存在很大的弊端，容易导致教育评价行政化色彩浓厚和教育者只关注"指标"，而不关注学生的问题。美国评价学者派特（M. Q. Patton）早在1978年就提出了"多元主体参与评价"的概念。他认为，使用评价信息的相关人员都应参与到评价过程之中。但过去受限于技术条件和环境，难以实现全员参与评价。

---

[1] 张治、戚业国：《基于大数据的多源多维综合素质评价模型的构建》，《中国电化教育》2017年第9期。

第六章 信息技术支持学生发展增值评价的可行性

新一代信息技术的发展为教师、学生、家长、管理者等不同主体共同参与评价提供了足够的空间和平台。不同评价主体可以根据其各自评价的任务和安排收集和处理学生发展数据，最后聚合形成一份指向个体发展的综合性评价报告。总之，信息技术介入的多元主体参与的学生评价拓宽了评价的视角，增强了不同主体间的互动，形成的评价结果也必然会更加客观全面地反映个体的发展状况。

第三，在评价内容方面，能够关注学生"动态"的成长信息。受传统学生评价观念的影响和纸质媒介功能的制约，传统学生发展评价大多是"静态的"和"横截的"。"静态"是指对学生发展测评的结果只是学生对测试问题的静态反应，或者说是学生思维与心理活动的最终表现，无法反映学生的心理过程；"横截"主要指对学生发展的大部分测评是终结性的，只能反映学生在某一段时间内的学习结果，未能反映学习过程。如前所述，学生发展的内容和过程都比较复杂，传统媒介和方式无法全面评估学生发展状况。首先，学生学习任务情境是动态变化的，构成测验的每个任务都可能包含多个连续性的问题，随着测验的进行，问题空间和问题资源也有可能是变化的；其次，复杂任务情境又是强交互性的，形式上需要学生对任务情境进行浏览、操作，实质上需学生内在认知与心理过程与动态变化的问题空间进行表征、表达、更新。新一代信息技术为我们捕捉学生这些复杂的学习过程提供了可能。基于模拟和游戏的评价等信息技术介入的新型模型能够充分关照任务情境的动态性、交互性、真实性，从而更加客观全面地评价学生发展状况。

第四，在评价实效性方面，能够使评价"更加快速准确"并及时反馈。"更快速准确"突出表现在数据收集与分析环节，尤其是定量数据的统计分析上。以考试评分与成绩统计为例，借助数据处理软件，教师可以实时对成百上千名学生的成绩做交互式统计分析、可视化呈现、多角度对比。对于教育评价而言，数据收集与分析的"快速准确"可缩短评价周期，降低评价成本，使反馈应用更及时，有利于更好地落实评价促进发展的功能。另外，在传统的学生发展评价中，评价者通常采用事后分析的方法，导致评价结果具有一定的延时性。以往的研究也认为，如果学习者在学习过程中无法及时获得关于其自身的评价反馈，他就无法对其自己的错误进行及时改正，影响其新知识的学习。大数据技术支持下的伴随式数据采集能够实时获取学习者学习的过程数据和结果数据，形成评价数据源，并根据评价指标建立数据分析体系。评价者在实时监测学习者学习效率时能将数据精准应用于学习场景之中，实现数据与学习者学习效率的融合转化，让学习者在学习过程中通过获得持续不断的评价结果反馈和精准干预而提高学习效率和学习质量。

第五，在评价的科学性方面，能使评价结果更加精准有效。"总体方案"将"充分利用信息技术，提高教育评价的科学性、客观性与专业性"作为改革的原则之一，明确了教育评价的质量标准、信息技术应用的目标和价值。对于学生发展评价而言，"科学性"主要表现为评价的高信度、高效度；"客观性"是信度的一种，即评分者一致性信度；"专业性"主要表现在评价实践的伦理性、高效性和规范性上，即高质量的教育评价应该是高信度、高效度、合乎伦理、高效、规范的。"信度"指教育评价指标和工具的准确性和精确度，表示通过某一特定测量程序得出的分值的一致性和可复制性的程度。在评价过程中产生误差、影响信度的因素很多，如评价对象与评价者状态、评价工具、评价实施环境、评价过程等。信息技术通过测试过程与任务呈现的标准化、数据统计分析的准确性以及利用项目反映理论模型动态计算等方式提高评价信度。如在线问卷填写或者在线测验时，计算机可以通过强制作答、自动呈现/跳过题目、检测回答有效性等方式，减少答题误差，提高评价信度。此外，在配备特定的硬件后，计算机还可以实时检测被试的注意力、情绪状态是否异常等，从而进一步提高评价信度。"效度"指教育评价在多大程度上测量了所要测量的。教育评价的效度主要取决于指标体系的合理性和所用测量工具（如测验）的效度。具有一定效度的评价结果才是有决策参考价值的。影响评价效度的因素和影响信度的因素很多是重合的，因此"信度"部分所提到的信息技术作用也有利于效度的提高。虚拟现实技术能够构建交互式虚拟仿真环境，且能够跟踪环境中问题解决的步骤，对于问题解决能力、认知与动作技能、认知策略的测评可以更加精准。

从决策的准确性方面来看，过去教师都是凭经验把握学生的学习兴趣、学习难点等个性化学习特征的。这样不仅费时费力，而且准确性也无法保证。利用新一代信息技术能相对全面地记录学生学习过程数据，如线上线下的学习表现、作业完成情况、师生互动情况、学习兴趣、学习态度、学习动机等涉及学生个性化学习的特征数据，综合运用人工智能、图像分析、语音识别等方法分析学生学习和教师教学的过程，利用决策树、机器学习、神经网络等技术实现过程数据的智能化处理，精准有效地指导学生反思学习过程，引导学生主动发现学习问题，为促进学生的深度学习和教师的精准教学提供个性化指导。

第六，在评价公平性方面，能使评价程序更加公开透明。过去的学生发展评价过程是一个"黑箱"，政府占据着评价程序的推进权和决策权。虽然也反复强调评价的公平性问题，但专家或第三方评估机构往往会因为种种利益关系而影响其评价行为，因此学生发展评价的公平性问题长期存在且得不到有效解决。新一代信息技术在介入学生发展评价后，开启了一个高度透明、具有更强公信力的学生评价时代，评价主体或评价利益相关体能看到学生发展评价过程中发生的一切（采集了哪些数据、如何聚合信息、怎样进行数据分析、做出什么决策）。在信息技术介入后的学生发展评价不仅能使评价的程序公开透明，而且会使评价的结果真实可信，还能够促进民众对学校、教师的信任，从而使他们更加理性地关注和支持孩子的教育。

第七，在评价工具方面，创新了学生发展评价工具。信息技术不仅能使已有工具与方法更加高效，还能够创造出新的工具与方法，实现穿新鞋走"新路"。信息技术的创新应用使教育评价有了新数据、新工具、新模式。"新数据"信息技术大大拓宽了评价数据的来源，例如，有关真实社会场景与活动的多媒体信息（如视频）、活动过程中伴随式采集的实时生理与心理数据（如脑电波、情绪、注意力等）、在线学习行为数据、机构运作过程中自然产生的数据记录等。信息技术也催生了很多新型"评价工具"，典型的如适应性测试、游戏测评、虚拟现实仿真场景测试以及合作问题解决测试等。适应性测试能够根据考生的表现，动态地选择下一道题目，"每道题都被看作一项独立的迷你测试……（考生）回答会不断改变我们对其真实分值的推测"。基于项目反应理论的适应性测试能够缩短测试时间，提高测试信度和效度，已被大规模地用于GRE考试，也被用于Knewton等大型适应性学习系统。电子游戏测评提高了测试任务的真实性，能够动态检测任务监控等复杂能力。此外，"总体方案"强调的综合素质评价，需要处理大量的非结构化数据，其分析与综合评价有赖于新的智能分析技术。"新模式"，简单而言，对于信息化比较成熟的机构，由于其日常运作能够产生大量的过程性数据，为更好地利用这些数据，提高评价效果与效益，需转变评价思路，探索采用新的过程模式。随着技术的不断发展，尤其是无线网络与物联网等技术的发展和移动设备的普及化，技术介入的学生发展评价工具还会得到不断改进和发展。

第八，在评价的关注范围方面，能够关注更加复杂的问题。学生发展评估具有复杂性，它不仅需要获得认知性反应，还需要获取内在思维、情感态度变化过程的外在表现，基于复杂表现提取的证据才能对学生发展进行有效推论。Mislevy认为，信息技术与社会心理学的双重发展拓展了教育测验的范畴，包括测验目标、推论范围、情境应用、活动形式和证据来源。[1] 社会认知理论强调与真实世界互动的知识与活动模式，包括语言使用、知识表征、文化模式的结构和方式，以及在各种环境中的活动模式。[2] 具体到测验当中，学生在测验时的心理状态、文化背景、

---

[1] Mislevy, R. J., "How Developments in Psychology and Technology Challenge Validity Argumentation", *Journal of Educational Measurement*, 2016.

[2] Wertsch, J. V., "The Primacy of Mediated Action in Sociocultural Studies", *Mind, Culture and Activity*, 1994.

第六章 信息技术支持学生发展增值评价的可行性

语言、人格特征是不可忽略的重要因素,而这些因素也是建构核心素养测验时所需着重考虑的。信息技术为捕获社会认知理论所强调的语言、行为、文化模式等提供了技术上的保障,基于信息技术的测验环境不仅能非常容易地获取学生对试题的简单反应,而且更重要的是信息技术测验环境能追踪学生在完成任务时的活动过程,将学生操作任务的行为、语言及反映学生心理状态的肢体动作记录为过程流数据,基于这些结构复杂、形式多样的过程数据所提取的证据,不仅可以推论学生的认知能力以及认知过程,而且有助于揭示核心素养所包含的态度、价值、伦理的状态。[①]

[①] 袁建林、刘红云:《核心素养测量:理论依据与实践指向》,《教育研究》2017年第7期。

第七章 学生发展增值评价的
理论框架与实践思路

教育评价事关教育发展方向，科学的教育评价是引导教育高质量发展的关键。2018 年 9 月，习近平总书记在全国教育大会上强调："要扭转不科学的教育评价导向，坚决克服唯分数、唯升学、唯文凭、唯论文、唯帽子的顽瘴痼疾，从根本上解决教育评价指挥棒问题。"[①] 2020 年 10 月，中共中央、国务院印发的《深化新时代教育评价改革总体方案》（以下简称"总体方案"）指出："要遵循教育规律，针对不同主体和不同学段、不同类型教育特点，探索增值评价。"2021 年 3 月，教育部等六部门联合印发的《义务教育质量评价指南》（以下简称"评价指南"）提到："要在关注学生发展、学校办学、县域义务教育发展合格程度的同时，关注其发展水平和工作水平的进步程度，科学评判地方党委政府、学校和教师的努力程度。"至此，增值评价作为一种矫正不科学教育评价的政策术语和引导学校按规律办学的理念与方法再一次受到教育行政部门和学术界的关注。它通过尊重差异、重视起点、关注过程、强调发展等思路与方法，彰显了以人为本的教育评价理念，在一定程度上破解了"唯分数"评价的桎梏，对于扭转不科学的教育评价导向，促进学生全面而有个性的发展，科学考量教师的努力程度，客观评估学校办学质量，引导学校按规律办学、促进区域教育均衡发展等具有重要价值。然

---

① 《习近平谈治国理政》（第一卷），外文出版社 2020 年版，第 348 页。

而，从英美国家的评价实践和我国的探索经验来看，增值评价在理论上还存在许多疑点，在实践上也面临着一些困境。本章拟站在促进学生发展的立场，尝试探索和回应增值评价所存在的问题，以期能为更好地推进增值评价提供有益借鉴。

第一节 增值评价的发展历史及现实问题

增值评价起源于科尔曼1966年向美国国会提交的《关于教育机会平等性的报告》，简称"科尔曼报告"，该报告虽然没有明确提出增值评价，但其研究结论却催生了增值评价概念的出现。以"科尔曼报告"为起点，增值评价开始被运用于学校效能研究。[1] 1984年，美国田纳西大学的桑德斯（Sanders，W.）和麦克莱恩（Mclean，R.）正式提出了采用学生成绩来评价教师的增值评价法。[2] 20世纪80年代中期以前，增值评价受统计技术发展水平的限制，其应用范围相对较小。80年代末，随着多水平模型技术的发展与完善，增值评价方法受到许多国家的关注。[3] 20世纪90年代，英国政府开始接受增值评价，2006年全面开展学校效能增值评价，并将增值评价作为一项重要指标纳入现有教育评价指标体系之中。[4] 美国许多州也用增值评价来考核学校及教师效能。[5] 还有一些国家和地区将增值评价运用到教育问责体系之中，并通过公开学校

---

[1] Coleman, J. S., et al., *Equality of Educational Opportunity*, Washington D. C., U. S., Government Printing Office, 1966.

[2] Anthony, J., et al., *Teacher Evaluation: A Guide to Effective Practice*, Boston: Kluwer Academic Publishers, 1995.

[3] 辛涛、张文静、李雪燕：《增值性评价的回顾与前瞻》，《中国教育学刊》2009年第4期。

[4] Thomas, S., et al., "Modeling Patterns of Improvement over Time: Value-added Trends in English Secondary School Performance across Ten Cohort", *Oxford Review of Education*, 2007.

[5] Braun, H., *Getting Value out of Value Added: Report of a Workshop*, Washington: The National Academies Press, 2010.

增值指标，为家长择校提供科学的信息来源。① 近年来，我国的北京、浙江、湖南等地也逐渐开展增值评价实践探索。

当前学术界关于增值评价的研究主要包括六个方面。一是增值评价概念的研究。桑德斯和麦克莱恩提到的增值评价是指对学生学业成绩进步程度的考察。哈维（Harvey, L.）和格林（Green, D.）认为，增值评价是对教育经历给学生的知识、能力和技能等方面所带来的促进程度的评估。② 经济合作与发展组织（Organization for Economic Co-operation and Development, OECD）认为，增值评价是对学校对学生实现既定的教育目标（如认知、技能和态度）的进步所做的贡献的评判。它强调起点，重视过程。③ 二是学校效能增值评价研究。学校效能增值评价是通过测量一定时间内学生进步幅度，判断一些学校的学生是否比其他学校的学生能获得相对较大的发展。④ 虽然这方面的研究成果较多⑤，但增值评价能否在公共问责体制框架下，为学校发展提供一种最适当的改进方法，还存在争论。⑥ 三是教师效能增值评价研究。教师效能增值评价是以学生多次考试成绩为依据，采用多水平模型方法，排除不受教师控制因素的影响来评判教师效能。美国、英国在教师效能增值评价的理论研究和实践探索方面已取得显著成果，同时也暴露出强化应试教育、削弱教师自主权等问题。⑦ 四是教师培养增值评价研究。教师培养增值评价是基于教师培养项目、教师教学质量、学生学业成绩的因果逻辑来评估教师

---

① Teddlie, C. & Reynolds, D., *International Handbook of School Effectiveness Research*, London: Falmer Press, 2000.

② Harvey, L., Green, D., "Defining Quality", *Assessment & Evaluation in Higher Education*, 1993.

③ OECD, *Measuring Improvements in Learning Outcomes: Best Practices to Assess the Value-added of Schools*, Paris: OECD Publishing, 2008.

④ ［英］萨丽·托马斯：《运用"增值"评量指标评估学校表现》，彭文蓉译，《教育研究》2005年第9期。

⑤ 马晓强、彭文蓉、［英］萨丽·托马斯：《学校效能的增值评价——对河北省保定市普通高中学校的实证研究》，《教育研究》2006年第10期。

⑥ ［英］萨丽·托马斯等：《学校效能增值评量研究》，《教育研究》2012年第7期。

⑦ Kupermintz, H., "Teacher Effects and Teacher Effectiveness: A Validity Investigation of the Tennessee Value Added Assessment System", *Educational Evaluation & Policy Analysis*, 2003.

培养项目对学生成绩的贡献度。[1] 它在一定程度上响应了公众对强化教师教育绩效责任的呼声，但依然存在信效度和适用范围的争论。[2] 五是增值评价模型研究。当前，国际常用的增值评价模型有获得分数模型（gain score model）、协变量校正模型（covariate adjustment model）、田纳西多因变量模型（Tennessee layered model）与持续效能模型（variable persistence model）等。[3] 前两种模型均属于传统的多层线性模型，关注的变量相对单一。后两种模型均为多变量的线性混合模型，是当前增值评价中较科学的两种工具。但仍然存在数据收集不全、结果不稳定的问题。六是学生能力增值评价研究。有学者以促进学生发展为目标，以德、智、体、美、劳为内容，对学生能力发展状况进行了增值评价研究。[4] 但因评价目标不具体、评价内容不全面、评价主体不明确等问题而致使学生能力发展增值评价未能达到预期目标。[5]

从掌握的文献来看，增值评价已得到大多数国家的认同，并在教育实践中被广泛运用。一些欧美国家已将增值评价纳入国家及州层面的教育测量与评价体系之中，成为学校评估的重要指标和公众、教育管理部门对学校监督与评估的重要依据。[6] 然而，随着理论研究的深入和实践范围的拓展，增值评价的科学性[7]和有效性[8]问题也逐渐暴露出来。学者认为，增值评价除了常见的评价偏差与不稳定之外，还存在着强化应试

---

[1] Feuer, M. J., et al., *Evaluation of Teacher Preparation Programs: Purposes, Methods and Policy Options*, Washington D. C.: National Academy of Education, 2013.

[2] 冯慧、饶从满:《美国教师培养项目增值评价探析——以路易斯安那州为例》,《比较教育研究》2018年第6期。

[3] 任玉丹、边玉芳:《美国学校增值性评价模式研究》,《比较教育研究》2012年第2期。

[4] 张亮:《普通高中学生增值评价研究》,《山东师范大学》2010年第5期。

[5] 汶莎莎、孙刚成:《增值性评价：促进每一个学生可持续发展》,《上海教育科研》2022年第3期。

[6] 褚宏启主编:《中国教育管理评论》（第四卷），教育科学出版社2007年版，第138页。

[7] Ishii, J., Rivkin, S. G., "Impediments to the Estimation of Teacher Value Added", *Education Finance and Policy*, 2009.

[8] Schochet, P. Z. & Chiang, H. S., "What Are Error Rates for Classifying Teacher and School Performance Using Value-added Models?" *Journal of Educational and Behavioral Statistics*, 2013.

教育、削弱学校管理自主权和教师专业自主权等问题。[1] 其原因主要在于当前增值评价在目标、内容、主体、实施等方面还存在许多亟待改进的问题。一是评价目标主要指向学校管理，忽视学生发展；二是评价内容对学业成绩的重视远远超过对学生综合素质和可持续发展潜能的关注；三是当前增值评价理论研究和实践探索对增值评价主体特殊性考虑不足；四是还没有形成一种适合中国实际的增值评价实施路径。[2] 另外，文献研究也发现，作为一种较为科学的评估学校、考核教师的理念与方法，鲜有学者从学生发展的角度探讨增值评价问题。本书认为，如果不基于教育逻辑和学生发展规律研究增值评价，关于学校效能和教师效能的增值评价研究与实践不仅会重蹈绩效主义评价覆辙，也会导致评价中出现既无"教育"也无"人"的问题。[3]

第二节　学生发展增值评价的内涵及原则

学生发展增值评价是依据马克思关于人的全面发展理论，在尊重学生个性特征和发展节律的基础上，评判学生个体和群体在经过一段时间教育后的进步程度。它尊重差异、重视起点、关注过程、强调发展，对于学生、教师、学校乃至区域教育发展均具有重要价值。

一　学生发展增值评价的内涵

文献研究发现，无论是学校效能增值评价，还是教师效能增值评价都是基于学生学业成绩的增值评价。这种认识和做法不仅不科学，而且存在强化应试教育的风险。因此，厘清学生发展内涵是把握学生发展增

---

[1] 苏红：《全面看待增值评价对基础教育的影响——以美国为例》，《人民教育》2021年第21期。
[2] 吴刚：《探索增值评价　驱动学校创新》，《上海教育科研》2020年第9期。
[3] 石中英：《回归教育本体——当前我国教育评价体系改革刍议》，《教育研究》2020年第9期。

值评价内涵的前提。当前，学术界主要从哲学、社会学和心理学三个学科视角来讨论和认识学生发展内涵。从哲学视角来看，学生发展是指学生社会关系不断完善的过程。[①] 从社会学视角来看，学生发展是指学生不断社会化的过程。[②] 从心理学视角来看，学生发展是指学生从出生到死亡身心由不成熟到成熟的变化过程。[③] 基于不同学科视角认识学生发展内涵对理解学生发展具有一定的启示和借鉴意义，为我们全面准确把握学生发展提供了认识论基础。但仅从单一学科角度认识学生发展，无论多么深刻都无法为促进学生发展提供适切的教育。只有突破学科界限，从人的全面发展角度把握学生发展的内涵，才能全面深刻地理解学生发展的本质。马克思主义认为，人的发展的最高境界是人的自由而全面的发展，包括德、智、体、美、劳五个方面。[④]"全面"和"自由"是马克思主义关于人的全面发展学说的两个核心词。"全面"强调发展过程中的"五育"并举，"自由"强调促进发展的过程必须尊重个体特点和发展节律，且人的全面发展和自由发展是相辅相成的。马克思主义关于人的全面发展的学说是我们理解学生发展的理论基础。本书认为，学生发展是指学校、教师、家长等在尊重学生个性特征和发展节律的基础上，引导和支持学生在德、智、体、美、劳五方面，从不成熟到成熟、从简单具体到复杂抽象，从观察模仿到独立创造的变化过程。这种关于学生发展的界定不仅遵循了学生身心健康成长的规律，也体现了国家立德树人的根本要求。

什么是学生发展增值评价？增值，即价值增长。评价是指对某一事物的价值、优劣及意义的判断。[⑤] "增值"或"附加值"（value added）一

---

① 高清海：《人的"类生命"与"类哲学"》，吉林人民出版社2006年版，第297页。
② ［美］珍妮·H. 巴兰坦、弗洛伊德·M. 海默克：《教育社会学——系统的分析（第6版）》，中国人民大学出版社2011年版，第121页。
③ ［美］保罗·埃根、唐·考查克：《教育心理学——课堂之窗》，郑日昌译，北京大学出版社2009年版，第83页。
④ 《马克思恩格斯全集》（第四十二卷），人民出版社1979年版，第129页。
⑤ 胡森等：《教育大百科全书·教育评价卷》，西南师范大学出版社2006年版，第597页。

词属经济学术语，指投入（原材料、能源）和最终产品销售价格之间的增加量。增值评价（value added evaluation）也称为附加值评价，是指对价值的增长量进行评判。学生发展增值评价将学生发展的起点和终点同时纳入评价范围，旨在从更为长期、更为全面、更加符合教育规律和教育本质的视角来评判教育活动的成效与意义。因此，学生发展增值评价既可以作为教师衡量学生全面而有个性发展状况的重要方式，也可以作为学校评价教师教书育人成效、政府考量学校办学质量的重要抓手。具体来说，学生发展增值评价是指以促进学生全面而有个性发展为目标，学校、教师、家长等结构性评价主体，按照尊重差异、重视起点、关注过程、强调发展等原则，综合运用多种方法，对学生品德、学业、身心等综合素质在接受某一阶段教育后的发展进步程度进行客观测评和价值判断的过程。在评价理念上，它指向立德树人的目标，贯彻面向全体学生的价值追求；在评价伦理上，它承认差异，处处充盈着对生命个体独特性的尊重；在评价主体上，它强调结构性主体按照各自权重综合出场；在评价方法上，它强调在遵循教育逻辑的基础上，充分利用大数据等新兴技术全面客观地测评学生发展程度。

二 学生发展增值评价的原则

根据教育的逻辑和学生发展的特点，学生发展增值评价应该具有四个基本原则。第一，尊重差异。每个学生都是一个不断发展的特殊个体，他们身上既体现着同一年龄阶段发展的共同特征，又表现出个性发展的巨大差异。学生发展增值评价首先应该了解、正视和尊重学生发展差异的普遍性、客观性和多样性特征。第二，重视起点。增值评价强调的是起点与结果之间的"价值"增量。因此，学生发展增值评价应该重视学生的起点状况，相关组织或团队会在学生进入新的学习阶段之前，运用观察访谈、学业成绩测试、成长资料审阅、大数据跟踪与分析等手段和方式全面了解学生在思想品德、学业水平、身心健康等综合素质方面的基础。第三，关注过程。教育的价值孕育于教育过程之中。学生发展增值评价重视学生在学习过程中综合素质的细微变化,强调积极发现学生优点,及时强化学生优秀品质和矫正学生不良的情绪、态度、行为、习惯等,引导学生按照他们自己的节律全面而有个性的成长。第四,强调发展。促进发展是学生发展增值评价的核心目标,与其他重视发展结果的评价方法相比,学生发展增值评价更加强调每一个学生在他们自己原有基础上的发展程度,要求学校的制度设计和教师的教育教学都聚焦和重视学生在思想品德、学业水平、身心健康等综合素质方面的点滴进步,引导学生学会从自我比较、自我奋斗、自我教育中看到他们自己的进步,增强学生发展的自信心。[1] 总之,无论是针对学生个体,还是针对学生群体,增值评价关注的都是同一个评价对象在多次同质评价中的变化,并通过这种变化对学生的进步程度和发展潜质做出及时、准确的判断。

第三节 学生发展增值评价的目标及内容

评价目标对评价内容及方式具有导向作用。学生发展增值评价要以促进学生全面而有个性的发展为基础,撬动我国教育评价观念和体系的变革。其内容应该包括学生的品德发展、学业发展、身心发展、科学素养发展、审美素养发展、劳动与社会实践能力发展六个方面。

一 学生发展增值评价的目标

一般来讲,所有评价都是以是否或者在多大程度上达到教育目标为判断标准。[2] 学生发展增值评价也会考量学生发展之于教育目标的达成

---

[1] 安富海:《探索增值评价制度 学生素质提升幅度大,才是好学校》,《光明日报》2020年7月21日第13版。
[2] 赵勇:《教育评价的几大问题及发展方向》,《华东师范大学学报》(教育科学版)2021年第4期。

程度，但会更加关注学生在已有基础上的进步程度以及在发展过程中形成的生成性目标达成情况。美国国家评价标准及学生考试研究中心主任赫尔曼（Herman，J. L.）基于评价与学生学习的关系，把评价分为关于学习的评价（of the learning）、为了学习的评价（for the learning）和作为学习的评价（as the learning）三种类型。关于学习的评价主要依据评价标准来判断学习者的学习成效，强调"学习者学到了什么"；为了学习的评价主要关注学习者现有学习水平与目标学习水平的差距，强调"为学习者后续学习提供适切的帮助"；作为学习的评价主要是对学习者学习过程的审视，强调"让学习者意识到他们自己如何学习及需要那些支持"[①]。学生发展增值评价兼有"关于学习的评价""为了学习的评价"和"作为学习的评价"三个目标。它既强调阶段教育目标之于学生发展的方向性引导，又强调为学习者持续提供适切帮助，还关注学习者元认知能力和自我监控能力的提高。简单来说，学生发展增值评价的目标是指在义务教育培养目标的引导下，政府、学校、教师等结构性主体按照立德树人的要求和重视起点、尊重差异、关注过程、强调发展的原则，充分利用新兴技术全面客观地测评学生综合素质发展状况，促进学生全面而有个性的发展，引导学校按规律办学。我们也希望学生发展增值评价能以促进学生全面而有个性的发展为基础，撬动我国整个教育评价观念和体系的变革。

二　学生发展增值评价的内容

"评价指南"指出，义务教育学生发展质量评价主要包括学生品德发展、学业发展、身心发展、审美素养发展、劳动与社会实践五个方面重点内容。[②]研究认为，科学素养也应该成为义务教育学生发展的重要

---

① ［美］琳达·达令－哈蒙德、弗兰克·亚当森编：《超越标准化考试：表现性评价如何促进21世纪学习》，湖南教育出版社2020年版，第126页。
② 教育部等：《义务教育质量评价指南》（教基〔2021〕3号）2021年3月，http：//www.moe.gov.cn/srcsite/A06/s3321/202103/t20210317_520238.html，2023年10月。

组成部分。2016年5月30日，习近平总书记在全国科技创新大会、两院院士大会、中国科协第九次全国代表大会上指出，科技创新、科学普及是实现创新发展的两翼，要把科学普及放在与科技创新同等重要的位置，在全社会推动形成讲科学、爱科学、学科学、用科学的良好氛围。2021年5月28日，习近平总书记在中国科学院第二十次院士大会、中国工程院第十五次院士大会和中国科学技术协会第十次全国代表大会上再一次强调指出，没有全民科学素质普遍提高，就难以建立起宏大的高素质创新大军，难以实现科技成果快速转化。一个国家国民科学素养的高低，直接影响这个国家科学技术的发展。国家自然科学基金委员会原主任，中国科学院院士杨卫认为，攻克关键核心技术，解决"卡脖子"问题是一项系统工程，不仅需要疏浚从原始创新转化到关键核心技术的渠道，还需要厚积基础研究，形成源源不断的创新源头；更需要提升全民的科学素养和形成全民崇尚科技的氛围。[1] 近年来，现代世界科学教育改革都把培养全体学生良好的科学素养作为其目标。[2] 可以说，国家综合国力与国民科学素养息息相关。因此，要从小培养学生做事严谨认真、推测有根有据、自觉地运用科学思维和科学方法探索研究的科学素养。鉴于此，本书认为，学生发展增值评价的内容应该包括学生的品德发展、学业发展、身心发展、科学素养发展、审美素养发展、劳动与社会实践能力发展六个方面的重点内容。

第四节 学生发展增值评价的主体

学生发展增值评价的改革与实施涉及价值论争、利益博弈、体制

---

[1] 《强化基础研究，解决"卡脖子"问题》，https://baijiahao.baidu.com/s?id=1668378743661179095&wfr=spider&for=pc。

[2] 课程发展议会：《科学教育学习领域课程指引（小一至中六）》，香港：政府印务局2017年版，第12页。

改造、机制转换等诸多深层次错综复杂的问题，因而需要"完整的社会支持"①。既需要来自政府的强力引导，也需要来自学校和教师的大力支持；既需要来自学生的积极参与，也需要来自家长与社会群体的理解配合。鉴于此，我们认为，学生发展增值评价的主体应该是结构性主体，至少包括政府、学校、教师、家长、学生五个层面。

一 政府：引导学生发展增值评价的科学实施

政府是迄今为止人类所创造的最重要、最有力的制度安排，它体现着国家意志、管理着国家事务，引导着国家政治、经济和社会公共事业的发展方向。②首先，政府是教育事业发展的领导主体。从政府的职能层面来看，政府代表国家管理公共事业，对教育事业发展方向具有重要的导向作用。它通过对"为谁培养人、培养什么样人、怎样培养人"的目标、方法的深入解读，规约和引导着教育理论研究和教育实践探索的方向。其次，政府是义务教育的供给主体和责任主体。教育属于准公共物品，政府承担的公共事务主要体现在对公共物品或公共服务的供给上，在现代尤其是当代"国家—社会"关系形态下，政府不仅是公共物品和公共服务供给的主体，而且是公共物品和公共服务在历经一系列过程最终到达公民手中的全程保障、系统监管的责任主体。最后，政府是教育问题治理的主体。从教育事业发展的现状来看，我国教育事业，尤其是基础教育事业发展还存在许多亟待改革的问题，当前"五维"的教育评价严重影响了人才培养质量，政府理应成为破"五维"的治理主体。学生发展增值评价顺利实施并达到预期目标，不仅需要政府提供良好的制度环境和现实土壤，而且需要政府通过科学的顶层设计和率先垂范地运用增值评价考量学校育人质量，进而引导学生增值评价的顺利实施。

---

① 吴康宁：《教育领域综合改革需要怎样的社会支持》，《教育研究与实验》2013年第6期。

② 陈振明等：《公共管理学》，中国人民大学出版社2017年版，第162页。

第七章　学生发展增值评价的理论框架与实践思路 ▶▶▶

二　学校：研制学生发展增值评价的内容及方式

学生发展增值评价是一项涉及管理体系变革、学生健康成长的系统工程，需要学校在相关政策和专家指导下做好顶层设计。首先，组建学生发展增值评价的研制团队。增值评价作为一种促进学生发展的评价理念已得到政府、学者和广大师生的认同。但作为一种促进学生发展的评价方式还不够成熟，还有许多理论及实践问题需要深入研究。因此，校长一定要借助专家智慧，根据学校实际，按照学生身心发展阶段特点，组建学校学生发展增值评价方案及框架的研制团队。其次，明确学生发展增值评价的目标。学生发展是一种高度个性化的活动。因此，学生发展增值评价必须淡化或突破传统评价的甄别与选拔的功能，建立一种旨在促进学生富有个性的、递进式的评价目标。最后，设计学生发展增值评价方式。学校增值评价研制团队应该按照学生发展增值评价的目标要求，借助专家的智慧和现代信息技术的优势，分学段从学生品德发展、学业发展、身心发展、科学素养发展、审美素养发展、劳动与社会实践能力发展六个方面设计增值评价方式。

三　教师和家长：科学参与学生发展增值评价

学生发展不是一个结果性概念，而是体现在学生生活、学习的过程之中。教师是学生在校学习和生活的见证者，他们能够清晰地观察到学生的学习态度、学习方法、学习能力等学习品质，也能够清晰地意识到每个学生的学习困难、学习态度及克服学习困难的方法等。因此，教师应该是学生发展增值评价的主要实施主体。首先，教师应该按照学校设计的评价要求客观地记录学生在品德、学业、身心等综合素质方面的发展状况。各学科教师按照学校设计的学生发展增值评价维度和方式做好具有学科属性和特征的学生综合素质发展记录；班主任按照学校设计的学生发展增值评价维度和方式记录学科素养之外的学生综合素质发展状况。其次，班主任应定期组织任课教师分析和研究学生综合素质的发展状况。班主任应该定期召开学生发展情况会诊会议，分析和研究本班学生综合素质的发展状况，以便及时纠正学生在品德、学业、身心等综合素质发展方面暴露出的问题，为下一阶段学生发展提供更适切的教育引导和更科学的方法指导。最后，教师要重视其自己及学生在综合素质评价中诚信素养的培养。增值评价强调过程，学生发展的过程会涉及许多即时性的表现，教师应该如实记录，不能弄虚作假和徇私舞弊。在学生发展增值评价中有许多内容需要学生自己记录，并客观地评价他们自己和同学的行为，这就需要学生必须具备一定的诚信素养。因此，教师要发挥班级诚信制度和诚信道德的内外合力，提升学生的诚信认知和诚信行为，引导学生真实记录他们自己的发展轨迹，客观评价他们自己和同学的相关行为。

家长是学生发展的监护人和责任人，能够较为全面地了解学生在品德、学业、身心等综合素质方面的态度、行为、习惯等。因此，家长也应该是学生发展增值评价的重要参与者。我们应该引导家长积极参与学生发展增值评价活动。首先引导家长正确认识参与评价对学生发展的重要价值，使其能够用心参与评价活动。其次应该对家长进行适当培训，让家长了解评价的内容，熟悉评价的过程和程序等。最后对家长评价诚信应该予以监督和考核。对于不如实记录和在评价中出现"徇私舞弊"等现象的家长，应予以相应的惩罚。

四　学生：正确评价自己、客观评价同伴

学生作为学生发展增值评价的"剧中人"，在评价过程中主要承担两个角色。一是诚实地评价自己。首先要引导学生正确认识、记录和评估他们自己的重要性。让学生认识到只有真实记录，才能做到客观评价，只有客观而深入的自我剖析，才能促进他们自己的不断进步。其次要教会学生正确记录和自我评价的方法。调查发现，许多学生记录不正确、自我评价不规范的主要原因是没有掌握记录和评价的方法。因此，教师要通过他们自己讲解和同伴示范等方式教会学生正确记录和自我评价的

方法。二是客观地评价同伴。学生发展增值评价要求学生在教师指导下对同伴进行评价。首先，教师应引导学生正确认识相互评价的目的不是区分谁好谁坏，而是为促进每个学生更好地发展。要求学生放下"恩怨"、搁置"偏好"，客观地评价他们的同学。其次，教师应该为学生提供详细而具体的评价学生的指标。如在评语书写方面，教师要为学生提供结构化模板，引导学生全面而客观的评价他们的同伴。

第五节 学生发展增值评价的实践思路

学生发展增值评价是一项复杂的系统工程，也是一项历史性、实践性难题。涉及历史文化传统、国家育人目标、政府治理能力、公众认知水平等诸多因素，也涉及不同利益主体。因此，落实学生发展增值评价，不仅要加强理论研究和实践探索，还要改进实践的政策环境、舆论环境和评价工具。

一 政府要引导学校确立科学的育人目标，率先垂范地运用增值评价评估学校育人质量

在我国，政府对教育具有"超强引导"[①]作用，任何教育变革的启动，特别是涉及育人目标的评价变革都需要政治力量的推动和政府行为的干预与引导。可以说，政府正确的领导、有效的支持和率先垂范地运用增值评价评估学校育人质量是学生发展增值评价有效实施和能否取得成功的关键。

第一，各级政府要树立全面教育质量观和科学的教育政绩观，坚决摒弃狭隘的教育质量观和功利化的教育政绩观。过去，由于上级政府的考核指标引导，许多下级政府更关注本届任期内当地教育能否拿出看得

---

① 吴康宁：《政府部门超强控制：制约教育改革深入推进的一个要害性问题》，《南京师大学报》（社会科学版）2012年第5期。

见摸得着"教育GDP",他们支持教育改革、制定教育政策、拨付教育经费,通常都强调政策实施和经费投入的产出效益。在许多地方,学生的考试成绩、升学率同教师的奖金、职称乃至工作机会联系在一起,同校长的名誉、职位以及升迁机会联系在一起,也同教育局长、分管教育的政府领导的"政绩"联系在一起,这种教育政绩观必然将学校教育引向扭曲。树立全面教育质量观和正确的教育政绩观,需要政府切实转变思维定式,以党的教育方针校准教育领导和管理行为,引导学校按教育规律为党育人,为国育才。

第二,政府应以立德树人成效为标准引导学校实施学生发展增值评价。政府对学校的评价内容和评价方式在很大程度上规约着学校的育人方式。过去,政府按照中高考升学率评价学校、考核校长,并将升学率与学校工程项目、经费分配、评优评先等挂钩。所以,学校一切工作都或明或暗地围绕着升学率进行。"总体方案"明确提出,各级党委和政府不得下达升学指标或以中高考升学率考核下一级党委和政府、教育部门、学校和教师,不得将升学率与学校工程项目、经费分配、评优评先等挂钩。党委和政府究竟应该以什么标准来评估学校发展状况呢?"总体方案"指出,应该把立德树人成效作为根本标准。立德树人,就是按照"五育并举"思想,培养德才兼备、德智体美劳全面发展的人。评价立德树人的成效如何,除了要坚持正确的办学方向,克服重智育轻德育、重分数轻素质等片面办学行为以外,还要评估学生在一个阶段学习后,品德、学业、身心等综合素质的发展状况。可以说,学生综合素质的发展状况也承载和体现了立德树人的要求。因此,政府应该以立德树人增值成效为标准,率先垂范地运用增值评价评估学校育人质量,引导学校实施学生发展增值评价。

二 加强宣传和舆论引导,为学生发展增值评价顺利实施创造良好的社会环境

舆论是公众关于现实社会以及社会中的各种现象、问题所表达的信

念、态度、意见和情绪的总和。它反映了一定阶级、阶层、社会集团的利益、愿望和要求①，其精神内核是群体意识，往往以拥护或反对、赞扬或谴责的方式对某一公共问题进行公开评论。教育是一项特殊的社会事业，公众舆论对教育改革尤其是教育评价改革具有重要影响，它不仅是教育改革不可或缺的重要条件，也是改革成功与否的重要标准。学生发展增值评价改革不是"教育"边界内与"学校"围墙里发生并推进的一种封闭的活动，它的顺利实施至少需要具备两个方面的条件。一是道德正当性，即改革是否能促进学生全面而有个性的发展、助力社会文明进步。二是社会合法性，即改革是否得到社会舆论的普遍认可。两者缺一不可。②中外教育改革实践反复证明，教育改革的社会舆论基础越广泛、越坚实，改革成功的可能性就越大，过程就越顺利，代价也越小。③

家长作为学生的监护人，他们对于学生发展增值评价实施的态度对学生发展增值评价顺利实施至关重要。按理说，如果学生发展增值评价确实有利于学生的发展，那就符合学生及其家庭的长远利益。这样的改革理应得到家长的积极支持。然而，事实上，并不是所有家长都能清楚地认识到学生发展增值评价对学生及家庭长远利益的重要性，大多数家长更关注孩子眼下的发展状况。如果家长感到改革虽然能促进孩子的发展，但却未必能保证孩子升学考试乃至今后的就业成功，那就会质疑、反对甚至在行动上抵制改革。④也就是说，家长对改革的支持是有条件的，大多数家长所认可的教育改革乃是既能促进孩子的发展，又不影响孩子的升学考试乃至今后就业的改革。因此，要赢得家长的认可和支持，必须从升学考试方式和内容的改革、未来用人单位对人才质量规格的全面要求等方面反复向家长说明实施学生发展增值评价的重要性。当然，政府还应该配套出台一些让家长"放心"并全力支持的政策措施。

---

① 韩运荣、喻国明：《舆论学原理、方法与应用》，中国传媒大学出版社2005年版，第11页。
② 吴康宁：《社会对教育改革的制约》，《教育研究》2016年第3期。
③ 吴康宁：《制约中国教育改革的特殊场域》，《教育研究》2008年第13期。
④ 吴康宁：《教育改革成功的基础》，《教育研究》2012年第1期。

加强宣传和舆论引导主要包括三个方面。一是各级政府部门通过文件形式引导社会舆论和家长关注学校教育评价改革的方向及相关措施。二是宣传部门聘请专家团队通过各种主流媒体解读学生发展增值评价实施的价值、内容和途径。三是各级教育行政部门组织相关会议、论坛研讨学生增值评价的实践路径及策略。四是构建专门针对学生发展增值评价的公众服务平台，定期推送学生发展增值评价实施的相关案例，解答公众关心的学校教育评价改革问题。总之，通过政府文件、专家解读和媒体宣传，让社会充分了解、理解并认可学生发展增值评价改革的意义和价值，为学生发展增值评价的顺利实施营造良好的社会支持环境。

三 强化理论研究，支持实践探索，为学生发展增值评价的顺利实施提供科学的理论指导和丰富的实践样态

"总体方案"和"评价指南"已明确指出要探索增值评价，在关注学生发展、学校办学合格程度的同时，关注其发展水平和工作水平的进步程度，科学评判学校和教师的努力程度。但作为一种新型的评价方式，对其我们既没有成熟的理论进行指导，也没有成功的经验可以借鉴。因此，我们应该在"总体方案"和"评价指南"的指导下，加强学生发展增值评价的理论研究和实践探索。

首先，加强学生发展增值评价的理论研究。学生发展增值评价是一项涉及诸多要素的系统工程。从纵向来看，它至少涉及政府、社会、学校、教师、家庭、学生等相关主体，几个相关主体像人的五脏一样处在相互联系、相互制约、相互依赖的系统之中。因此必须用系统论的思想把几个相关主体作为一个有机整体加以考察。从横向来看，它至少包括学生品德发展、学业发展、身心发展、科学与审美素养、劳动与社会实践五方面重点内容，涉及教育学、心理学、学习科学、美学、体育学、生物学等学科。因此，需要组建跨学科跨领域研究团队进行系统研究，形成包括政策、目标、主体、内容、方式方法、结果运用等在内的系统化研究成果，引领和推进学生发展增值评价的科学实施。

其次，支持和鼓励义务教育学校开展学生发展增值评价的实践探索。学生发展增值评价作为一种新型的学生发展评价方式，既没有实践基础，也缺乏实践土壤。因此，各地政府和教育行政部门应该积极支持、鼓励和尊重义务教育学校"因地制宜"开展学生增值评价实践探索。一是地方教育行政部门应聘请专家团队引领和指导学校科学实施学生发展增值评价。当地政府和教育行政部门应该设立专项经费，为区域内学校实施学生发展增值评价聘请专家团队，并签订持续指导的协议，以保证学校的实践探索能持续得到理论引领和指导。二是为学校探索学生发展增值评价保驾护航。实施学生发展增值评价可能会出现学生学业成绩的暂时波动，教师教育教学的不适应，社会舆论及家长的频繁质问等。当地政府与教育行政部门一定要坚持正确的办学方向，在坚决支持学校推进学生发展增值评价改革的前提下调和矛盾，为深入推进学生发展增值评价扫清舆论障碍。三是对在学生发展增值评价探索方面取得初步成效的学校予以奖励。按照奥尔森的集体行动理论，义务教育学校开展学生发展增值评价不是一种自愿行为，而是一种在政府引导下的强制性集体行动。[①] 因此应该建立一定的激励制度来引导校长教师积极参与学生发展增值评价的实践探索。

四　加强新技术与增值评价的融合研究，为学生发展增值评价的科学实施提供技术保障

评价工具对评价结果的客观性有重要影响。目前增值评价模型主要包括增长分数模型、多元回归模型、多水平线性模型、多变量模型、马尔科夫链模型五大类。根据评价目标，正确选择和科学运用这些模型也能够看到学生发展增值情况。但从模型的精确度、数据收集的全面性和分析结果的完整性来说，还有很大的提升空间。学生发展增值评价不仅要关注学生学业成绩，还要关注学生学习态度、创新精神、分析与解决

---

① ［美］曼瑟尔·奥尔森：《集体行动的逻辑》，陈郁等译，格致出版社、上海三联出版社、上海人民出版社2011年版，第36页。

问题的能力、正确的人生观、价值观等。另外,部分学生还会在测评中有意掩饰他们自己的缺点和弱点。以往的增值评价模型及方法无法全面准确地测评学生的隐形素养,也无法准确鉴别学生有意掩饰的行为。因此,要实现"评价的科学性、专业性、客观性",真正了解"学生发展的进步程度""科学评判学校和教师的努力程度",必须借助于大数据、人工智能等新兴技术改进和完善现有的评价模型和评价工具,全面准确地收集学生发展过程中产生的所有数据,借助大数据分析结果,加之教师、家长、同伴的观察和访谈等综合分析学生综合素质发展状况,实现对学生发展增值的精准评价。

第一,构建学生发展增值评价的数据采集系统,部署物联感知、图像识别、视频采集、平台采集等软硬件采集技术设备,提升学生发展过程数据收集的全面性。第二,加强基于大数据分析技术的情感因素、心理倾向、实践能力等非结构化数据的全方位、全过程采集。通过跟踪和记录学生的学习过程并适时发起学习干预,为教师和学生提供动态、实时的评价反馈。第三,利用区块链技术"不可伪造""全程留痕""可以追溯""公开透明"等特征,甄别学生有意掩饰的缺点和弱点行为。第四,构建人机交互的智能评价系统,加强多源数据之间的互联互通,利用技术实现对区域、学校、学生发展情况的过程监测,加快评价结果的反馈速度,提升学生发展增值评价的精准性。① 总之,通过大数据、人工智能等技术全面采集学生知识、情感、态度、思维和行为等全过程数据,为科学评判学生发展的进步程度、正确考量教师的努力程度和客观评估学校的育人质量提供精准的数据支持。当然,学生发展增值评价不能仅仅依靠数据做出判断,而是要在全面分析学生综合素质发展数据和过程性表现的基础上综合做出判断。

---

① 杨宗凯:《利用信息技术促进教育教学评价改革创新》,《人民教育》2020 年第 21 期。

第八章 学生发展增值评价诚信体系建设

学生发展增值评价是指教师、家长、专家等结构性评价主体,按照尊重差异、重视起点、关注过程、强调发展等原则,对学生品德、学业、身心等综合素质在接受某一阶段教育后的发展进步程度进行客观测评和价值判断的过程。它强调结构性评价主体要通过长期观察和准确记录学生品德、学业、身心等综合素质的表现,并结合大数据等现代信息技术对学生伴随性的发展数据进行采集和画像,综合、客观地判断学生发展状况。"长期观察""准确记录"和"客观判断"的前提是评价机构、评价制度、评价主体及评价过程的诚信。诚信是学生发展增值评价系统科学运行的生命线。然而,由于受我国传统诚信文化的影响、教育领域诚信危机的凸显、学生评价中失信现象的存在等,导致学生发展增值评价可能存在诚信风险。建立学生发展增值评价诚信体系,能够提升学生发展增值评价过程的科学性和结果的可靠性,进而为促进学生发展、改进教师评价、规范学校评估提供更为科学的依据。

第一节 诚信的内涵及类型

一 诚信的内涵

在我国,"诚信"最初并不是作为一个独立概念而存在的,而是由

"诚"和"信"两个独立语词演化而来的。从现有的文献来看,"诚"最早出现在《尚书》中,"鬼神无常享,享于克诚"①,是指人们对神秘事物虔诚和敬畏的态度。战国时期,随着诸子百家对自然现象和人类社会认识的不断深入,人们开始从个体内心、社会治理和自然规律三个方面认识"诚"的价值。一是将"诚"界定为个体的一种德行规范,强调理性个体的自律和内在修养。"所谓诚其意者,毋自欺也。如恶恶臭,如好好色;此之谓自谦,故君子必慎其独也。"②"诚意""自欺""慎独"等都强调个体修为。二是将"诚"作为统治者的首要政治修养,强调"诚"在治理国家中的基础作用。《大学》开篇就指出:

> 古之欲明明德于天下者,先治其国;欲治其国者,先齐其家;欲齐其家者,先修其身;欲修其身者,先正其心;欲正其心者,先诚其意;欲诚其意者,先致其知,致知在格物。物格而后知至,知至而后意诚,意诚而后心正,心正而后身修,身修而后家齐,家齐而后国治,国治而后天下平。③

《中庸》也提道:"唯天下至诚,为能经纶天下之大经,立天下之大本,知天地之化育。"④ 先知的这些言论都不同程度地强调,只有内心至诚之人,才能格物、齐家、治国、平天下。三是认为"诚"是万物运行的规律和宇宙的本体。《中庸》道:"诚者,天之道也。"⑤"诚者,物之始终;不诚,无物。"⑥ 认为"诚"是宇宙的根本属性和贯穿于万物始终的内在规定。所以,"唯天下至诚,为能尽其性;能尽其性,则能尽人之性;能尽人之性,则能尽物之性;能尽物之性,则可以赞天地之化育;

---

① 《尚书·太甲》,中华书局2012年版,第139页。
② 《大学·传第六章》,中华书局2011年版,第264页。
③ 《大学·经一章》,中华书局2011年版。
④ 《中庸·第三十二章》,中华书局2011年版。
⑤ 《中庸·第二十章》,中华书局2011年版。
⑥ 《中庸·第二十五章》,中华书局2011年版。

可以赞天地之化育，则可以与天地参矣。"① 只有将"诚"立于个人修养中，才有可能达到家齐、国治、天下平，实现"天地位焉，万物育焉"的天人合一之理想。"诚"在《说文解字》中的解释为："诚，信也。"其基本含义为诚实、真实。②

"信"最早见于商汤伐桀时"尔无不信，朕不食言"的誓词中③。先秦时期，各诸侯国为了相互取信，常会面对神灵做出"信"的承诺。"信"在儒家经典《论语》中得到了系统阐释。④《论语》中"信"出现了38次，有三种解释：一是做语气助词使用；二是表信任之义；三是表信用之意。⑤ 经儒家思想的多维诠释，"信"逐渐与儒家思想的核心要义"仁""忠"等联系在一起，成为经世致用的伦理规范，并与政道融合在一起，成为治理国家、规范秩序、人际交往的基本准则。此外，道家、法家、墨家等学派也非常重视"信"在人际交往和社会治理中的价值。⑥ 总体来看，先贤主要从三个层面理解和运用"信"。一是作为个体道德品质的"信"。如"子以四教：文行忠信"⑦；"人而无信，不知其可也"⑧。二是作为人际交往的"信"。如"信者吾信之，不信者吾亦信之"⑨；"与朋友交，言而有信"⑩；"言不行者，行不果"⑪。三是作为制度的诚信或统治者承诺的"信"。如《道德经》中的"信不足，安有信。犹呵，其贵言也。"⑫《论语》中的"道千乘之国，敬事而信，节用而爱

---

① 《中庸·二十二章》，中华书局2011年版。
② 傅永和、李玲璞、向光忠：《汉字演变》（上），广东教育出版社2012年版。
③ 《尚书·商书》，中华书局2012年版，第56页。
④ 朱伯崑：《先秦伦理学概论》，北京大学出版社1984年版。
⑤ 郑也夫：《信任论》，中信出版社2015年版。
⑥ 付子堂、类延村：《诚信的古源与现代维度之辨》，《河北法学》2013年第5期。
⑦ 《论语·述而》，中华书局2006年版。
⑧ 《论语·为政》，中华书局2006年版。
⑨ 《道德经·第四十九章》，中华书局2021年版。
⑩ 《论语·学而》，中华书局2006年版。
⑪ 《墨子 修身》，中华书局2015年版。
⑫ 《道德经·第十七章》，中华书局2021年版。

人，使民以时"①；"上好信，则民莫敢不用情"②。"信"在《说文解字》中的解释为："信，诚也。"其本义为言语真实、可信。③

经考察发现，我国学者认为，"诚"与"信"既有紧密联系，又有细微区别。其联系主要表现在三个方面。一是两者都源于对鬼神的敬畏，有浓厚的宗教色彩；二是两者都是个体德性修养的重要目标和追求，是伦理规范的重要组成部分；三是两者都与政道相合，是治理国家、规范社会活动的重要基础。其区别主要表现在对主体的指向方面。"诚"的核心是"诚实"，主要指向个体的内在修为，强调的单向要求，被视为个体道德修养所要达到的最高境界，单独一方只能称之为"诚"，不能称之为"信"；"信"的核心是"信任"，强调主体间的关系，目的在于规范社会秩序，是双向或多向的要求。这种差别并未割裂"诚""信"的关系，恰是两者关系的另一种体现，即"信"以"诚"为基础，只有个体修养达到一定程度，在与他人相处或治事理政中才能秉持"信"的态度；"诚"给"信"加上了个人的、内在的限制，而"信"给"诚"加上外在的、关系的规约。两者相辅相成，不可分裂。④

"诚""信"合用最早见于《商君书·靳令》，商鞅将"礼乐、诗书、修善孝弟、诚信贞廉、仁义、非兵羞战"归为"六虱"。虽然他反对在国家管理中运用纯粹的道德主义，但却非常重视诚信在施政中的作用——"国之所以治者三：一曰法，二曰信，三曰权。"⑤经过先秦思想家的提炼，"诚信"由注重"修身"的品德要求升华为重要的诚信思想，成为人际交往和组织建构的重要基础。

在西方文化和文献中，很少看到"诚信"这一概念，在英文中没有与"诚信"相对应的单词，但"信用""信任"等概念比较多见，或许是由于语言差异及转译困难所致。相对于中国文化强调"诚"而言，西

---

① 《论语·学而》，中华书局2006年版。
② 《论语·子路篇》，中华书局2006年版。
③ 李学勤：《字源》，天津古籍出版社2013年版，第175页。
④ 付子堂、类延村：《诚信的古源与现代维度之辨》，《河北法学》2013年第5期。
⑤ 付子堂、类延村：《诚信的自由诠释与法治规训》，《法学杂志》2013年第1期。

方文化更加强调"信"的价值。因为西方对"信"的规定并没有像中国古代那样将"信"建立在"诚"的基础之上，而是把"信"的根基奠定在契约观念之上。契约思想在西方源远流长，从原始契约观念到当代契约理论从未间断。契约观念具有以下三个特点：第一，契约以自然法为法理基础；第二，契约是订约双方基于理性而自愿达成的；第三，契约的履行或实现既要靠内在自觉的道德意识，更要靠外在制度的约束。[①]总体来看，西方文化中的"信"建立在契约基础之上，强调基于规则和约束的信任。

基于以上梳理和认识，我们发现，诚信作为一个复合性概念，涉及诚实、守信、信用、信任等内容。在中国文化和语境中，"诚"比"信"具有更根本、更本原的意义，如果"信"缺失了"诚"这一形而上的终极依据，就会沦落为一种纯粹实用的经济理性工具，进而可能走向"信"的反面。因此，对"诚信"的认识更加强调基于"诚"的道德修养和德行层面认识和运用"诚信"，将"诚信"作为个体的内在修养、人与人相处的基本准则、国家治理的重要基础。建立在契约基础上的西方"诚信"则更加强调之于"信"的理性选择与制度约束，契约关系是建立诚信的重要制度框架。至此，结合中西方关于"诚信"的认识，我们可以将诚信理解为诚实守信、履诺践约。其内涵主要包括三个层面：一是强调个体诚实的道德修养；二是强调人际交往中信守诺言；三是强调公共事务中遵守规则。

二 诚信的类型

诚信内涵丰富，关联的主体广泛，涉及的关系复杂，按照不同的分类标准，可以将诚信划分为不同的类型。

（一）特殊诚信与普遍诚信

从涉及的范围上来看，马克斯·韦伯在比较西方文明的基础上将诚

---

① 廖小平：《论诚信与制度》，《北京大学学报》（哲学社会科学版）2006年第6期。

信分为特殊诚信和普遍诚信。特殊诚信是指以血缘社区为基础，建立在私人关系和家族或准家族关系之上的诚信。韦伯认为，中国人的诚信属于特殊诚信，诚信的依据是建立在血缘共同体基础之上，即建立在家族亲戚关系或准亲戚关系之上。[1] 它的特点是只信任和自己有私人关系的人，对那些身在这种血缘家族之外的其他人即（外人）普遍不信任。中国人还善于在血缘家族关系的基础上建立与血缘家族关系之外的其他人的社会联系，即熟人社会。"在熟人社会里，从熟悉得到信任……并不是对契约的重视，而是发生于对另一种行为的规矩熟悉。"[2] 普遍信任是指以共同体内的规范、制度或法律为基础，建立在契约关系之上的诚信。韦伯和日裔美国学者弗朗西斯·福山认为，大多数西方人的诚信属于普遍诚信。因为西方人受商业文明的影响较大，更重视人与人之间的交换、利益关系，人们从互惠的角度对彼此关系进行理性分析，并做出是否信任对方的判断。另外，契约观念对西方社会的诚信文化影响也很大，无论是熟人之间的交换还是陌生人之间的往来，与中国人注重是否符合亲情、友情之义不同的是，他们更在乎这种交换是否符合交换正义、契约规则和能否给他们自己带来利益。

（二）人际诚信与制度诚信

从约束效力方面来看，诚信可分为人际诚信和制度诚信。人际诚信主要是指人与人在交往、交换、交流和交融过程中产生的信任关系。它建立在个体对交往、交换、交流和交融对方的合作性动机、行为及角色的可靠性预期的基础之上。这种可靠性预判不仅依赖于交往、交换、交流和交融对象的角色，还依赖于对象角色的个性特征。[3] 从这个意义上讲，马克斯·韦伯提出的特殊信任与普遍信任都属于人际信任。人际信任能够简化人际交往、交换、交流和交融的复杂性；能够积累人际交往、

---

[1] ［德］马克斯·韦伯：《儒教与道教》，洪天富译，江苏人民出版社1995年版。
[2] 费孝通：《乡土中国·生育制度》，北京大学出版社1998年版。
[3] ［波兰］彼得·什托姆布卡：《信任——一种社会学理论》，程胜利译，中华书局2005年版。

交换、交流的社会资本；也能够构建人际互动的稳定秩序。然而，人际诚信难以脱离亲缘、血缘等熟人社会的关系脉络，制度信任是人际信任的延伸，即从"人对人"的信任延伸到"人对系统"的信任。罗尔斯认为："制度是一种公开的规范体系。"[①] 制度约束作为一种外在的他律性约束，具有一定的强制性。它可以通过外在的压力，更好地规范人们的行为，建立和形成人们既定的利益关系结构。制度信任是指基于特定的制度、规范而形成的信任，源于人们对制度（包括法律等正式规则或近亲群体间的非正式规则）的认同和惩罚的畏惧。在制度诚信中，人们之所以诚信，是因为受到法规制度的制约，之所以不敢背信弃义，是因为相信这些社会机制的有效性。

制度诚信包括两层含义：一是制度制定与执行的信用。强调制度的确立和实施、改革和完善要公开、公正、透明、规范，具有诚实守信的品格。"诚"是指制度要代表社会公众的利益，表达社会民众的意志。"信"是指经过公示生效后的制度要严格执行，不能让制度形同虚设或因人而异。二是制度对机构和人员活动的约束和惩治。主要包括对制度所涉及的组织机构、公务人员以及相关社会公众不诚信行为的约束；对制度所涉及的组织机构、公务人员以及相关社会公众违背诚信行为的惩治。

制度诚信的核心要素包括以下几个方面：第一，科学性。制度的信用首先表现为有效性，而有效性的前提是科学，也就是说，制度的建设一定要尊重客观规律。第二，公开性。公开性要求制度的制定、修改以及实施要做到公开透明，要让制度涉及的群体知晓制度形成、运行规则及违反制度后所带来的后果。第三，规范化。规范化是指维护制度的威严，制度一旦实施，就要严格按规则办事，要做到法律面前人人平等、制度面前没有特权、制度约束没有例外。第四，连续性。制度要前后连贯，不能朝令夕改，不能因为负责人的变动而随时变动。第五，公正性。

---

① [美]约翰·罗尔斯：《正义论》，何怀宏等译，中国社会科学出版社1988年版。

制度要公正地面向所有的社会群体，不能偏向某些社会群体或个人。制度诚信必须强调法律规范、社会规范的作用。

从制度所具有的使行为规范化、有序化功能的角度来看，制度约束与道德要求具有相同性。但制度约束与道德要求的不同在于它的强制性。它是社会组织以某种形式制定和颁布的，用以调整、约束和规范人们的行为的"硬性"准则，是一种"必须"；而依靠人们的内心信念、传统习惯和社会舆论发挥其作用和功能的道德要求则不具有强制性，是一种"应当"。

（三）价值诚信和工具诚信

从主体选择诚信的动机角度来看，诚信可划分为价值诚信和工具诚信。价值诚信是指人们将诚信内化于其自身的价值观念和行为规范中，将诚信行为作为其自身的精神追求和行为准则。在中国传统社会里，诚信被认为是宇宙的本原。"诚者，物之始终。"诚信能成人、成物，是万物的本体所在。因此，中国传统社会"诚信"成为人们的价值追求，大多数人都不会思考诚信给他们自己带来了什么利益，也不会考虑不诚信给他们自己带来了什么损失，而是将其作为人之为人的一种基本要求和价值追求。

工具诚信是指将诚信视为达成预期目标的中介，以此获得利益或避免因失信而遭受惩罚。[1] 工具诚信把诚信作为一种手段，而不是目的，诚信并不是他所需要的，他需要的是诚信背后的利益或资本。工具诚信涉及两种情况：一是诚信的目的是获取其他资本或利益；二是诚信的目的是规避因失信而受到的惩罚。在工具诚信理念下，行为人的诚信不是一贯的，而是会随情势的改变而变化。当守信的收益大于失信的收益时，他会选择诚信，否则他将失信。作为维护公民利益的手段，工具诚信本身具有自然的合理性。现代社会必须合理看待工具诚信问题，避免工具诚信成为过于功利化或投机的选择。价值诚信与工具诚信不是彼此截然

---

[1] 田义双：《诚信场域论》，博士学位论文，中共中央党校，2006年。

对立的，而是相互联系，并可以相互转化的。

第二节　学生发展增值评价诚信体系的内涵及内容

一　学生发展增值评价诚信体系的内涵

学生发展增值评价是指学校、教师、家长等结构性评价主体，在遵循系统性、全面性、科学性等原则的基础上，借助信息技术对学生德、智、体、美、劳等综合素质在接受某一阶段教育后的发展进步程度进行客观测评和价值判断的过程。其基本特征是尊重差异、重视起点、关注过程、强调发展。诚信，简单地说，就是理性个体在人际交往、商品交换、思想交流和文化交融时能够始终以诚相待；处于人际交往、商品交换、思想交流和文化交融中的双方在履行他们自己的义务和责任时能够诚实守信；关于人际交往、商品交换、思想交流和文化交融等制度设计与运行能够遵守规则。它涉及文化、个体、组织、制度等若干要素。体系是指若干要素以一定结构形式构成的具有某种功能的互相联系、互相制约的统一有机整体。[①] 体系构建既要强调顶层设计的科学性，重视实践过程的可行性；又要关注体系中各要素的合理分工，重视各要素之间的相互联系。基于以上分析，我们认为，学生发展增值评价诚信体系是指在以促进学生全面而有个性的发展为目的，按照学生发展增值评价的要求，建立起来的包括评价文化诚信、评价制度诚信、评价机构诚信、评价主体诚信等在内的相互联系、相互制约的评价系统。

二　学生发展增值评价诚信体系的内容

从评价涉及的范围来看，学生发展增值评价诚信既涉及特殊诚信

---

① 叶继元：《人文社会科学评价体系探讨》，《南京大学学报》（哲学·人文科学·社会科学）2010年第1期。

（家庭的参与），又涉及普遍诚信（对教师、学生等角色的信任）；从评价的约束机制来看，学生发展增值评价诚信包括人际诚信和制度诚信两个部分。从评价主体选择诚信的动机来看，学生发展增值评价既强调价值诚信，也涉及工具诚信。按照学生发展增值评价的要素和流程，学生发展增值评价诚信体系的内容至少应该包括从学生发展增值评价要素和流程的角度来看，学生发展增值评价诚信体系至少应该包括文化诚信、制度诚信、机构诚信、主体诚信、过程诚信五个方面。

第一，评价文化诚信。文化诚信是指整个文化都充盈着"人人懂诚信、人人讲诚信、人人守诚信"的元素。评价文化诚信是指学生发展增值评价过程中形成的弘扬价值诚信，规范工具诚信和"诚信者受益、失信者受限"的文化环境。在不同的文化中，人们选择诚信的动机是不同的。从主体选择诚信的动机角度来看，诚信可分为价值诚信和工具诚信。价值诚信是指人们将诚信内化于其自身的价值观念和行为规范之中，并将其作为他们自身的精神追求和行为准则。中国传统文化所讲的诚信大多属于价值诚信。工具诚信是指将诚信视为达成预期目标的中介和手段，而不是目的。它涉及两种情况：其一，诚信是为了获取其他资本或利益；其二，诚信是为了规避因失信而受到的惩罚。西方文化中的诚信大多属于工具诚信。

第二，评价制度诚信。制度信任是"人对系统"的信任。制度作为一种公开的规范体系，具有一定的强制性。[1] 制度诚信是指基于特定的制度、规范形成的信任，包括两层含义：一是对制度制定与执行的信任。二是制度对机构及其人员的规约。学生发展增值评价制度诚信包括两层含义：一是制度建设诚信。制度建设诚信强调学生发展增值评价制度的确立和实施、改革和完善等要公开、公正、透明、规范，且能够尊重和体现学生身心发展的特点。二是制度运行诚信。制度运行诚信强调学生

---

[1] ［美］约翰·罗尔斯：《正义论》，何怀宏等译，中国社会科学出版社1988年版。

发展增值评价制度在实施过程中能够严格按照制度的要求、原则和方法，科学规范地实施评价。

第三，评价机构诚信。评价机构诚信是指评价机构在实施评价的过程中所呈现出的一种恪守信用、遵守契约与履行义务的状态。机构诚信实质上是指机构的公信力，即社会公众对机构实施评价行为和结果的认可度和信任度。学生发展增值评价机构诚信是指社会公众对参与学生发展增值评价的专业机构在评价人员的资质、评价政策的实施、评价工具的运用、评价过程的监测及评价结果的呈现等方面的认同感和信任度。

第四，评价主体诚信。主体诚信是指人的诚信。评价主体诚信是指从事学生发展增值评价教师、家长、学生、专业人员等结构性评价主体，要将诚信作为个体的道德修为和价值追求，在学生发展增值评价过程中能够按照评价指标和要求，仔细观察、真实记录、理性分析，客观公正地判断学生综合素质发展状况。评价主体诚信是评价诚信系统的核心，无论是评价制度诚信、评价机构诚信，还是评价过程诚信都必须通过评价主体的诚信来实现。

第五，评价过程诚信。评价过程诚信是指评价的每一个环节都能严格按照评价制度和相关要求科学地进行。学生发展增值评价过程诚信是指参与学生发展的增值评价的专业人员、学校、教师、学生、家长等结构性主体，在评价过程中能按照学生发展增值评价指标、原则和要求，仔细观察、真实记录、理性分析，客观公正地判断学生发展状况。主要包括两个层面：一是学校、教师、学生、家长等评价主体能够按照学生发展增值评价的要求，仔细观察、真实记录学生综合素质发展的表现。二是学校、教师、学生、家长等评价主体能够按照学生发展增值评价指标和要求，综合分析质性材料、技术跟踪得到的大数据等学生发展的表现，科学公正地判断学生发展状况。

第三节 学生发展增值评价诚信体系建设的必要性

诚信是人类社会交往活动遵循的普遍精神，也是人类共同生活的基本准则。没有诚信，人无以立身，国无以立本，社会无以存续。诚信对教育评价，尤其是学生发展评价至关重要。可以说，诚信是学生发展增值评价的生命线。然而，我国传统诚信文化、当前教育评价存在的信任危机和不诚信现象等影响学生发展增值评价的科学实施。因此，必须建立能够保证学生发展增值评价科学运行的诚信体系。

一 传统诚信文化影响学生发展评价的客观性

众所周知，我国传统社会是一个典型的人情社会，人情社会的核心是"关系"。在人情社会中建立起来的诚信文化本质上是一种基于血缘、地缘等"熟人社会"而建立的人际关系网络。在这个社会中，人们更愿意相信那些有血缘关系的"亲人"和生活在同一个地域内的"熟人"[1]。人们在社会交往中逐渐形成了基于"熟人"关系的道德性社会诚信。道德性社会诚信是指人们在人际交往和社会发展中逐渐形成并得到大家认可的一种诚信的道德规范和价值观念。它既是社会文化规范的产物，也是维护统治和治理国家的产物。从本质上看，道德性社会诚信仍然是一种人际诚信，或者说是建立在人际诚信基础之上的行为规范。因为人们之所以相信一些事件能够得到客观公正地对待和处理，不是因为他们相信制度和规则的公正，而是因为他们认可处理这件事的人的诚信品格或他们与处理这件事的人有着某种"熟人"关系。受这种诚信文化的影响，人们更愿意相信基于"关系"建立起来的信任系统，也非常重视经

---

[1] 费孝通：《乡土中国》，生活·读书·新知三联书店2013年版。

营各种"关系"。这种基于"关系"的诚信文化使评价主体在实施学生发展增值评价时就会考虑和顾及各种"关系",评价主体的"考虑"和"顾及"必然会影响学生发展增值评价过程的真实性和结果的客观性。

二 我国教育评价中存在信任危机

信任是教育的逻辑前提。在整个教育过程中,没有信任以及信任带来的虔敬,教育活动难以为继;没有一种基于理性的信任托付与责任担当,无论多么美好的教育理想也难以实现。[①] 然而,长期以来,整个社会对教育系统存在信任危机。从高等学校招生方面来说,虽然自主招生是大学招生改革的基本方向,但在自主招生试点之初,社会公众就在警惕可能存在的诚信问题。其结果便是被寄予厚望的"自主招生",因为"技术问题"于"2020年起不再组织开展"[②]。从教育内部评价方面来看,专家系统本是教育系统信任的基本形式,同行评议是专家系统内最主要的评价方式。然而,由于人情、关系、利益会以不同的形式介入评价过程,评价结果的公信力与有效性常常受到质疑。从义务教育学生发展质量评价角度来说,大多数情况都是用相对客观的分数呈现学生发展状况的评价结果。并不是说教育行政部门、教师,甚至包括家长不理解"一张试卷定优劣"评价的弊端,而是不相信那些靠教师、家长、同伴等通过观察和记录得到的评价结果的真实性。2021年,衡水中学校长郗会锁之子违规赴西藏高考[③]的事件,进一步强化了社会公众对教育评价的不信任。因此,社会公众对非分数的学生发展增值评价过程和结果的不信任,也会影响学生发展增值评价的科学实施。

三 当前学生发展评价中存在不诚信现象

学生发展评价是基于学生发展过程诸多要素的观察、记录、分析而

---

① 王霞:《教育的信任危机与重建》,《西北师大学报》(社会科学版)2019年第5期。
② 易凌云:《"五唯"问题:实质与出路》,《教育研究》2021年第1期。
③ 《衡水中学校长之子违规赴西藏高考,清华招生组组长回应"未被录取"》,《南方周末》,https://view.inews.qq.com/a/20210822A00WRY00?refer=wx_hot。

形成的对学生发展状况的综合全面判断。评价主体包括教师、学生、家长、专业人员等。教师作为评价主体主要负责全面观察、记录、分析和判断全体学生的发展状况。如果一些家长与参与评价的教师有某种"关系",这种"关系"既可能是基于血缘、地域、共同的工作场域等形成的"熟人关系",也可能是在相互利用的基础上形成的"利益关系"。教师在评价学生过程中就会放下"诚信",对"关系孩子"予以"特殊关照"。学生作为评价主体主要承担两个方面的任务:一是准确地记录和分析他们自己;二是客观地记录和评价同伴。对于学生来说,无论记录、分析和判断他们自己,还是观察、记录、分析和判断同伴似乎都是自然发生的。然而,当人情、关系、利益等因素介入学生的观察、记录、分析和判断时,尤其是当评价结果关涉升学、就业等重要人生选择时,一些学生常常在进行自我评价和评价同伴中因"关系"和利益等出现记录不真实、评判不客观等失信行为。这时,诚信作为道德自律功能的软弱性就暴露无遗,因为它无力确保评价过程诚信,也无法对评价过程的失信行为进行惩罚。

第四节　学生发展增值评价诚信体系建设的路径

学生发展增值评价诚信体系建设是指把与诚信建设有关的文化、制度、工具等资源有机地整合起来,并通过教育、制度、奖励和惩罚等多种手段,在外在约束与内在自律的共同作用下,引导和规范学生发展增值评价主体及利益相关者自觉地选择诚信,共同营造评价诚信文化,建设评价诚信制度,规约评价机构和评价主体,进而使学生发展增值评价能够真正实现促进学生全面而有个性的发展。

一　积极培育与增值评价相适应的诚信文化

中华民族具有悠久的诚信文化传统。虽然诸子百家学说各异,但在推崇和倡导诚信方面却极其一致，都将诚信置于天道人性的高度上予以崇尚，视之为人格修养的基本内涵和为人、为政的基本道德操守，并且非常注重诚信精神的培育与传承，使之绵延不绝并熠熠生辉，维系着我们的生活。然而，我国传统的诚信文化是建立在"乡土中国"的"熟人社会"基础之上的。当前，我国已经进入以城市化为特征的现代社会。现代社会是一个陌生人社会，人员的流动性空前增大，社会结构庞大而复杂。它所需要的诚信观念和文化已经远远超出熟人之间、私人领域，基于"血缘""地缘"的诚信体系也无法有效维持和保障现代社会人与人、人与组织之间的诚信关系。因此必须建立和完善与现代社会相适应的诚信文化。

第一，强化政府在学生发展增值评价诚信文化建设中的主导作用。

政府是迄今为止人类所创造的最重要、最有力的制度安排，它体现着国家意志、管理着国家事务，引导着国家政治、经济和社会公共事业的发展方向。[1] 只有发挥政府在诚信文化建设中的主导作用，才能制定出维护社会诚信的法律法规制度，才能实现对社会诚信进行全面有效的监督和管理，才能充分动员各种社会力量参与到社会诚信体系建设中。因此，政府自身的诚信是社会诚信建设的重中之重。在现实生活中，人民群众对各级政府及其工作人员的诚信往往抱有较高的道德期待，他们是否诚信也是人民群众评价政府行为的基本标准。在学生发展增值评价中，政府一定要按照"总体方案"的精神和要求，积极营造学生发展增值评价的诚信文化氛围。如政府应该严格按照"总体方案"的指导原则，关注学生增值发展、考核教师教学业绩、评估学校育人成效。只有政府照章办事、履诺践约，学校、教师、专业人员包括家长在内才可能自觉践行诚信评价。

第二，将诚信教育纳入各级各类学校教育体系之中。

虽然人类本性中包含寻求合作、追求秩序的动力，但普遍的诚信

---

[1] 陈振明等：《公共管理学》，中国人民大学出版社2017年版。

意识和文化并不能完全自发地生成，它必须依靠教化的力量，即通过社会提倡和全方位的教育来实现。将诚信教育纳入各级各类学校教育之中不是在学校单独开设一门诚信课程，而是要将诚信的认知、体验和行为等内容渗透到学校教育的各个环节中。如在小学阶段，通过面对国旗宣誓、看电影、"做一个诚实的人"的墙报、志愿者活动等进行诚信教育。在中学阶段，可以通过举办诚信问题辩论赛，讨论社会生活中的失信问题，研究诚信之于人际交往及社会发展的价值问题，参加法院关于失信案件的审理过程等活动，引导学生认识诚信、理解诚信、体验诚信、践行诚信。另外，还应将诚信理念渗透到家庭教育及面向所有社会成员的教育和再教育过程中。父母亲应该通过言传身教、耳濡目染、潜移默化等方式将诚信理念内化到孩子的人格结构中。社会教育也要将诚信精神内化到社会成员的人格结构中，使诚信行为日益成为社会成员的自觉行为，使诚实守信成为人人崇敬的社会风尚。

另外，还应该充分利用网络、微信、广播、电视、标语、宣传栏等舆论宣传工具全方位、多角度地营造"人人懂诚信、人人讲诚信、人人守诚信"的文化氛围，宣传守信典型、谴责失信行为，对公众进行"守信光荣，失信可耻"的诚信引导。只有通过全方位的文化影响、宣传教育，才能逐渐使诚信意识深入人心，内化为社会成员心中的道德习俗和道德义务，才能使参与学生发展增值评价的家长和相关人员做到真实记录、客观评价。

二　大力弘扬价值诚信，科学引导工具诚信

价值诚信在规范人际互动、规约公共秩序、促进社会和谐发展中具有不可替代的价值和意义。工具诚信也具有自然和人性的合理性。对于学生发展增值评价来说，评价主体的诚信素养对整个评价过程和评价结果有至关重要的作用。从某种意义上可以说，评价主体的诚信素养决定着整个学生发展增值评价的诚信水平。因此，我们应该大力弘扬评价主体的价值诚信，同时也必须正视工具诚信，并正确引导评价主体的工具

诚信，避免工具诚信成为过于功利化或投机的选择。具体来说，应该从以下几个方面努力。

(一)大力弘扬评价主体的价值诚信

第一，引导评价主体正确认识价值诚信的时代价值。价值诚信是中国传统文化的重要组成部分，在人际交往、商品交换、思想交流和文化交融中发挥着重要作用。将价值诚信作为个体生命的组成部分不仅有利于个体道德修养的提升，也有利于组织和谐与社会稳定。当前，在国家大力推进"共同富裕"战略目标的背景下，价值诚信之于个体全面发展与社会和谐发展的价值更加凸显。因此，我们应该坚守价值诚信。第二，引导评价主体了解评价内容及方法。学生发展增值评价主体除了专业的评价人员和受过相应评价训练的教师之外，还有家长和学生等非专业的评价群体。因此，要想使评价主体在评价过程中始终做到价值诚信，就必须让非专业评价主体了解评价的相关内容、指标、方法及其自己应该做的工作，避免因为不了解要求或不会操作而产生失信行为。第三，鼓励评价主体积极践行价值诚信。弘扬价值诚信，除了让评价主体正确认识和深刻理解价值诚信之于个体素养与社会和谐的重要性外，还要通过制定相关激励措施，采用精神奖励等方式奖励那些在评价过程中长期践行价值诚信的评价主体，当然也要通过批评教育等方式惩罚那些在评价过程中不如实记录、贬低对方等不诚信的评价主体。

(二)科学引导评价主体的工具诚信

在大多数情况下，个体的诚信行为都会受到利益的影响，在价值诚信衰弱的情况下，个体诚信行为具有选择性特征。因此，个体诚信的建构不仅仅是要强化个体的价值诚信，还要建构工具诚信。

第一，尊重和认可评价主体工具诚信行为。如前所述，工具诚信是人们为了获得利益或规避因失信而受到惩罚的一种诚信选择。这种选择并非一成不变的，而是随着情势的改变而改变的。当诚信的收益大于失信的收益时，行为人会自然而然地选择诚信，当诚信的收益小于失信的收益时，他也会背信弃义甚至铤而走险地选择失信。鉴于此，我们应该通过制度规约和监督机制，让那些在学生发展增值评价中仔细观察、真实记录、科学分析、客观评判的评价主体能够获得更大的社会尊重和物质利益，让那些在学生发展增值评价中弄虚作假、徇私舞弊的评价主体受到舆论的谴责和得到应有的惩罚，且惩罚力度要远远大于诚信获得的利益。

第二，积极创设以价值诚信为主的工作场域。当一个有工具诚信基因的人在一个以价值诚信为主的诚信场域中，不断受到规范，受到文化等的熏陶时，他把诚信作为一种纯粹工具的理念就会发生改变，即由工具诚信基因变为价值诚信基因，这个行为人的诚信发生了本质的变化，同样，当一个拥有价值诚信基因惯习的行为人在一个以工具诚信为主的诚信场域中屡次受挫，也会发生改变，甚至变为他自己的反面即工具诚信基因。因此，我们应该积极创设具有价值诚信基因的工作场域，引导专业人员、学校、教师、家长、学生等结构性评价主体认可并自觉践行价值诚信。

三　建立和完善学生发展增值评价诚信制度

在中国传统社会里，"诚"在人们的文化观念中是牢不可破的，建基于诚之上且由诚所决定的"信"也同样是牢不可破的。人们生活在熟人的圈子里，单靠人际诚信和道德性的社会诚信就可以维系社会的良性运转。然而，随着经济社会的迅速发展，仅靠私人关系和道德规范无法建立普遍性的社会诚信，基于"人际诚信"建立起来的道德性社会诚信体系不能适应现代社会发展对普遍性社会诚信的要求。以道德规约为基础的"诚信"无法保障人际交往、商品交换、思想交流和文化交融等的有序进行。因此，只有在强调个体诚信修为的基础上建立具有较强约束力的外在诚信制度，才能保证现代社会的和谐发展。作为规则体系，制度具有规范人的行为及其社会交往和社会关系的功能，既表现在对人的行为和社会交往的激励以及对社会关系的积极建构上，也表现在对违反规则的惩罚和对社会关系的控制上。① 学生发展增值评价诚信制度建设的重点不是对以往以道德规约为核心的诚信文化或诚信网络的简单修复，而是应该借助外在的机制来确保学生发展增值评价的科学规范运行。

学生发展增值评价诚信制度建设应该包括以下四个方面。一是制度设计的诚信。学生发展增值评价内容、指标、形式、时间等要求的制定一定要在充分尊重学生身心发展客观规律的基础上，按照基线调研、专家论证、征求意见等科学、公开、透明和规范的程序进行。二是制度执行的诚信。在学生发展增值评价体系制定并生效后，专业人员、学校、教师、家长、学生等结构性评价主体就必须严格按照制度的要求，仔细观察、真实记录、科学分析、客观评判学生综合素质的发展状况。三是对评价机构及人员的约束。从事学生发展增值评价的机构和专业人员一定要具备参与学生发展增值评价的相关资质；能够按照评价体系的要求，在充分尊重评价伦理的基础上，全面获取学生发展的过程数据，客观公正地做出学生发展状况的判断；全面科学地向教育行政部门、学校、教师、家长、学生等呈现个性化评价结果。四是对实施机构及人员的奖惩。对于在学生发展增值评价中能够始终坚守诚信的机构和个人进行相应的精神和物质奖励，对那些在学生发展增值评价中存在弄虚作假、徇私舞弊等不诚信行为给予相应的处罚。且奖惩的力度应该能使诚信者更愿意坚守诚信，让失信者不想失信，也不敢失信。五是建立失信行为的监督和处理机制。当地政府和教育行政部门要设立专门的监督机制和平台，监督、受理不诚信行为举报和处理学生发展增值评价过程中的违规和失信行为。通过公开曝光警告、纪律处分、行政处罚等方式捍卫学生发展增值评价的诚信制度的权威性和有效性，使评价机构和评价主体不能失信。需要说明的是，学生发展增值评价诚信制度建设的目的不是在规范论的意义上，使评价机构和评价主体因惶恐于虚假失信的后果惩罚才遵守诚信价值原则，而是在德性论的意义上，使评价主体内心笃信诚信价

---

① 廖小平：《论诚信与制度》，《北京大学学报》（哲学社会科学版）2006年第6期。

值原则，从而具有诚信信念以及具有与此相应的品德和情操。

四 建立评价主体和评价机构的信用系统

（一）建立评价主体的信用系统

2016年12月，国务院办公厅印发的《关于加强个人诚信体系建设的指导意见》指出，要"加快个人诚信记录建设，完善个人信息安全、隐私保护与信用修复机制，健全守信激励与失信惩戒机制，使守信者受益、失信者受限"。在学生发展增值评价过程中，我们有必要建立评价主体的信用系统。第一，建立和完善评价主体个人信用记录机制。充分利用大数据采集技术及时记录评价主体在学生发展评价过程中形成的伴随性诚信信息，并做到及时更新。第二，建立和完善评价主体信用修复机制。建立评价主体公共信用信息纠错、修复机制，制定异议处理、行政复议等管理制度及操作细则。畅通信用修复渠道，丰富信用修复方式，探索通过事后主动履约、申请延期、自主解释等方式减少失信损失，通过按时履约等方式修复信用。第三，建立和完善评价主体个人守信激励和失信惩戒机制。对长期坚守诚信的评价主体予以一定的道德补偿和必要的物质奖励；对评价主体在评价过程中存在弄虚作假、徇私舞弊等失信行为予以相应的惩罚。

（二）建立评价机构的信用系统

机构诚信是指机构信用。评价机构的信用就是指政府、教育行政部门、教师、家长、学生及社会公众等相关利益主体对评价机构在评价中公正性、权威性的认可程度。程序正义是机构诚信的基础，它要求学生发展增值评价活动必须严格遵循一定的流程或步骤。它通过合理的评价程序，分清了不同主体、机构、部门等合理的权力界限，从制度上保证评价的合法性和权威性。[1] 第一，建立评价机构信用信息数据库。一方面鼓励第三方机构建立针对评价机构的信用信息数据库，为社会、教育

---

[1] 叶继元：《人文社会科学评价体系探讨》，《南京大学学报》（哲学·人文科学·社会科学）2010年第1期。

行政部门、学校选择评价机构提供相应的信用信息和数据。另一方面政府有关部门也要建立评价机构的诚信系统,对评价机构实施的每次评价过程都应做出相应的诚信评估。第二,建立严格的退出机制。通过第三方和政府相关部门的诚信评估,如果发现存在徇私舞弊、弄虚作假等失信行为的评价机构,强制其退出教育行政部门和学校选择的评价机构行列,将新的、社会声誉好的评价机构补充进来。第三,建立守信激励和失信惩戒机制。对长期坚守诚信的评价机构予以一定的政策倾斜和必要的物质奖励;对那些在评价过程中存在弄虚作假、徇私舞弊等失信行为的评价机构除强制其退出教育行政部门和学校选择的评价机构行列之外,还应该受到相应的惩罚。且奖惩的力度应该远远大于因失信行为而带来的收益。

第九章　信息技术支持的学生发展增值评价体系

　　构建信息支持的学生发展增值评价体系是科学实施学生发展增值评价的关键环节，它不仅能够使整个评价过程规范有序，还能使评价结果更加客观全面。第一，能够帮助教育行政部门管理学生发展增值评价过程。信息技术支持的学生发展增值评价系统能使教育行政部门精准管理和系统监控学生发展增值评价的整个运行过程，确保评价实施的规范化和标准化。第二，能够保障学生发展增值评价数据的集中管理和安全统一。信息技术支持的学生发展增值评价系统能够集成和共享不同类型、不同来源的学生发展过程性数据，保障数据的有效管理和安全统一。第三，能够自动化地处理和报告学生发展数据。信息技术支持的学生发展增值评价系统能通过将不同主体收集到的数据进行自动化处理，形成学生发展增值情况报告，提高评价的效率和质量。第四，能够促进各方评价主体之间的沟通和协作。系统能为不同主体之间互动交流提供平台和空间，实现学生发展信息的共享。第五，能够提供可视化的全面分析结果和报告。信息技术支持的学生发展增值评价系统能为教育行政部门、学校、教师、家长乃至学生自己改进学习，调适教育教学策略提供科学依据。

第一节 信息技术支持的学生发展增值评价体系构建的思路与框架

一 信息技术支持的学生发展增值评价体系构建的基本思路

教育评价系统的设计过程是指对评价范围、评价对象、评价内容、评价目标、评价方法等的整体规划过程。从教育评价活动过程的纵向顺序来看，教育评价的程序由评价准备、评价实施和评价结果处理三大部分构成，每一个阶段又会涉及评价目的、评价任务、评价内容、评价方法、评价手段和评价时限等要素。图9-1是教育评价活动进行的一般流程。

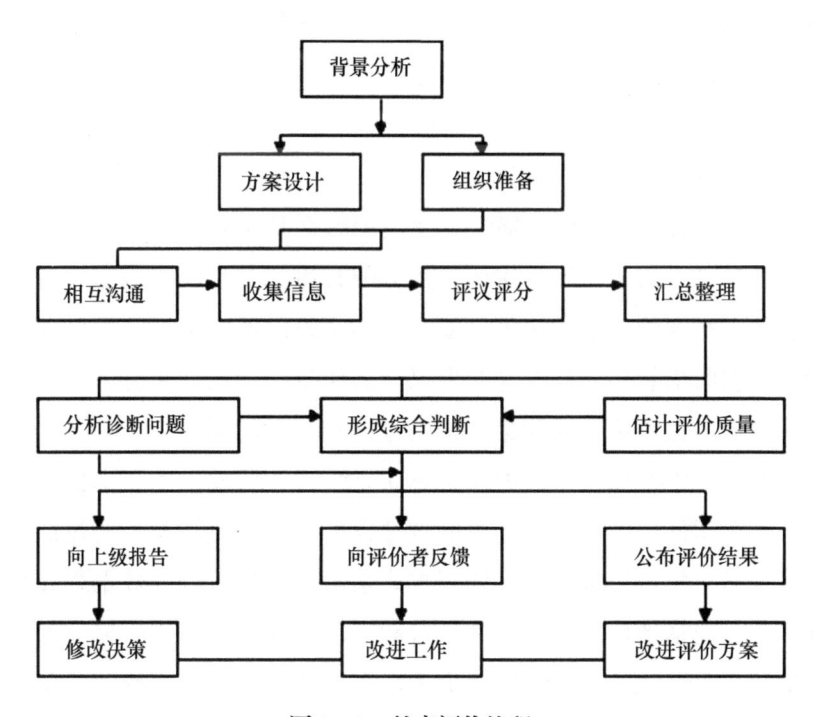

图9-1 **教育评价流程**

具体来看，评价准备主要包括分析评价背景、设计评价方案和建立组织机构。评价实施是评价过程中的重要阶段，主要包括收集信息、整理信息、评议评分、综合判断等内容。评价结果的处理阶段是评价实施阶段的延续，主要包括检验评价结果、分析诊断问题、反馈评价结果、改进评价方案等。本书拟基于教育评价过程的"三阶段说"理论，借助信息技术的优势，通过构建集成化、智能化的评价服务平台或系统，构建高效的学生发展增值评价体系。

二 信息技术支持的学生发展增值评价体系构建的基本程序

信息技术支持的学生发展增值评价的构建，需要从学生发展增值评价的目标出发，做好顶层设计工作，明确学生发展增值评价运行过程中信息技术的支持作用。具体来说，要想确保信息技术支持学生发展增值评价的顺利运行和实施，需要完善基础数据收集方式、建设学生成长追踪数据库、探索科学的增值评价模型及计算方式、构建信息化评价服务平台，以及搭建科学的学生发展增值评价运行体系架构。

（一）完善基础数据收集方式

全面、准确、及时地收集学生发展的数据是实施科学的学生发展增值评价的基础。为了给评价主体提供方便易用的学生发展数据，避免给评价主体和被评价对象带来不必要的负担，我们需要从基础设施建设与配置、数据收集软件的提供与开发以及操作指导指南三个方面入手，确保学生发展增值评价数据收集的准确性和专业性。第一，完善基础设施建设与配置。学生成长发展的主要场所是学校，因此，为了确保数据的准确性和可用性，学校需要配置好教育信息化的基础设施，通过建立校园监控网络、配置智慧物联系统等方式来确保学生过程性数据的正确与全面采集，包括硬件设备、软件平台和网络环境等。第二，提供并开发适配的数据收集软件。为了使评价主体和被评价者方便快捷地收集学生发展成长的过程性数据，需要开发或引进高效的、易用的数据收集工具。这些工具可能会包括在线问卷、数据填报系统、智慧采集 App 等。学校也可以聘请专业技术人员根据本校制定的学生发展评价标准、评价内容和评价需求科学地定制并研发一些智能化的数据采集工具。第三，提供详细的操作指南。为了确保数据收集过程的客观规范，需要为评价主体提供一些具体而详细的操作指南和使用手册，引导不同评价主体正确、有效地使用数据收集工具，确保收集数据的规范性和一致性。总之，通过以上三个方面的努力，我们可以保障学生发展过程性数据的质量和可用性，为后续的学生发展增值评价提供科学依据。

(二)建设学生成长追踪数据库

建设学生成长追踪数据库是持续关注学生发展状况的重要途径。只有及时、准确、全面汇聚了学生每个阶段稳定的成长数据，才能保证客观准确地把握学生增值发展状况，尤其是能够准确地把握学生发展的个体差异和个性化需求。具体来说，可以从以下两个方面入手。第一，完善学生成长追踪数据库建设。学生成长数据库建设首先需要设计数据库结构，其次要开发数据库、选择硬件和虚拟服务器；最后是整合不同的数据源、筛选清洗学生数据。第二，维护学生成长追踪数据库的稳定。维护学生成长追踪数据库的稳定应该包括对数据的优化与管理、保护数据安全、防止隐私泄露、监控数据库性能、建立数据备份与应急预案等工作。总体来说，建立学生追踪信息数据库不仅能够对学生的基础信息和成长发展过程性数据进行实时收集和存储，为学生发展增值评价提供数据来源；还能构建数据支撑的循证数据链条，为学生发展增值评价的精确计算和轨迹再现提供可靠的数据保证，更能将学生发展过程中的大数据和厚数据进行整合，赋能基于循证的学生发展增值评价。

(三)明确增值评价计算模型

探索增值评价计算模型或智能计算方式是信息技术支持学生发展增值评价的第三个重要环节。明确学生发展增值评价的增值模型和计算方法，对于保障学生发展增值评价的结果输出具有关键性作用。增值评价的关键在于"增值"的计算，选择什么样的增值评价计算方式直接关系到学生发展增值评价结果的有效性、科学性和正确性。具体来说，可以从以下三个方面入手。第一，明确"增值"和模型的匹配性。学生发展增值评价的增值是相对于其"原始值"而言的，重点关注学生在接受一段时间的教育后相对于初始状态的提升或进步程度。因此，在选择增值评价计算模型时要注重其与评价所要关注的"评价要素"的适切性。当前国际上已有的典型增值评价模型都有其特定的统计技术、使用条件和变量控制，一般来说，这些评价模型不能直接拿来运用于我们的学生发展增值评价。第二，开发适合学生发展增值评价计算模型或智能计算方法。我们可以根据学生增值发展评价的目标和需求来选择增值评价模式或智能计算方法，也可以根据学生的实际情况聘请专业人员开发适合的智能计算模型和计算方法。第三，集成增值评价计算方式于信息化平台之中。一般来说，我们都会将增值评价计算方式置于信息化平台之中。通过将增值评价计算模型与信息化平台集成，可以自动化地进行数据计算，从而减少人为错误和工作负担。具体来说，需要先选择学校已有的信息化平台或开发新的系统平台，再将分类的增值评价计算模型及算法等方法集成到信息化平台中，可以通过编写相应的应用程序或利用现有的开源软件来实现，然后通过编程实现自动化推荐或选择集成的增值评价计算方式，最终输出可视化的学生发展增值评价结果。

（四）搭建信息化评价服务平台

搭建信息化评价服务平台是信息技术支持学生发展增值评价的第四个环节。运用信息化评价服务平台可以提高学生发展增值评价的透明度和公开性，优化评价的流程并提高评价效率和科学性，能够更好地支持学生发展增值评价的实施运作。如通过信息化评价服务平台，可以公开学生发展增值评价的过程和结果，各方评价主体能够清晰而直观地观察到学生在各个领域的发展趋势和实时增值情况，从而更好地参与到学生的发展成长过程中。此外，信息化评价服务平台可以自动化地完成一些评价的流程和工作，如数据上传、数据处理和数据存储等，大大节省了人力和时间精力成本。因此，我们需要科学搭建集成性的学生发展增值评价信息化服务平台。第一，确定平台的服务目标和功能内容。其中包括数据的存储与数据库的管理、增值评价模型输入与输出、评价结果反馈与报告、学生个体发展趋势呈现等功能,还要考虑平台建设的可扩展性、灵活性和智能化。第二,设计合理的用户界面。为了方便不同评价主体的交互使用,需要设计合理易用的用户界面,分析不同用户的需求和习惯,并帮助他们轻松完成各项操作与评价过程。第三,开发可扩展的系统架构。可扩展的系统包括数据库的设计与管理、应用程序软件的架构设计、安全性与隐私性设计等。此外,还要考虑平台的可升级性和可维护性,以满足不同程度、不断增长的用户需求和技术发展要求。

三 信息技术支持的学生发展增值评价体系构建的基本框架

义务教育阶段学生发展增值评价需要信息技术的支持与赋能,需要通过智能技术与学生发展增值评价的融合创新,最大限度地实现学生发展增值评价的精准性和全面性。因此,本书参考前期理论研究梳理的技术赋能学生评价的已有经验,借助教育评价相关理论,充分考虑当前义务教育阶段学生发展增值评价实施存在的问题,构建了信息技术支持的学生发展增值评价系统框架,构建了信息技术支持的学生发展增值评价体系框架,包括技术支撑层、平台服务层、价值应用层三个层次结构及具体的内容(见图9-2)。技术支撑层是指从数字化校园建设、基础技术配置的角度,要求学校管理者提供适切的支持学生发展增值评价的硬件设备和软件支持。平台服务层是指通过智能化评价服务平台,收集、计算、分析和输出学生增值发展的可视化数据。价值应用层主要是为学生发展增值评价的不同主体提供反馈和改进建议。

在评价准备阶段,技术支撑层重点围绕学生发展增值评价开展的技术准备工作和技术配置方案来架构,主要是从学校校园建设、基础技术配置、智能技术应用的角度,为学校管理者阐述了需要什么样的硬件和软件技术作为底层建设支撑。

在评价实施阶段,平台服务层是指借助搭建的智能化评价服务平台,可以实现学生发展增值评价的具体实施流程。具体包括确定增值评价指标、收集增值评价数据、处理增值评价数据、选择评价计算方式、呈现增值评价结果五个关键阶段，并详细阐述了每个阶段的工作内容和建设要点。

在评价结果处理阶段，价值应用层是指对学生发展增值评价的结果如何处理，也就是说，不同评价主体如何应用评价结果改进和帮助学生发展。

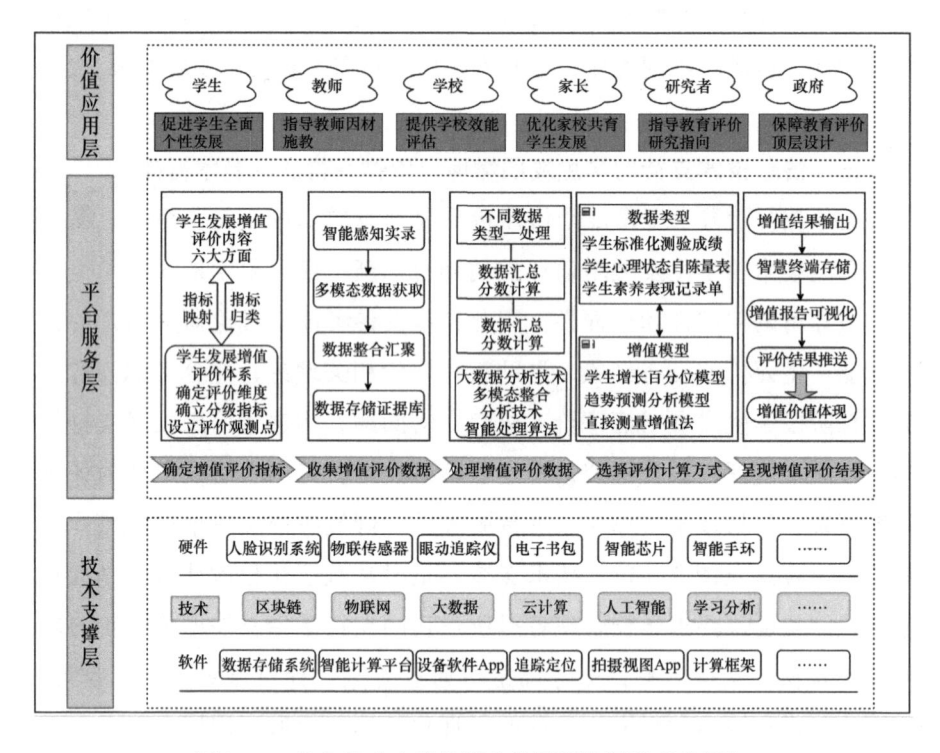

图9-2 信息技术支持的学生发展增值评价系统框架

第二节 信息技术支持的学生发展增值评价的环境建设

技术支撑层是实现学生发展增值评价的关键底座力量。只有借助技

第九章 信息技术支持的学生发展增值评价体系 ▶▶▶

术构建的硬件基础设施和软件智能技术,才能更好地支撑整个学生发展增值评价系统的应用。技术支撑层在学生发展增值评价框架中具体包括硬件基础设施和软件智能技术两个方面。

一 基础硬件设施

基础硬件设施包括硬件设备、计算芯片、智能传感器、智能存储设施等,为信息技术支持的学生发展增值评价提供了必备的基础设施条件。硬件设备作为硬件支撑环境,一般包括视频录像摄像头、语音麦克收音系统、校园监控系统、课堂录播摄像头、智能手环、智慧物联传感器、可穿戴设备、电子阅读设备、眼动追踪仪、谷歌眼镜、智能终端设备等(见表9-1)。不同类型的设备可以收集不同的数据类型,如视频设备可以收集学生的面部表情、肢体动作等数据,音频设备可以收集学生的语音数据,计算机系统可以收集学生的在线学习行为等数据,智能手环和可穿戴设备可以收集学生的身体指标和运动数据等。这些硬件设备能够为学生发展过程性数据采集和存储提供基础支撑,能够实时记录和存储学生个体的生理状态(如运动心率、睡眠数据、身体机能监测数据、每日运动数据等)和在校行为表现数据,如在课堂学习时注意专注情况、屏幕阅读情况、发言互动情况、作业投入情况、活动参与情况数据等。

表9-1 基础硬件设施构成举例

硬件设备			
视频录像摄像头	语音麦克收音系统	校园监控系统	人脸识别系统
课堂录播摄像头	智能手环	智能物联传感器	可穿戴设备
电子阅读设备	眼动追踪仪	谷歌眼镜	智能终端设备
……			

二 基础软件技术

基础软件技术是实现信息技术支持的学生发展增值评价的底座核心

支撑，主要包括数据存储技术、数据挖掘分析技术、数据可视化技术等。按照学生发展增值评价的持续，基础软件技术如表9-2所示。

表9-2 基础软件技术构成举例

环节	技术支撑			
数据采集	物联感知技术	平台采集技术	日志抽取	数据集成技术
数据存储	区块链技术	数据库架构	数据库管理	数据库安全
增值模型	自适应推荐技术	智能算法	数据处理技术	数据分析技术
结果呈现	数据可视化技术	可视化交互技术	虚拟仿真技术	文本自动生成

第一，利用各种软件技术来实现学生发展增值评价过程中多模态数据的智能化采集。数据采集一般包括物联感知技术、平台采集技术、日志抽取、数据集成技术等。既可以通过多种设备收集不同类型的数据，又可以利用语音识别技术、图像识别技术、日志抽取、物联感知技术、平台采集技术、数据集成等技术，将复杂的数据进行不同类型的归类和转化，实现学生"说、听、看、读"等感知层面信息的数据抽取与采集转化。通过获得多源多维的全域学生发展评价数据，将数据集成为不同类型的海量数据，最终汇聚到数据中心或数据终端平台。

第二，利用各种软件技术来实现学生发展增值评价数据的稳定存储。数据存储需要区块链技术、数据库架构技术、数据库管理技术、数据库安全技术等。我们可以借助这些技术，为学生发展增值评价的整个评价过程提供统一的数据存储、读写、清洗、缺失值处理与管理等数据服务，保障数据安全性和完整性。另外，学生发展增值评价的原始数据收集是一个长期的、动态的追踪过程。因此，需要在服务器虚拟化数据技术的支持下，使用先进的硬件设备和分布式存储结构来实现长期、大量的数据追踪与存储工作，再借助大数据技术建立稳定的数据库。

第三，利用各种软件技术来实现学生发展增值评价的增值模型选择与应用。增值模型计算包括自适应推荐技术、智能算法、数据处理技术、数据分析技术。如使用自适应推荐技术或其他智能算法，可以精确地对增值评价模型和实际情况的匹配程度进行分析和计算，从而智能化地选择出最为合适的增值模型，精准得到学生发展增值评价结果。同时，复杂的增值结果计算也需要依靠信息技术来完成，利用智能技术可以辅助增值模型的搭建、优化以及运算等环节，有效提高增值计算的效率和准确性。

第四，利用各种软件技术实现学生发展增值评价结果的可视化呈现。学生发展增值评价结果呈现需要数据可视化技术、可视化交互技术、虚拟仿真技术、文本自动生成技术等。如借助教育大数据的可视化技术，将学生发展增值评价的发展水平以直观清晰的方式呈现出来，将各类发展水平数据进行展示，帮助评价主体理解学生增值评价结果。同时，还可以利用计算机图形学、计算机动画、虚拟仿真、文本生成、可视化交互系统等技术，将可视化图表的种类和容量进行扩大，展示出更多类型的结果数据，为用户提供可操作的链接交互选项，以说明性文字报告来辅助用户理解学生发展增值评价结果。

第三节　信息技术支持的学生发展增值评价的技术服务

技术服务是学生发展增值评价实施的核心支撑，主要回答在技术赋能下如何开展学生发展增值评价的问题。具体来说，信息技术支持的学生发展增值评价的实施需要以智能化评价服务云平台与大数据基础组件为平台支撑，按照评价目的形成确定增值评价指标、收集增值评价数据、选择增值评价计算方式、呈现增值评价结果的一体化评价流程。

一　确定增值评价指标

构建科学的学生发展增值评价指标系统，是有效开展学生发展增值评价的前提。评价指标对学校和教师促进学生发展的方向具有重要的导向作用。可以说，指标系统指向学生哪些素养，关注学生哪些行为，学校和教师就会重视学生哪些方面素养的培养。确定科学可行的学生发展增值评价指标系统，直接关系着学生发展增值评价是否能够系统、全面、有效地监测学生发展和成长的整体状况。信息技术支持的学生发展增值评价指标的确定需要借助智能化评价服务平台和信息技术手段来完成。这一部分应当阐明四个方面的内容：一是确立学生发展增值评价指标的依据；二是明确学生发展增值评价指标的维度；三是明确学生发展增值评价指标的观测点和评价标准；四是明确技术平台能够提供的技术服务。

（一）确立学生发展增值评价指标的依据

评价指标是对评估目标某一方面的具体规定，是把抽象、原则的评估目标具体化的过程。依据教育评价指标的一般设计方法，将评价目标逐级分解后形成的既有层次又相互联系的、系统化的指标群即为评价的指标系统。因此，我们应该将学生发展增值评价的目标进行分解，形成较为全面系统的评价指标系统。

本书依据"总体方案"和《义务教育质量评价指南》（见表9-3）并结合前期的理论研究，认为学生发展增值评价的内容应该涵盖学生发展的六大方面，即学生的品德发展、学业发展、身心发展、科学素养、审美素养、劳动与社会实践。

表9-3　　　　　　　义务教育阶段学生发展评价内容

一级指标	二级指标	重要观测点	参评者
A1. 品德发展	B1. 理想信念	1. 了解党史国情，珍视国家荣誉，铸牢中华民族共同体意识，爱党爱国爱人民爱社会主义，立志听党话、跟党走，从小树立为实现中华民族伟大复兴的中国梦而努力奋斗的志向	教师 学生 同伴 家长
		2. 会唱国歌，积极参加升国旗仪式；积极参加重要节日、纪念日主题教育，积极参加少先队、共青团活动	教师 学生 家长
		3. 热爱并努力学习中华优秀传统文化、革命文化和社会主义先进文化，传承红色基因，增强"四个自信"；积极向英雄模范和先进典型人物学习	教师 学生 家长

第九章　信息技术支持的学生发展增值评价体系

续表

一级指标	二级指标	重要观测点	参评者
A1. 品德发展	B2. 社会责任	4. 养成规则意识，遵守校规校纪，遵守法律法规、社会公德和公共秩序	社会人员 家长
		5. 爱护公共财物，保护公共环境，热爱大自然；节粮节水节电，低碳环保生活；积极参加集体活动，主动为班级、学校、同学及他人服务	学生 家长 班主任 社会人员
	B3. 行为习惯	6. 注重仪表、举止文明，诚实守信、知错就改，朴素节俭、不相互攀比	家长 学生
		7. 孝敬父母，尊重师长、同学和他人，礼貌待人，与人和谐相处	家长 教师
		8. 自己事情自己做，他人事情帮着做	学生 家长
A2. 学业发展	B4. 学习习惯	9. 保持积极学习态度，具有学习自信心和自主学习意识，善于合作学习，努力完成学习任务	学生 教师
		10. 掌握有效学习方法，主动预习，认真听讲，积极思考，踊跃提问，及时复习，认真完成作业	教师 学生
	B5. 创新精神	11. 积极参加学校兴趣小组社团活动，有小制作、小发明、小创造等科学兴趣特长	学生 家长 教师
		12. 有好奇心、想象力和求知欲，有信息收集整合、综合分析运用能力，有自主探究、独立思考、发现问题、解决问题的意识与能力	学生 教师
	B6. 学业水平	13. 理解学科基本思想和思维方法，掌握学科基本知识、基本技能，达到国家规定的义务教育课程学业质量标准要求；校内、校外学业负担感受状况	学生 教师 家长
		14. 养成阅读习惯，具备一定阅读量和阅读理解能力；主动参与实验设计，能够完成实验操作	学生 教师 家长

213

续表

一级指标	二级指标	重要观测点	参评者
A3.身心发展	B7.健康生活	15.营养健康饮食,讲究卫生,按时作息,保证充足睡眠,养成坐、立、行、读、写正确姿势;积极参加体育活动,坚持每天锻炼身体至少1小时,坚持做广播体操、眼保健操	学生 教师 家长
		16.树立珍爱生命、安全第一意识,掌握安全、卫生防疫等基本常识,注重日常预防和自我保护,具备避险和紧急情况应对能力	学生 教师 家长
		17.不过度使用手机,不沉迷网络游戏,不吸烟、不喝酒、不赌博,远离毒品	学生 家长
	B8.身心素质	18.体质健康监测达标,掌握1—2项体育运动技能,有效控制近视、肥胖、脊柱姿态不良等	教师 家长
		19.保持自尊自信、自立自强,乐观向上、阳光健康心态,合理表达、控制调节自我情绪;能够正确看待挫折,具备应对学习压力、生活困难和寻求帮助的积极心理素质和能力	学生 教师 家长
A4.科学素养	B9.科学观念	20.掌握基本的科学知识,形成初步的科学观念	学生 教师
	B10.科学思维	21.掌握基本的思维方法,具有初步的科学思维能力	学生 教师
	B11.探究实践	22.掌握基本的科学方法,具有初步的探究实践能力	学生 教师
	B12.态度责任	23.树立基本的科学态度,具有正确的价值观和社会责任感	学生 教师 家长
A5.审美素养	B13.美育实践	24.积极参加学校、社区(村)组织的文化艺术等各种美育活动	学生 教师
		25.经常欣赏文学艺术作品、观看文艺演出、参观艺术展览等	学生 教师
	B14.感受表达	26.掌握1—2项艺术技能,会唱主旋律歌曲	学生
		27.具备健康向上的审美趣味、审美格调,能够在学习和生活中发现美、感受美、欣赏美、表达美	学生 教师

第九章　信息技术支持的学生发展增值评价体系

续表

一级指标	二级指标	重要观测点	参评者
A6. 劳动与社会实践	B15. 劳动习惯	28. 具有尊重劳动、热爱劳动的观念，能够吃苦耐劳，尊重劳动者，珍惜劳动成果	学生 教师
		29. 积极参加家务劳动、校内劳动、校外劳动，具有一定的生活能力和劳动技能	学生 家长
	B16. 社会体验	30. 积极参与社会调查、研学实践、志愿服务和公益活动	学生
		31. 在农业生产、工业体验、商业和服务业实践中，主动体验职业角色	学生 教师 社会人员

(二) 确立学生发展增值评价的指标维度

依据《义务教育质量评价指南》中学生发展质量评价的重点内容、关键指标和前期的理论研究成果，本书将学生发展增值评价指标系统的一级指标确定为：A1 品德发展、A2 学业发展、A3 身心发展、A4 科学素养、A5 审美素养、A6 劳动与社会实践；每个一级指标又涵盖几个二级指标。学生发展增值评价的二级指标包括 16 个维度；依据学生发展质量评价中的重要考察要点，又将二级指标细分为 35 个三级指标维度（见图 9-3）。需要说明的是，这里的三级指标只是一些可参考维度，各地区和学校可以结合本地或本校特色与学校实际来进行适当调整与修改。

(三) 确立学生发展增值评价的观测点和评价标准

本书依据《义务教育质量评价指南》中的学生发展质量评价要点和前期理论研究成果，确立了学生发展增值评价的基本指标维度。评价指标维度作为评价目标的具体化内容，应该具有可测性。为了将评价指标维度与学生发展过程中的行为表现进行联结，还需要明确学生发展过程中的行为化表现的观测点。在学生发展增值评价观测点的确立过程中，一定要充分考虑三级指标的具体内容及其本质属性、表现形式和衡量标准。具体来说，学生发展增值评价的观测点可以依据学生发展质量评价

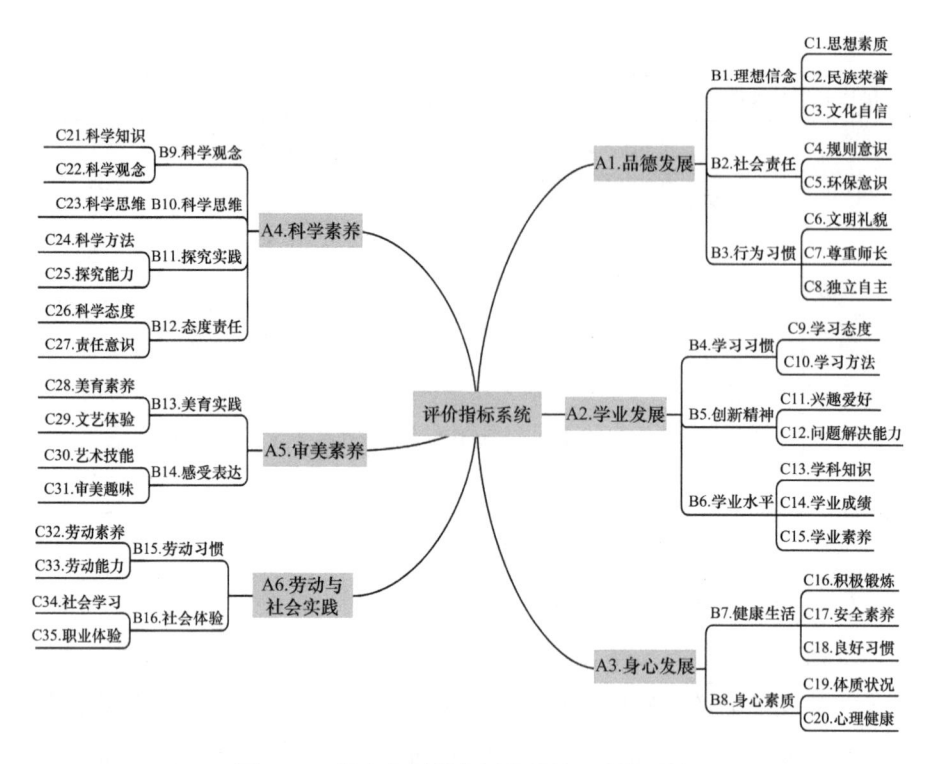

```
                                                                    ┌ C1.思想素质
                                                          ┌ B1.理想信念 ┼ C2.民族荣誉
                                                          │         └ C3.文化自信
                                              ┌ A1.品德发展 ┼ B2.社会责任 ┬ C4.规则意识
                                              │           │         └ C5.环保意识
                                              │           │         ┌ C6.文明礼貌
                                              │           └ B3.行为习惯 ┼ C7.尊重师长
  C21.科学知识 ┐                                │                     └ C8.独立自主
           ├ B9.科学观念 ┐                      │           ┌ B4.学习习惯 ┬ C9.学习态度
  C22.科学观念 ┘         │                      │           │         └ C10.学习方法
  C23.科学思维 — B10.科学思维 ┤                   │           │         ┌ C11.兴趣爱好
  C24.科学方法 ┐         ├ A4.科学素养             │ A2.学业发展 ┼ B5.创新精神 ┤
           ├ B11.探究实践 ┤                      │           │         └ C12.问题解决能力
  C25.探究能力 ┘         │                      │           │         ┌ C13.学科知识
  C26.科学态度 ┐         │         ┌ 评价指标系统 ┼            └ B6.学业水平 ┼ C14.学业成绩
           ├ B12.态度责任 ┘                      │                     └ C15.学业素养
  C27.责任意识 ┘                                │
  C28.美育素养 ┐                                │                     ┌ C16.积极锻炼
           ├ B13.美育实践 ┐                      │           ┌ B7.健康生活 ┼ C17.安全素养
  C29.文艺体验 ┘         ├ A5.审美素养             │ A3.身心发展 ┤         └ C18.良好习惯
  C30.艺术技能 ┐         │                      │           │         ┌ C19.体质状况
           ├ B14.感受表达 ┘                      │           └ B8.身心素质 ┤
  C31.审美趣味 ┘                                │                     └ C20.心理健康
  C32.劳动素养 ┐
           ├ B15.劳动习惯 ┐
  C33.劳动能力 ┘         ├ A6.劳动与
  C34.社会学习 ┐         │  社会实践
           ├ B16.社会体验 ┘
  C35.职业体验 ┘
```

图 9-3 学生发展增值评价的初拟指标系统

中的重点考察内容来确立。如要了解"品德发展"一级指标下的二级指标——"理想信念",可以通过观察知识了解情况、活动参与表现、行为变化情况等方式确定学生"理想信念"的发展水平。具体的观察点包括:(1)了解党史国情,珍视国家荣誉,铸牢中华民族共同体意识,爱党爱国爱人民爱社会主义,立志听党话、跟党走,从小树立为实现中华民族伟大复兴的中国梦而努力奋斗的志向。(2)会唱国歌,积极参加升国旗仪式;积极参加重要节日、纪念日主题教育,积极参加少先队、共青团活动。(3)热爱并努力学习中华优秀传统文化、革命文化和社会主义先进文化,传承红色基因,增强"四个自信"。(4)积极向英雄模范和先进典型人物学习。图9-4列举了一些在学生发展增值评价的六大指标上可以选取的观测项目。具体观测点的制定可以根据各地区和学校实际来进行调整与修改。

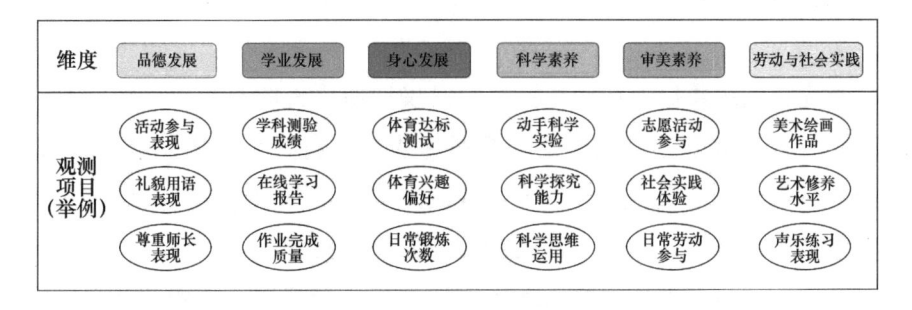

第九章 信息技术支持的学生发展增值评价体系

维度	品德发展	学业发展	身心发展	科学素养	审美素养	劳动与社会实践
观测项目（举例）	活动参与表现	学科测验成绩	体育达标测试	动手科学实验	志愿活动参与	美术绘画作品
	礼貌用语表现	在线学习报告	体育兴趣偏好	科学探究能力	社会实践体验	艺术修养水平
	尊重师长表现	作业完成质量	日常锻炼次数	科学思维运用	日常劳动参与	声乐练习表现

图9-4 指标项目的观测项列举

（四）技术平台能够为指标系统提供的支持服务

学生发展增值评价的智能化服务平台，能够运用智能技术为学生发展增值评价提供指标库管理、观测点预设、指标权重设计、指标模型优化等服务。它可以借助数据库管理技术建立一个指标库，将学生的各项指标维度和观测项目等设置在内。在指标选取开展观测评价时，可以给评价主体呈现每个维度下的观测项目、内涵说明、评价标准等信息，从而帮助不同评价主体理解指标的内涵，按照指标要求完成评价填报工作。

具体来说，技术平台能够支持评价指标系统的指标筛选和指标模型优化。一是利用数据驱动的指标筛选。在一级评价指标和二级评价指标确定的基础上，确立三级评价指标的过程中可以依据技术手段进行指标筛选和观测点设置，再通过评价指标模型的验证与迭代环节动态地调整该指标模型的更新与优化。如可以利用大数据和机器学习等技术，通过数据分析和挖掘来识别和筛选出有效的评价指标。一般来说，借助技术筛选出的指标更具有针对性和实效性，也能够更加真实地反映学生发展增值评价内容。二是利用技术优化模型构建。可以利用人工智能、机器学习等技术，构建更加复杂、更加精确的数学模型来描述评价指标之间的关系和逻辑。同时，也可以通过模型优化来提高评价指标模型的准确性和效率。此外，还可以将学生发展增值评价的基本指标维度和观测点预先设定在平台中的评价准备环节，然后采用相应的信息技术手段开展评价指标的观测和收集工作。那如何将学生发展增值评价的基本指标系统和观测点预先设置在智能化评价服务平台中呢？一般来说，包括以下几个方面。

首先，利用数据库技术，将学生发展增值评价的基本指标维度和观测点进行存储和管理。通过建立数据库表格，将每个具体一级、二级、三级指标的内涵定义、评价标准、观测点等信息存储起来，方便评价主体后续的评价操作。其次，借助前端界面设计技术，可以构建一个用户友好的界面，方便评价者输入和查看评价指标和观测点的相关信息。前端界面可以包括表格、表单、图表等多种元素，评价者可以通过填写表格或选择选项来输入相关信息。如在选择观测点的达标情况上，不同评价主体可以自主查看每一项目所对应的评价标准并完成智能化填写与输入。最后，利用后端程序设计技术，设计和实现智能化评价服务平台的后端程序。后端程序可以接收评价者输入的数据，并对数据进行处理和分析，最终输出学生发展增值评价结果和报告。后端程序还可以根据实际需求，设计和实现各种功能模块，如数据导入导出、指标权重设置、不同数据分析等。此外，利用人工智能技术，可以自动化地实时评价学生的学习情况和发展水平。如借助机器学习和自然语言处理等技术，对学生的作业、考试、行为等数据进行自动分析和评价，提高评价的效率和准确性。同时，人工智能技术还可以用于对评价指标和观测点进行智能分析和优化，提高评价指标系统的准确性和可靠性。通过以上技术的运用，可以实现在智能化评价服务平台中预先设定学生发展增值评价的基本指标和观测点，方便后续不同主体进一步开展增值评价操作。同时也可以根据实际需求和技术条件，不断优化和改进评价指标和观测点，实现指标设置的智能化和精准化。

二 收集增值评价数据

学生发展增值评价是一种综合性的学生评价，关注的是学生品德、身心发展等综合素质全方位增值变化情况。这种性质和要求决定了学生发展过程数据必须具有全域性、全程性、多维性、多源性等特征，学生发展增值评价过程也应该以学生发展过程的证据为中心，强调由单一数据向科学证据过渡的循证式评价。

具体来说，全域数据是指涵盖学生发展过程中各个方面和各个角度的数据，主要强调学生发展的横向数据，如品德发展、身心健康、学业成绩、科学素养等方面。全程性数据是指学生在整个发展过程中所表现出来的跨越时间长度的数据，这些数据包括学生在不同阶段的发展表现，是长期性的追踪数据和实证资料。多维数据是指从多个维度衡量学生的发展情况，如时间维度（短期和长期表现记录）、空间维度（校内和校外表现情况）等。多源数据是指学生过程性数据的来源多样化，如数据可以来自学生自我报告、问答填报、教师观察、家长反馈、同伴评价、学校管理系统等。最后各种类型的数据汇集成为复杂的多模态数据库。总之，要完成学生发展增值评价数据采集工作，应当明确以下四个方面的内容：一是明确学生发展过程中的数据类型；二是明确学生发展过程中数据的采集方法；三是明确数据的预处理工作；四是明确平台如何支撑数据的采集工作。

（一）明确学生发展过程中的数据类型

学生发展的数据处在复杂的多模态数据环境之中。如前所述，我们可以借助穿戴设备、智能识别传感器、物联感知技术、课堂教学实录设备等工具直接获得学生的原始数据类型有语言数据、文本数据、非言语交流、言语互动、躯干动作、四肢动作、头部动作、面部表情、位置移动、心电、皮电、脑电、心率、睡眠、温度、眼睛、声音、触控数据、日志数据、鼠标数据、键盘数据、环境数据、平台数据、网络数据、人机交互数据，等等。这些来源不同、存在形式不同的数据共同构成了学生发展过程中的多模态数据环境。模态作为一种客观存在的、可表征的符号系统，人的身体动作、语言、表情、眼神、手势等经过转码后都可以被称为一种模态。对于同一现象、过程或环境采用两种或两种以上方式获取的相关数据则被称为"多模态数据"。因此，根据教育多模态数据领域已有的研究成果和学生发展增值评价数据所携带信息的原始特点，可以将所采集的学生发展过程中的多模态数据分为以下四种类型。

一是个体基础信息数据。个体基础信息数据多为人口统计学数据和个体背景信息，包括学生的姓名、性别、年龄、班级、家庭背景等。它是开展学生发展增值评价实践必备的数据集，必须与其他层面的数据结合分析才具有实际意义。

二是个体生理层数据。个体生理层数据是指个体内部身体结构在接受刺激时所发生的变化，是个体的心理和行为的反映。在学生发展增值评价数据采集过程中，该层次数据主要包括眼动数据、脑电数据、心电数据、皮电数据等神经生物层面数据；血压、心率、体温等生物体征数据，空间地理信息、时间、环境等情境信息，四肢动作、躯干动作、位置移动等基本活动数据等。

三是个体心理层数据。个体心理层数据是指个体自身的心理活动数据，如认知、注意、紧张、兴奋、焦虑等情感数据。它通常隐藏在表情、动作、行为、言语或其他表现之下，一般需要借助智能挖掘技术或观察记录将其进行转码。

四是个体行为层数据。个体行为层数据是指个体外在表现的动作数据。具体包括学生在校或校外的各类活动数据，如个体课堂参与及学习表现数据，个体社交行为、课外活动参与行为数据，人机交互行为数据等。

(二)明确学生发展过程数据中采集方法

关于学生发展过程中的多模态数据，可以根据不同的场景特征，借助不同的设施设备和智能技术，对其进行监测与数据采集。根据学生发展过程中的四种多模态数据类型，借助不同的采集技术从以下四个方面开展数据收集工作。

第一，个体基础信息数据采集。个体基础信息数据主要通过从学生个人数字管理平台中提取学生电子档案信息来完成收集，也可以通过对学生的问卷、访谈进行补充。

第二，个体生理层数据采集。个体生理层数据可以利用可穿戴设备、智能手环、智能芯片、智能传感器、物联感知技术、生物数据采集技术等来获得。如学生在课堂学习时的眼动数据、脑电波数据、心电数据、皮肤电反应数据等从眼动追踪设备或课堂视频实录系统中进行提取；学生在开展体育锻炼时的身体机能数据、体温、心率、血压、睡眠情况等生物体征数据通过智能手环、校园监控系统、智能传感器、植入式智能芯片进行获取。

第三，个体心理层数据采集。个体心理层数据可以利用情感识别技术、语音识别技术、文本挖掘技术、网络爬虫技术等智能技术手段来获得。如从学生在线学习论坛上的文字评论、非言语交流信息等非结构化数据中可以获得学生的学习兴趣、学习动机、学习投入等情感数据；从学生作业书写时的笔触轨迹、作业完成质量等资料中可以获取学生的反应速度、专注力、学业知识掌握度、独立性、作业情绪等情感数据；从学生的日常交流互动、参与活动表现等面部表情或语言中可以观察得到学生的情感信息，也可以借助数据填报、问卷作答等方式完成学生的情感体验数据的采集工作。

第四，个体行为层数据采集。个体行为层数据可以利用校园物联感知技术、监控系统、智能录播技术、点阵数码笔技术、网评网阅技术等智能手段来获取。从校园一卡通服务系统中可以采集学生在校园内的各类活动数据，如进出图书馆次数、借阅图书分布范围等。借助物联感知技术和监控系统可以获得学生每次活动参与中的行为表现情况，利用智能录播技术可以获得学生在课堂学习时的发言内容、举手次数、面部表情、身体姿势等行为数据，利用点阵数码笔技术可以采集学生的手写数据，利用网评网阅技术能够采集学生的作答情况和考试成绩结果数据等，利用视频摄像系统及语音识别技术能够采集学生上机的人机交互数据信息。

总之，利用平台采集技术、物联感知技术、视频图像录制技术及多模态生物识别技术能够对学生个体的基础信息、生理层面、心理层面和行为层面的数据进行全面采集。

根据义务教育阶段学生发展素养的类型和现代信息技术类型，本书尝试列举如图9-5所示的六大层面的基本观测点内容和获取的学生行为表现与对应的多模态数据类型。

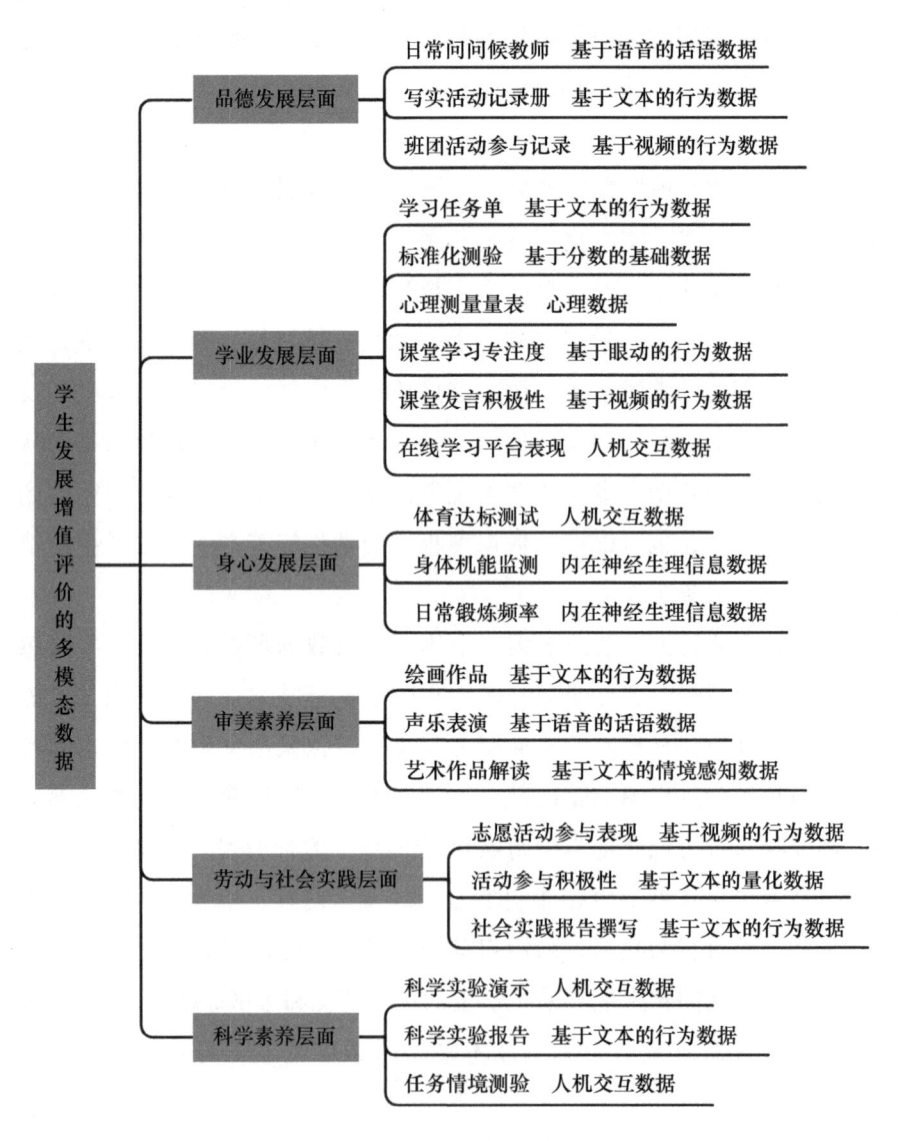

```
                            ┌─ 日常问候教师      基于语音的话语数据
                品德发展层面 ├─ 写实活动记录册    基于文本的行为数据
                            └─ 班团活动参与记录  基于视频的行为数据

                            ┌─ 学习任务单        基于文本的行为数据
                            ├─ 标准化测验        基于分数的基础数据
                            ├─ 心理测量量表      心理数据
                学业发展层面 ├─ 课堂学习专注度    基于眼动的行为数据
                            ├─ 课堂发言积极性    基于视频的行为数据
学                          └─ 在线学习平台表现  人机交互数据
生
发                          ┌─ 体育达标测试      人机交互数据
展          身心发展层面    ├─ 身体机能监测      内在神经生理信息数据
增                          └─ 日常锻炼频率      内在神经生理信息数据
值
评                          ┌─ 绘画作品          基于文本的行为数据
价          审美素养层面    ├─ 声乐表演          基于语音的话语数据
的                          └─ 艺术作品解读      基于文本的情境感知数据
多
模                              ┌─ 志愿活动参与表现  基于视频的行为数据
态     劳动与社会实践层面      ├─ 活动参与积极性    基于文本的量化数据
数                              └─ 社会实践报告撰写  基于文本的行为数据
据
                            ┌─ 科学实验演示      人机交互数据
                科学素养层面├─ 科学实验报告      基于文本的行为数据
                            └─ 任务情境测验      人机交互数据
```

图9-5　学生发展增值评价的行为采集与对应的多模态数据类型举例

（三）明确数据的预处理工作

数据预处理是指在不影响数据语义的前提下将所收集的数据进行聚合、清洗、去噪、删繁就简的工作。其主要任务可以概括为四个内容，即数据清洗、数据集成、数据归约和数据变换。数据清洗是指通过填写缺失值、光滑噪声数据、识别或删除离群点，并解决不一致等问题来清洗数据。数据集成是指将不同来源、格式、性质的数据在逻辑上或物理上进行有机集中，一般通过数据交换而达到。数据归约是指将得到的数据集简化地表示出来。数据变换是指将数据从一种表现形式变为另一种表现形式的过程。

在学生发展增值评价的数据预处理环节需要注意以下四个方面的内容。一是数据清洗。根据一定的规则和标准，运用计算机处理、人工筛选等方式筛选出有用的数据信息，去除无效的、冗余的或有误的数据；在此过程中，将缺失数据以删除法或插补法的方式进行补充。二是数据集成。把不同来源、格式、特点性质的数据在逻辑上或物理上加以有机地集中，从而为后期的数据分析和运用提供全面的数据共享。三是数据规约。就是按照评价目的将原始数据规约为较之前更加整体和规范的数据集。四是数据变化。就是利用数据标准化、离散化或语义转换的方式来将数据进行表现形式变换，从而形成能直接用于下一阶段分析计算的数据集。数据的预处理是后续数据整理工作的基础，直接关系到后续工作的质量和效率。

（四）技术平台提供的数据采集支持服务

在明确学生发展增值评价的基本指标和观测点的基础上，可以依托智能化评价服务平台，借助信息技术手段开展评价指标的观测和收集工作。具体来说，有如下几种技术可以支持学生发展增值评价数据采集。

一是借助在线学习平台或智能化校园作业管理系统采集学生发展数据。这些数据可能包括学生学科课程成绩、阶段学习测验成绩、单元学习测验成绩、在线学习课程数据等。通过设置在线学习平台、校园教务管理系统、作业记录管理库等数据库接口与智能化评价服务平台进行链接联通，明确各系统之间的接口标准与规范，从而无缝集成学校内部和外部的业务应用系统，便利学生发展数据的获取与收集。例如，要计算学生的学业水平增值结果，需要获取学生的不同时间序列下各门学科课程的学业水平数据。选择学生基本信息与对应的学科课程数据，评价系统将自动提取教务管理系统中的学业水平数据；将其导入智能化评价服务平台中，通过对数据类型和数据信息节点进行识别与分析，选取恰当的增值评价模型开始智能计算，最终输出学生的学业发展增值结果。

二是借助平台中的数据集成服务系统将一些从硬件设施设备中采集的实时数据进行分析与汇聚，获取学生发展数据。这些数据可能是利用校园监控系统、智慧校园一卡通系统、智能手环等设备来获取的，其中可能涵盖学生的体育健康锻炼数据、参与体育活动表现数据、课间活动自主行为数据等。由于这些行为数据、学习数据、生理状态数据是原始未经处理的，无法直接导入增值评价模型进行计算。因此，利用智能化评价服务平台中的数据处理与汇聚服务系统，将过程性数据智能化分析与处理结果流向数据仓库中心，从而获得优质有序的学生发展数据。例如，要计算学生的"健康生活"增值结果，需要获取学生的体育机能、积极锻炼、安全素养等观测项数据。这些数据的获取可以通过智能手环、视频监控设备、体育课堂活动摄录来完成，利用不同设备端口与评价服务平台之间的数据互连共享系统，将原始过程性数据进行提取、清洗、汇聚与存储，最终将其导入评价服务平台智能选取的增值评价模型中，输出学生健康生活维度下的学生发展增值评价结果。

三是借助平台中的问卷填报管理系统的支持，将不同评价主体的主观评价情况进行处理并存储，获取学生发展数据。具体来说，不同用户主体通过登录评价管理系统，选择电子化问卷填报模块，完成不同阶段对学生发展表现情况的量化评分或质性评语的输入。这里的电子问卷包括学生综合素质评价指标打分表（基本指标）、学生综合素质表现记录表（个性特长与突出表现）等。学生发展数据不能仅仅依靠智能设施设备等机器来获取，还需要融合主体视角下的评价数据。因此，借助电子化问卷的数据填报，依据不同评价主体的用户权重，结合综合素质评价指标系统的评价内容与填报情况，采集主体视角下的学生发展数据。这样做的好处是，能够确保充分利用这些主观性的学生发展数据，为后期核查与验证机器输出的学生发展增值评价结果提供证据与保障。例如，要获取学生品德发展维度上的数据，我们可以采用的方式除了利用大数据技术来全智能地输出增值结果之外，还可以利用不同评价主体在日常学习生活环境中对学生品德发展行为表现方面的监测与主观观念来判断学生增值情况。具体来说，不同用户通过定期输入量化打分与关键事件记录，结合平台中的主体权重、问卷数据权重、指标维度权重等计算标准与规范，科学地呈现学生发展增值评价的人工评定结果。最终，整合该结果与模型计算的增值评价结果，从而科学地保障学生发展增值评价结果的输出。

综上所述，针对学生发展数据的获取，技术平台可以提供的数据采集服务在于：利用接口或端口来互连学生发展数据，以及在平台中内置学生发展数据的上传功能。这也是利用多种评价技术和方法的相互印证和补充，来确保学生发展增值评价运行的有效性与科学性。

三　学生发展增值评价数据处理

科学有效的数据处理能够提高数据的质量和准确性，帮助我们从海量的数据信息中提取有价值的信息，从而确保数据的准确度与可信度。具体来说，主要包括三个方面的内容：一是明确学生过程性数据处理方式；二是确立整合输出指标维度的量化分值和质性评级；三是明确技术平台能够支撑数据处理的关键服务。

（一）明确学生过程性数据处理方式

如前所述，学生发展增值评价需要采集学生发展过程中全方位、全程性、全域性的数据，这些数据涵盖不同类型，属于多种模态的数据。首先，利用 xAPI 国际标准数据规范并结合 JSON 格式，通过物联网、无感知动态采集学生的过程性数据，并通过数据仓库中心的清洗和预处理，将数据进行去重和格式整合；其次，将所采集到的数据进行筛选、转化等；最后，将其存储为增值评价可利用的数据流格式。具体来说，采集数据的载体和数据类型不同，处理学生数据的方式也不同。

第一，对于校园内或课堂上拍摄录制的视频型数据，可以通过编码分析来处理。这种方式可以适用于任何视频动态捕捉的学生行为数据分析，包括视频监控、图像拍摄、摄像头捕捉等行为层数据的获取。具体来说，可以将视频录制进行片段切割，以学生行为转换为节点，提取学生在视频录制片段中的一系列动作，记录学生活跃时期的行为数据流。编码记录的内容包括观测项目、学生信息、动作、对象、开始时间、结束时间、行为持续时间、地点、获取工具、活动内容等，形成一条条行为数据流。如通过校园内的智能监控摄像头，将后台记录的学生课间活动视频进行数据编码分析，可以提取到学生的活动偏好行为、主动学习行为、前往办公室次数等信息，形成对应指标项目的观测证据。

第二，对于在线学习平台或智能软件上获得的行为型数据，可以通过后台记录与生成的方式来处理。后台记录与生成的方式适用于任何具有数据采集及行为统计报表生成功能的平台或软件所获取的行为数据分析，包括一些智能软件、智能手环、慕课平台等。这些成熟的平台或软件已经能够自动采集学生相关数据并生成统计报表，如智慧树、学堂在线等学习平台，能够生成学生学习时间、学习进度、测试成绩、讨论区表现等数据报表；一些智能教学系统、辅导软件或学习机，也可以自动生成学生的学习频率、学习偏好、学习时长等数据报表。

第三，对于学生交流讨论话语及校园内语音录制的语音型数据，可以通过编码分析来处理。编码分析需要依据学生活动的不同场景来进行。如学生在学习方面的交流讨论语言分析，可以参考一些学者提出的认知水平分析框架来进行编码，从而分析得出学生对学业知识的认知程度及学习动机等情感因素。又如利用语音录入系统获取的学生在志愿服务活动时的交流互动语言，可以对其进行关键词编码，从而获得学生的社会实践体验情感和实践态度等心理层数据。

第九章　信息技术支持的学生发展增值评价体系 ▶▶▶

第四，对于学生文本资料或文本型数据，可以通过 OCR 文字识别、文本挖掘、情感分析、文本聚类等技术方法来处理。这些方法可以自动提取文本资料中的内容、意义和情感，从而帮助提取有价值的信息和知识。如在学生审美素养的指标观测项目上，将学生的绘画作品使用机器扫描上传转换为计算机可读文本，运用情感分析和文本分类等方式，可以获得学生的审美倾向、颜色偏好、布局排版等方面的审美特点。

第五，对于问卷填报或用户输入打分方式获得的学生写实记录材料，可以通过数据导入的方式上传到智能评价服务平台系统中进行分析处理。通过平台对接、接口导入等方式可以将数据和问卷信息智能化地填报到评价平台中，依靠系统数据仓库中心的定义规则换算评价权重，最终生成观测项目的终值。除了借助上述智能技术处理学生过程性数据之外，教师、家长、学生等评价主体也要客观、及时地记录学生参加各项活动的现实表现。

总体来看，通过各种面部识别、姿势识别、行为提取与编码、语音识别、情绪识别、文字识别等技术，可以对学生过程性数据进行自动运算、分析和处理；再借助大数据挖掘、智能计算、自然语言处理等技术对汇总后的数据进行自动分析和建模后得到标准化的数据。

(二)确立整合输出指标维度的量化分值和质性评级

针对不同的指标维度，通常会呈现出量化分值和质性评级两种类型的输出呈现形式。量化分值是指通过对学生过程性数据进行量化处理和分析，最终提取出具体的数值。这些数值通常代表了某一特定项目上的程度或水平，如学生的测验考试成绩、阅读速度、反应时间、阅读时长等数据。这种量化分值具有客观性和可比较性，可以清晰地展示出不同的学生个体在某一具体观测指标上的差异。在这些观测项目的测量和整合上，可以依据学校的需要选择单项增值计算。如在考虑将学生的阅读行为进行增值结果输出时，可以单独将学生的阅读时长、读书数量、阅读速度、阅读效率等量化数据进行增值计算。此外，也可以在系统中选择将学生的六大指标维度进行整合呈现，系统将依据预设的指标权重系数，输出学生发展的每个指标项上的终值。

质性评级是指对某一指标进行的主观评价和判断，通常基于不同评价主体的观察、评估和主观判断。这些质性评级通常用于描述那些不适合用具体数值来衡量的指标，如学生的积极性、合作能力、创新能力、科学探究能力等。这种质性评价的开展一般需要依托主体对学生过程性数据进行挖掘、分析的结果，而不仅仅是评价主体对学生表现的主观判断。具体来说，等级评定结果的输出需要以不同主体在系统中查看技术输出呈现的结果来作为参照，再辅以主体对学生过程性表现的验证或判断来完成评级。如智能评价服务平台系统结合课堂录播技术、眼动追踪技术、物联感知技术等获取到的学生在科学课堂上的行为表现，并对其进行深度挖掘与科学分析，最终得到机器输出呈现的学生"探究实践能力"指标项的评级分数为"中等水平"。此时，科学深入教师、学生本人、同伴可以协同商定其结果的科学性，而后依据综合判断输出该指标项的等级评定结果。如果判断一致的话则可以选择认可该结果；如果认为该结果不够准确，评价主体可以进行勘误修订，选择修改选项即可进行调整。

总之，量化分值和质性评级都是对学生发展状况的最终整合输出结果，但它们分别侧重于客观数据和主观评价的介入。在整合输出学生某一指标项的评定结果时，可以将两者结合起来，全面地描述学生发展某一指标的整体状况。

(三)技术平台能够支撑的数据分析服务

数据分析是教育数据大脑中的核心。依靠数据采集技术获取到的学生发展过程性数据，在完成数据预处理、数据清洗、数据汇聚、数据存储的环节之后，借助大数据分析技术、人工智能技术、智能处理算法等新一代信息技术对数据进行科学分析至关重要。

从当前技术发展的情况来看，支持数据分析的技术主要包括学习分析技术、数据挖掘技术、多模态整合分析技术、深度学习和机器学习、贝叶斯算法、人工神经网络等技术。可以借助的数据分析模型方法包括

第九章　信息技术支持的学生发展增值评价体系

关联分析模型、预测分析模型、聚类分析模型、分类分析模型、时间序列分析、决策树分析、因果分析、主成分分析、情感分析技术、自然语言处理、文本挖掘等。这些新一代信息技术和相应的数据分析模型，为数据的统整输出提供了更科学、更有效的依据，为教育数据提供了强大的分析处理能力。这些数据分析技术和数据分析模型的设置，需要在智能化评价服务平台中设置接口，导入这些分析方法的使用标准、业务场景规则和数据源的处理标准。具体来看，要将这些数据分析技术和模型集成到一个智能化评价服务平台中，并实现自动运用某种数据分析方法来开展学生过程性数据的处理工作。具体来说，需要完成以下内容的设置。

第一，需要定义各个数据分析技术和模型的应用接口，包括输入、输出参数和返回结果等。这些接口应该基于通用的数据格式和通信协议，以便能够与平台进行集成。第二，针对不同的分析技术和模型，需要编写相应的脚本程序，以实现自动的数据处理和分析。这些脚本程序应该能够调用相应的接口，并按照预设的规则和标准进行处理。第三，需要在平台上构建数据处理和分析的流程，将各个分析技术和模型按照业务场景规则和数据源的处理标准进行串联。此外，需要设置相应的数据输入和输出接口，以便实现数据的自动流转。第四，针对不同的分析技术和模型，需要配置相应的参数，例如学习率、迭代次数、特征选择方法等。这些参数可以根据实际需求进行调整和优化。第五，在完成平台构建和技术配置后，需要进行测试和调试。可以选取一些实际数据进行测试，检查平台是否能够正确地处理和分析数据，并输出正确的结果。经过测试和调试无误后，可以将平台部署到运行过程中。在运行过程中，需要定期监控平台的运行状态和数据流量，确保平台能够稳定地运行并提供准确的分析结果。需要注意的是，在构建智能化评价服务平台时，应该考虑平台的可扩展性和可维护性。随着评价要求和目标的变化与技术的发展，可以随时将新的数据分析技术和数据分析模型集成到平台中，以满足教育行政部门、学校、教师等对学生综合素质评价的要求。

四 选择学生发展增值评价计算方式

依据不同的数据类型和计算需求选择不同的增值评价模型或计算方式。选择并应用适切的学生发展增值评价计算方式，能够确保学生发展增值评价结果的精准计算，保障学生发展增值评价结果的科学性和正确性。具体来说，需要明确以下三个方面的内容：一是明确增值评价计算方式有哪些；二是选择该增值计算方式的依据是什么；三是在技术平台中如何开展增值计算工作。

（一）明确不同的增值评价计算方式

依据测量设计类型的不同，可以将其分为横截面测量模型和纵向测量模型两大类[①]。前者包括组间测量模型、轨道模型、基于 OLS 线性回归的残差模型、基于 HLM 的残差模型、基于 HLM 的残差分析模型等；后者主要包括重复测量模型、OLS 线性回归模型、学生增长百分位模型、残差模型、交叉分类模型、多变量随机效应模型、单变量响应模型等。不同的增值模型都有其自身的适用条件、优势和局限。因此在特定的教育实践场景下，在选用模型时需要依据数据条件来选用模型。如基于 HLM 的残差分析模型，该模型以学生现在的实际分数与预测值之间的差值来判断增值，前提是要控制学生入学的初始分数。其优点是能够反映学校层面对学生成绩的影响，其缺点是需要检验残差方差齐性和自变量与残差独立的假设。如选择常见的学生增长百分位数模型（SGP 模型），该模型通过分位数回归计算方法，在取得相同学业水平的学生群体中进行比较来确认每个学生的进步情况，即可以被理解为一种相对的增长，也是一种追踪数据的垂直等值增长。这种方法能够呈现出学生层面的学生个体增长百分位数，但该估计模型对数据的样本量有着较高的要求，需要样本量足够大，且周期足够长，才能对增长百分位数进行估计。本

---

① Kim, H. H., Lalancette, D., "Literature Review on the Value-Added Measurement in Higher Education", https：//www.oecd.org/education/skills-beyond-school/litterature%20Review%20VAM.pdf, 2023 年 1 月 11 日。

第九章 信息技术支持的学生发展增值评价体系

书认为，在学生发展增值评价计算方式的选择上，可以借鉴一些成熟的增值模型的思想，关注学生前后发展的数据变量和以个体信息为基础[①]。

一是利用标准分法的思想，将后测标准化分数与基线分数相减再进行数值比较，从而计算出增值分数。这种方法主要用于学生学业发展的评价，需要考虑指标分数的分布情况，以及不同时间点上的分数是否存在显著差异。选择时需要考虑该指标维度的复杂性和多维性，判断是否能将原始分数转化为标准分数，再将后期的分数与前期的分数进行比较，从而判断学生在该指标上的进步情况。

二是利用分层回归法的思想，运用数据的嵌套结构，在组织数据的多个层级上提供效果估计。将学生某一维度的后测分数作为因变量，将学生的前测分数作为预测变量，计算实际增量与理论增量的残差值来判断增值结果。在应用分层回归法时，需要考虑数据的特点和分布情况，以及不同层级之间的关联性。此外，还需要考虑其他因素的影响，如学生的个体差异、环境因素、家庭因素等。

三是利用学生成长百分位数法的思想，将学生的某一维度水平与同水平的均值分数相比照来判断学生在该维度上的发展情况。这种方法可以考虑到学生的个体差异和不同群体之间的差异，能够相对客观地反映学生在群体间的发展增值情况。

四是利用增值评价纵向测量模型的思想，测量同一组学生在时间发展序列上的结果水平变化情况。也就是说，随着时间推移跟踪收集的学生成长数据，基于多年的纵向数据来分析同一学生在同一指标维度上的增值计算。这种增值计算方式本质上与美国田纳西州增值评价模式 EVAAS 系统[②]的一般过程相似。即在每一阶段末比较学生该阶段与前一阶段的标准化分数的差值，从而评估学生在此阶段的进步情况。这种计算方式主要需要数据，即关于学生群体的成长数据和针对学生个体的预

---

① 马晓强：《增值评价：学校评价的新视角》，北京师范大学出版社 2012 年版，第 60 页。
② Evaas, North Carolina, https://ncdpi.sas.com/?ab=Y&as=a&aj=a.html.

测分数（增值数据和预测数据）①。依据 EVAAS 的专门模型来计算学生群体学业成绩的增值思想②，我们可以有以下两种思路：一是单变量响应模型 URM，一种线性混合模型，属于协方差分析模型，将通过测量学生的预测分数和实际分数之间的差异来判断学生是否实现了成长预期，结果以量表分数表示。计算模型为：$Y = X + F + \varepsilon$，适用于连续阶段的测试及非连续阶段的测试。③ 二是多变量响应模型 MRM，是一种基于增益的模型，它测量一组学生在两个时间点之间的增长，用来比较学生个体在群体中的相对位置，用正态曲线等值 NCEs 来表示。④ 计算模型为：$Y = X\beta + Z\nu + \varepsilon$，适用于连续年级间的测试数据。

五是利用直接增值估算法的思想⑤，通过直接对比的方法，在学生增值的起点水平对其进行标准化或分数计算，在接受一段时间的教育后，再对终点水平进行类似的测试计算以确定增值的结果，两个分数之间的差异即可视为增量值。但该方法需要注意影响差值的一些内生性和外生性的因素，如人格特质、社会因素等。

总之，在学生发展增值评价的增值评价计算方式的选择上，可以借助国际上经典的增值评价模型的思想。但在具体选用时，还需要根据评价目的和评价背景来综合考虑，以找到最适合特定数据集和评价背景的增值评价计算方式。此外，运用科学的增值模型计算并不能保证评价结果的准确和无偏差，在模型使用之外还有许多其他的偏倚和误差因素可能会影响增值结果输出，如缺失值处理、学生流动性、增值分数的波动

---

① SAS, 2022, *SASR EVAAS for K-12 Statistical Models*, 2022－11－06, htps//www. sas. com/en/white papers/sas-evaas-k12 — statistical-models-107411. html.
② At Amrein-Beardsley, "Methodological Concerns about the Education Value-added Assessment System (Evaas); Validity, Relia-Bility, and Bias", *SAGE Open*, 2020, p. 10.
③ Vosters, K. N., Guarino, C. M., Wooldridge, J. M., "Under-standing and Evaluating the Sasrevaas Univariate Response Model (URM) for Measuring Teacher Effectiveness", *Economics of Education Review*, Vol. 66, 2018, p. 191.
④ Steedle, J. T., "Selecting Value-added Models for Postsecondary Institutional Assessment", *Assessment & Evaluation in Higher Education*, Vol. 37, No. 6, 2012, p. 637.
⑤ 沈玉顺、卢建萍：《制定教育评价标准的若干方法分析》，《高等师范教育研究》2000 年第 2 期。

第九章　信息技术支持的学生发展增值评价体系 ▶▶▶

性以及学生个体的基础背景等因素。在特定的教育实践场景下，量化的增值评价计算方式输出结果仅能作为部分参考，不应将其作为教育评价有效性的唯一指标，需要综合评价主体借助定性与定量相结合的评价方式，综合考虑学生的具体情况和发展特点来呈现学生发展增值评价结果。

（二）确定选用增值评价计算方法的依据

一般来说，可以根据学生发展增值评价的需要，遵循以下两种思路来选择增值计算。

一是可以基于数据测量设计方式来选择科学合理的增值评价计算方式，从而确保评价的有用性和易用性。具体来看，根据不同指标维度的项目测量，结合数据采集的特点、数据的类型、数据的范围、数据的分布情况和评价测量的要求，选择适合的计算方法。如果数据是连续型的，则可以选择标准分数法或效应量法；如果数据是离散型的，则可以选择分层回归法或学生成长百分位数法。如在学生的"体质状况"测量上，依据学生体质测试达标的分数，将学生期末的测验分数与学生期中时的测验分数借助智能评价服务平台中的数据系统将其转化为标准分数，再进行二者差值计算，从而利用标准分数法得到该指标维度上的增值计算结果。又如，对学生的"学科知识"维度进行测量，可以直接利用不同时间序列上的学科测验成绩，使用系统的最优模型推荐法来选择 SGP 模型或 HLM 模型开展增值计算。需要注意的是，在选择量化的评价测量方式时，需要对该测量方式的输出结果进行验证和调整，可以辅以不同主体的主观评价来检验结果的有效性和准确性。

二是可以基于评价需要和评价目的来选择定性与定量相结合的增值评价计算方式。这种选择依据将适用于学生发展增值评价的大多数质性指标维度的测量。具体来看，围绕学生成长全方位的发展情况测量，必须考虑内隐因素的复杂性，尤其是学生的思想道德、情感态度等方面的发展，需要借助将量化数据和质性报告结合的方式来进行。在完成前期评价指标系统的确立、观测点的设置、学生发展过程数据的采集、数据分析处理工作的基础上，我们可以通过在系统中选择某一时间段内学生某一指标维度上的前期和后期数据，再结合不同主体的协商讨论，选择以标签形式或评级的形式呈现学生发展增值评价结果，并出具质性的描述报告。如在对学生的"行为习惯"维度进行增值计算时，依据系统给出的前测后测数据差值，我们可以得到平台呈现的学生行为习惯在这段时间内整体向好的结果；再结合教师、家长、学生、同伴的主观评价情况，判断学生行为习惯指标项的增值结果是否为正向，如果结果一致，即可以认可平台的结果，即确定学生在行为习惯指标项上实现了成长增值；至于高或低水平的增值，可以结合量化的增值输出比例作为参照。

（三）技术平台能够提供的增值评价计算服务

运用智能化评价服务平台开展增值计算，能够为学生提供成绩分析报告、学习进步评估，形成学生发展预测。具体来说，技术平台能够提供的增值评价计算服务包括以下几个方面。

首先，可以将增值计算方式和模型进行内置。这些模型需要包括如上提到的一些量化的经典增值评价模型，也需要包含一些对数据的统计分析、机器学习和深度学习、智能处理算法等方式，用于对数据进行处理、分析和预测。通过将这些模型内置于智能化评价服务平台中，评价主体可以自由方便地选择和开展计算。

其次，可以将不同主体在每个时间节点的主观填报数据进行存储。在智能化评价服务平台中，可以设置相应的数据接口，将不同主体在不同时间序列上的观察记录与填报的数据进行存储与归档。这些数据包括学生、教师、家长等不同评价主体对各项指标观测点的评价、反馈、计分与意见等信息，通过将数据进行安全存储，评价主体在选择开展增值评价计算时，才有可能调取各个时期学生起点和终点的数据进行对比。此外，当评价主体选择开展增值评价计算时，平台能够自动调用相应的接口，将量化的计算结果和质性评价材料的前后记录结果进行呈现。这些结果可以通过不同的接口和界面以报表、图表和文字描述等形式反馈给不同评价主体，评价主体可以根据需要选择不同的呈现方式。

总之，在借助智能化增值评价服务平台进行学生发展增值评价时，需要使用自适应推荐技术或其他智能处理算法,将不同类型的数据与合适的增值评价计算方式进行匹配,避免使用错误的模型而得到不准确的增值评价结果。

五 呈现学生发展增值评价结果

学生发展增值评价的结果呈现直接关系到不同评价主体对学生发展过程全面性的把握和进一步干预策略的提出,对于改进育人方式,优化教育育人质量等具有重要的价值和意义。具体来看,学生发展增值评价的结果呈现环节需要阐明以下两个方面的内容:一是确定增值评价结果的呈现形式;二是明确以什么方式给不同主体呈现增值评价结果。

(一)呈现学生发展增值评价结果的形式

在结果呈现时,要尽可能地利用新型信息技术将复杂的、不容易辨认的学生成长增值评价结果以更为直观、清晰的方式呈现出来。这样不同评价主体就可以相对轻松地了解学生发展增值评价的结果。具体来说,应该借助大数据的可视化技术呈现学生发展增值评价的结果,主要包括图表的可视化、文本的可视化、网络的可视化、时空数据的可视化等。

一是图表的可视化。通过创建各种图表,借助图表、图形或图像等视觉元素来直观展示学生发展增值评价结果,能够帮助评价主体更加快速地理解数据,从而快速了解学生发展的进步情况或退步情况。例如,使用直方图来展示学生在不同学科的学业知识掌握增值结果及成绩分布图,或者使用折线图来呈现学生在某一时间段内的学业知识水平变化趋势。又如使用热力图、树状图、气泡图、雷达图、3D模型图等样式呈现学生多维度的增值评价数据及变化趋势等。

二是文本的可视化。运用文本分析技术,围绕关键指标和观测项目的说明信息,利用关键词提取、情感分析、主题建模、人工智能通用大模型等技术将大量文本数据和问卷填报结果以文字的形式呈现出来。这些文字是对数据图表和观测项目的综合解释、分析及建议,可以辅助评价主体更好地解读学生发展增值评价结果。

三是网络的可视化。通过将学生在网络上的行为互动和言语交流转化为可视化的网络结构或知识图谱型结果，例如通过关键节点和边的展示，可以清晰地呈现学生发展维度之间的联系和互动情况；借助实体、关系和属性的展示，可以了解学生成长发展的相关关系及影响路径。

四是时空数据的可视化。通过时空数据可视化技术可以将学生在时间和空间上的行为表现转化输出。具体包括时间线可视化、空间分布可视化、时空轨迹可视化等内容。如通过分析学生在不同时间段内的观测行为，可以看到学生在该阶段的成长轨迹和预测路径。还可以分析学生在不同地理位置的流动和聚集情况，了解学生的发展历程和空间分布情况。

总之，借助大数据可视化技术和可视化交互系统可以满足不同主体对学生发展增值评价结果解读的个性化需求。如家长想查看学生在校期间的体育表现数据和运动兴趣分布，他们可以自由地选择所需要的信息图表和行为数据。

(二) 如何给不同主体呈现增值评价结果

如前所述，学生发展增值评价的主体是由学生、教师、家长、学校管理者共同组成的。因此，需要结合不同评价主体的基础需求和特殊需求来制定结果呈现模块。学生发展增值评价的结果呈现还需要一套可视化交互系统。借助大数据可视化交互系统和计算机图形交互技术，不同评价主体可以通过选择或点击可视化交互系统中的选项与链接进行信息搜索与查找，满足他们对学生发展增值评价结果呈现的需求。具体来看，所有评价主体都需要了解学生发展的整体趋势和在某一阶段内的全面性发展增值结果。因此，学生发展增值评价的基本结果呈现应当包括学生的全面性发展报告以及各项指标维度的数据展示，将每一位学生和每一部分学生群体的数字画像以形象、简洁的方式呈现出来。

依据不同评价对象的特殊需求，可以为他们个性化定制需要的选项按钮。其中，教师是学生发展过程中的重要参与主体。他们除需要了解学生的整体发展趋势之外，还要深入了解学生在各个学科中的增值进步

第九章 信息技术支持的学生发展增值评价体系

情况,以及学生的未来发展潜力和不足之处,从而帮助他们改进教育教学和调整教学模式。家长不仅关注孩子的身心健康发展情况,还关注学生的学业进步情况。因此,要在选项设置和结果呈现方面能够较为简便地为家长呈现他们所关心的学生发展的可视化数据。

总之,为了满足不同评价主体的需求,学生发展增值评价的结果呈现应当是多样性、全面性和深入性的。此外,在智能化评价服务平台中,应该给予评价主体更多选择的空间和模块,让他们可以根据其需求自定义查询学生发展的各项数据。例如家长可以自由选择学生发展增值评价结果呈现的某个时间段,按照需要自定义查询某一时间段内学生成长不同维度的增值变化趋势,从而科学地掌握学生获得进步和退步的反馈信息。

第四节 信息技术支持的学生发展增值评价结果的运用

在学生发展增值评价体系中,成功输出学生发展增值评价结果并不代表评价的完成,关键还在于在结果呈现之后,应当依据评价结果和问题,从不同教育利益相关者的角度制订教育教学改进计划和策略。

第一,学生可以根据评价结果调适他们自己的学习和生活。学生发展增值评价能够及时关注学生成长的点滴,并通过将学生发展过程证据的收集形成追踪数据库,全方位多维度立体化地得到学生自身在某个时间段内的发展增值评价结果。学生可以通过他们自己的发展增值评价结果,客观地认识和把握他们自己的进步痕迹、不足的表现;也可以通过发展增值评价的结果了解他们自己进步的理由和不足的原因。学生对他们自己在一个阶段的发展进行复盘之后,能够较为清晰地看到因为努力和深度投入而进步的痕迹,也能够看到因他们自己不努力而退步的足迹。

第二,教师可以依据学生发展增值评价结构反思和调适他们的教育教学。学生在不同时间序列下的增值评价结果体现了他们不同方面不同程度的进步或退步情况，教师能够依据这些反馈信息反思他们自己，包括反思教学方式的适切性、知识讲授的可接受性、作业设计和安排的合理性、对学生的关心程度、与学生的沟通方式，等等，从而反思他们自己教育教学的方向、形式、内容、方法，进而改进其教育教学，也可以利用增值评价关注不同起点的学生，做到因材施教，帮助每个学生成长，还可以帮助教师更好地看见学生在某些方面发展的巨大潜力。

第三，学校可以依据学生发展增值评价结果调适学校办学和管理方向。学生发展增值评价的结果既可以反映学生个性的发展状况，也可以反映学生群体的发展状况。学校可以通过不同学段学生群体的增值发展情况来分析和反思学校的办学理念、学校文化、资源配置、课程体系、教学计划、课堂模式、管理方式等之于学生发展的适切性，进而根据学生发展所呈现出的优势和问题，及时调整学校的"软件"，以便更好地促进学生全面而有个性的发展。

第四，家长能够通过学生发展增值评价结果看到孩子的真实成长过程，进而改进他们自己与孩子相处、交流、交往的方式。家长虽然不是课堂教学的直接参与者，但他们是其孩子生活的见证者，能够关注到孩子的多方面成长数据。学生发展增值评价的结果报告能够准确地生成学生发展的增值轨迹和增值情况，家长借助各种类型的图表能够直观地查看学生的各方面成长记录，从而帮助家长反思他们自己的家庭教育，及时为孩子的成长提供支持与干预。此外，学生发展增值评价的价值还体现在能够推动家校合作育人上。通过学生发展增值评价，将家长和学校更加紧密地联结在一起，共同关注孩子的成长和发展，制定出更加符合孩子需求的教育方案，从而更好地促进孩子的成长和发展。

第五，教育研究机构和专业评估人员可以依据结果反馈来调整和优化学生发展增值评价。学生发展增值评价作为一种变革传统教育评价方式的重要方法，国内教育研究机构和团队对其关注热度逐渐增高。在开展增值评价的实践落地方面需要专业评估人员的支持保障；在技术赋能

第九章 信息技术支持的学生发展增值评价体系

学生发展增值评价体系的建构和运行上,也需要教育研究机构和团队对评价的设计和实施进行把关。在生成学生发展增值评价结果报告的基础上,教育研究机构和专业评估人员需要对评价效果和评价实施进行专业研判和回溯,从而调适和改进学生发展增值评价的工具和程序。

第六,政府能够依据学生发展增值评价的结果来合理配置资源、促进区域教育优质均衡发展。地方政府及上级教育部门可以依据学校的学生发展增值评价结果来客观把握区域教育质量和学校育人成效,进而及时调整教育政策、调适教育资源的配置方式等,最主要的是教育行政部门可以依据学生发展增值评价的结果来"因校制宜"地制定学校教育质量发展目标,实现教育质量的良性提升。另外,学生发展增值评价也改变了"弱者恒弱、强者恒强"的现象,能够唤起传统优势学校的危机意识,也能激发薄弱学校的发展动力,引导不同水平的学校进行良性竞争,共同促进学校教育的高质量发展。

第十章　信息技术支持的学生发展增值评价实践模式

我们已经构建了信息技术支持的学生发展增值评价理论框架，该框架对义务教育学校设计学生发展增值评价方案和开展学生发展增值评价工作具有一定的指导意义。为了使评价能够科学顺利地实施，需要进一步明确学生发展增值评价的具体实施流程，细化该评价的具体实践路径，引导不同的评价主体开展评价工作。本书依据 ECD 评价设计理论的核心思想，构建了基于证据的学生发展增值评价实践模式。

第一节　以证据为中心的学生发展增值评价实践模式

基于前期的文献研究和理论研究，本书提出了以证据为中心的学生发展增值评价实践模式。该实践模式的核心思想主要包括两个方面：一是要从理论上厘清学生发展增值评价是围绕证据进行的，需要构建基于推论的证据链条；二是要从实践上明确学生发展增值评价的关键在于依靠增值结果来调适、优化和改进教育教学工作。以证据为中心的学生发展增值评价实践模式的建构思路如图 10 – 1 所示。

第十章　信息技术支持的学生发展增值评价实践模式

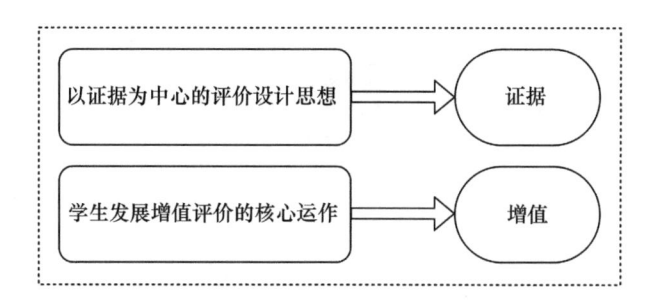

图 10-1　学生发展增值评价实践模式的建构思路

如图 10-2 所示，本书构建的学生发展增值评价实践模式包括确定评价指标与观测项目、开展过程性数据采集、形成证据推理链条、计算学生发展增值结果、分析学生发展增值情况、反馈增值评价结果与优化调节教育教学六个环节。

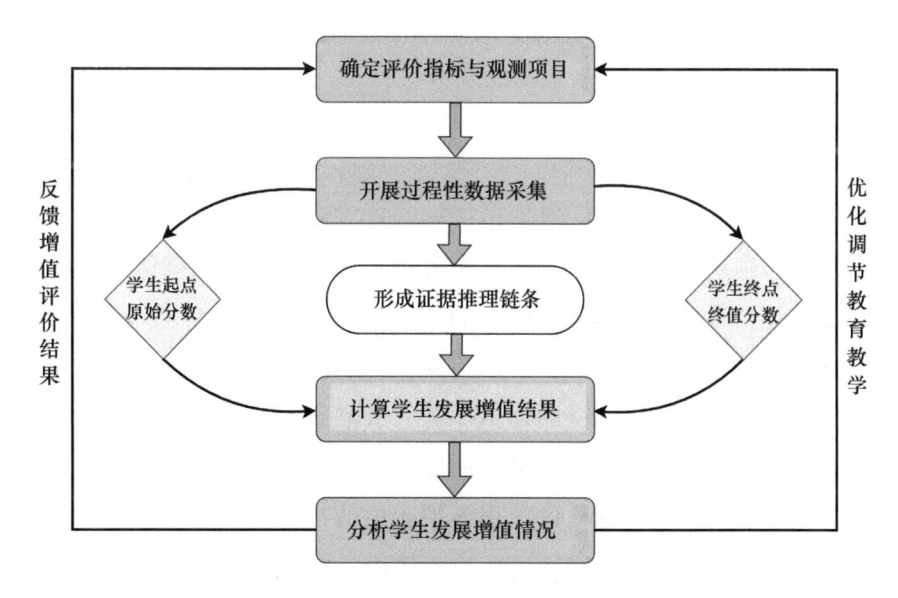

图 10-2　基于证据的学生发展增值评价实践模式

一　确定评价指标与观测项目

如图 10-3 所示，开展基于证据的学生发展增值评价的第一步是确定评价指标和具体的观测项目。

241

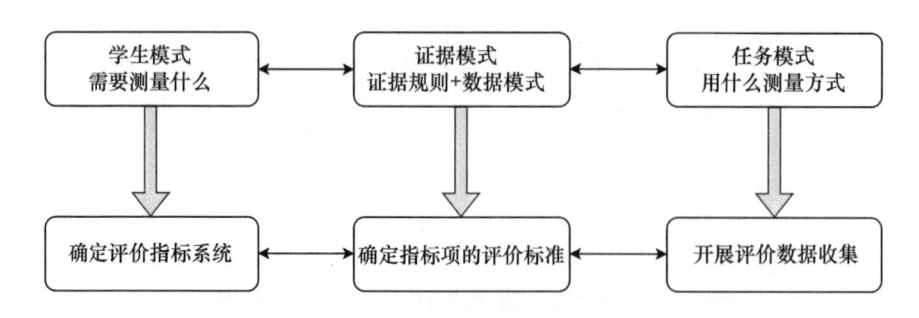

```
┌─────────────┐      ┌─────────────┐      ┌─────────────┐
│  学生模式    │ ←→  │  证据模式    │      │  任务模式    │
│ 需要测量什么 │      │证据规则+数据模式│    │用什么测量方式│
└──────┬──────┘      └──────┬──────┘      └──────┬──────┘
       ↓                    ↓                    ↓
┌─────────────┐      ┌─────────────────┐  ┌─────────────┐
│确定评价指标系统│    │确定指标项的评价标准│  │开展评价数据收集│
└─────────────┘      └─────────────────┘  └─────────────┘
```

图 10-3　依据 ECD 概念性评估框架来确定各环节的内容

首先，根据概念性评估框架中的学生模式，确定学生发展增值评价需要测量的内容。具体来说，这一环节需要明确四个方面的内容。一是要测量学生发展的哪些维度或哪些素养？二是每一个维度下的评价指标是什么？三是评价指标确立的依据是什么？四是每个评价指标具体的观测项目或观察点有哪些？

其次，根据概念性评估框架中的证据模式，确立各层级评价指标项目的具体评价标准和赋值方式。因为不同评价主体在开展基于自我判断的学生发展增值评价时，需要依据详细的评价标准来给出三级评价指标项目要求的判断结果。此外，还需要为每个指标项目确定赋值方式。需要注意的是，每个指标项目和评价标准应该具有可操作性和可测量性，以确保评价过程评判的科学性。如学校在确立学生发展增值评价的评价指标时，除了可以运用典型的德尔菲法、文献研究法、层次分析法等方法来确定指标要素之外，还可以运用技术平台生成的评价指标。具体来说，学校可以先借助智能化评价服务平台中的指标库管理、指标权重设计、自适应推荐技术、智能算法等技术手段，在系统中选择要测量的学生素养某一维度，智能生成的评价指标项目和层次结构[1]，然后邀请专家团队和评价主体根据学生特点和评价目标对机器生成的学生发展增值

---

[1] 刘邦奇等：《智能技术赋能教育评价：内涵、总体框架与实践路径》，《中国电化教育》2021 年第 8 期。

第十章 信息技术支持的学生发展增值评价实践模式

评价指标模型进行必要的调整与修改，形成最终的指标项目和层次结构。总体来说，在学生发展增值评价的具体实践过程中，评价主体可以根据学生发展实际和学校的评价目标来决定利用何种方式确定学生发展增值评价的指标系统。

以学生学业发展为例。依据《义务教育质量评价指南》中学生发展质量评价的关键指标，可以确定学生学业发展的二级指标包括学习习惯、创新精神和学业水平三个层面。具体来看，本书构建的学生学业发展维度的评价指标及观测项目如表 10-1 所示，这些指标也可以在智能化评价服务平台中，通过指标库管理技术进行智能生成，为了确保平台生成的学生学业发展指标的科学性、合理性与全面性，在实施评价之前，评价团队一定要结合评价目的和学生发展对指标进行调适。

表 10-1　　　　　　学生学业发展的评价指标及观测项目

一级指标	二级指标	三级指标	重要观测内容
学业发展	学习习惯	学习态度	保持积极的学习态度；主动预习，认真听讲，及时复习，认真完成作业
		自主学习能力	具有学习自信心和自主学习意识，具有自主探究学习能力
		合作学习能力	善于合作学习，努力完成学习任务
		学习方法	掌握有效学习方法，积极思考，踊跃提问
	创新精神	兴趣特长	积极参加学校兴趣小组社团活动，有小制作、小发明、小创造等科学兴趣特长
		问题解决能力	有好奇心、想象力和求知欲，有信息收集整合、综合分析运用能力，有独立思考、发现问题、解决问题的意识与能力
	学业水平	知识水平	理解学科基本思想和思维方法，掌握学科基本知识、基本技能
		学业水平	达到国家规定的义务教育课程学业质量标准要求
		学有余力	校内、校外学业负担感受状况

续表

一级指标	二级指标	三级指标	重要观测内容
学业发展	学业水平	阅读能力	养成阅读习惯，具备一定的阅读量和阅读理解能力
		学习技能	主动参与实验设计，能够完成实验操作

二　开展过程性数据采集

以证据为中心的评价设计理论强调证据的核心作用，证据来源于学生发展过程中的数据，这些数据散布在学生的日常行为之中。因此，我们需要依据评价标准和观测内容，借助信息技术手段采集学生发展的过程性数据。具体来说，评价主体在此环节需要明确以下两个方面的内容：一是评价指标与所采集的数据之间的关系；二是学生发展过程中采集数据的方法。

（一）确立评价指标与数据的映射关系

如前所述，我们将学生发展的过程性数据分为四种模态型数据：个体基础层数据、生理层数据、行为层数据和心理层数据。这四种数据应该与各个评价指标项构成一定的映射关系。各个评价主体要明确各个指标项与数据标签之间的映射关系，依照评价指标模型的观测点，采集观测点下学生的各种行为表现，形成相应的数字标签。在学生发展增值评价的实践操作中，各个评价主体需要按照类别将学生发展的过程性材料上传到指定位置。如教师应当把学生的研学实践活动记录册上传到学生的劳动与社会实践维度下；家长应当把学生居家参与家务活动的视频材料上传到学生的劳动与社会实践维度下；学生可以把他们自己的一些科学实验记录册上传到对应的科学素养维度下，等等。以学生的学业发展为例，表10-2列举了部分校园内不同的设施设备可能获取的学生学业发展的数据，并结合以往研究成果尝试给出了每种数据所对应的评价指标映射情况。

表 10 – 2　　不同设施设备所采集的学生学业发展数据及指标映射情况

设施设备	获取数据	评价指标映射
校园监控设备	学生进班时间	学习积极性、学习时间管理等
	学生进班的学习活动	学习主动性、学习内容规划等
	学生早读音频	学习投入、预习复习情况等
	学生课堂举手次数	学习积极性、独立思考能力等
	学生课堂发言音频	思考思维能力、发现问题意识等
	学生写作过程摄录	学习态度、学习方法、写作能力等
	学生考试过程摄录	学习态度、学习诚信、自我管理等
	进入图书馆次数	学习积极性、阅读兴趣等
	社团活动摄录	兴趣特长、社团参与积极性等
	课堂学习活动摄录	自主学习、协作问题解决能力等
校园一卡通系统	个人信息档案	学生个体背景信息
	图书馆自习时间	自主学习能力、学习时间管理等
	图书借阅分布情况	兴趣爱好、阅读习惯、阅读能力等
	实验室预约情况	自我探究学习能力、科学实践兴趣等
	网络课程学习情况	学习资源使用能力、自我规划管理等
眼动追踪仪	课堂学习活动面部捕捉	学习专注度、学习投入、学业情绪等
	在线平台学习活动	学习方法、学习态度等
	阅读理解活动眼部追踪	阅读理解能力、学习方法、学习习惯等
课堂互动系统	学习活动情绪获取	学业情绪、学习积极性、感知教师支持
	听课状态	认真程度、学习投入等
	小组讨论过程	思考思维能力、协作问题解决能力等
	实验操作过程	实验技能、实践能力、交流状态等
场地监控设备	课外时间学习情况	自主学习能力、社团活动爱好等
	科技场馆活动	科学探究能力、实验操作技能等
	机房自主学习情况	信息收集能力、自主学习能力等
	研学活动摄录	解决问题能力、方案设计能力等
智慧手环	学习时间统计	自主时间管理、主动学习意识等
	皮电心率数据	学习投入度、学习专注能力等

续表

设施设备	获取数据	评价指标映射
App 使用	作业完成情况	作业情绪、独立作业、知识掌握情况等
	查阅学习资料情况	自主学习、学习方法、信息收集等
	兴趣爱好分布	兴趣爱好、学习资源使用能力等
	图书阅读情况	阅读习惯、阅读能力、阅读方法等
教务管理平台	学生测验成绩	学业知识掌握情况、学业水平达标度

（二）明确学生发展过程中的数据采集工作

在借助技术开展数据采集过程中，评价主体需要明确学生发展过程性数据采集工作的基本操作原理与内容，主要包括以下几个方面。

一是利用校园智能教学平台或教务管理系统等平台获取学生的学业数据。如关于学生学业发展方面的材料收集，学生的考试成绩、作业完成情况、学习任务单、在线学习情况等量化的学业数据都可以通过学生的教务管理系统获取，具体的数据获取将由技术平台的接口来实现。

二是利用智能传感器、物联网感知等设备和技术获取学生的行为表现数据。关于学生学习的行为数据的获取方面，可以利用校内的智能传感器、物联网感知系统、视频摄像录制、图像识别等技术或工具，通过数据挖掘分析技术来提取学生在校内的学习行为数据、体育锻炼数据、课堂表现行为、文本信息描述情况等，将采集的视频、文本、语音等多模态数据交由评价平台技术进行编码处理与特征提取。

三是利用学生成长档案袋评价方式来获取学生的成长过程记录。具体来说，教师或家长观察记录学生成长过程中的一些综合活动事件，以文字的形式存储原始材料，将学生的优劣表现实时登记在册，形成关键事件记录册。这种方式主要用于补充技术设备可能无法捕捉到的一些质性因素，以作评价参考之用，辅助后期评价主体对学生发展增值情况做出综合判断。

四是利用自评式心理量表来获取学生的心理状态数据。这部分工作需要教师和学生来完成，但学生需要在教师指导监督下完成此项工作。

具体来说，评价主体可以借助智能化评价服务平台提供的心理测评量表通过在场监督的方式完成对学生心理状态，如学生的行为习惯、劳动习惯、学习动机、学习兴趣、学习积极性、学习风格类型、社会责任等数据的采集。

五是通过设置真实任务情境来采集学生复杂技能的外在表现。这部分工作需要评价主体通过设计活动任务，利用真实任务情境来触发学生在活动中可能发生的一系列行为，从而促使智能设备更多地捕捉到学生参与活动的过程性数据。如对学生的合作解决问题能力、批判性思维能力、高阶思维能力等复杂技能的测量，教师可以设计具有交互性、动态性、真实性的测验任务，将学生放置于不同的任务情境中，通过任务诱发其一系列行为表现，再借助智能设备来捕捉获取学生参与活动的过程性数据。

总之，上述五种获取学生过程性数据方式，能够为评价主体提供一些实践思路，各个学校可以根据学校评价的目标和学生发展的实际将智能化评价服务平台的数据采集功能和评价主体的观察记录结合使用。

以学生的学业发展为例。我们需要明确不能完全依靠技术平台输出的量化性增值评价结果来得出学生学业发展的增值结果。教师、学生、家长等评价主体都需要使用质性与量化相结合的评价方式来综合评价学生学业发展方面的增值情况。在学生的学业发展过程中，相关评价主体主要有教师、家长和学生，各自的数据采集工作如下。

对于教师来说，在学生的学业发展数据采集方面需要完成以下七个方面的工作：一是学业测验。对学生开展学业知识水平测验，然后运用智能阅卷技术完成试卷的批阅与打分，再借助校园教务管理平台完成学生考试成绩的上传、统计和报表输出等。这部分工作不需要任课教师过多地参与，主要依靠智能平台来完成。二是观察记录。在课堂上，各科任课教师需要观察记录学生的学习习惯及行为表现。具体来说，观察学生学习的积极性、听讲的专注程度、预习复习完成情况、作业完成质量、发言的积极性、提问能力等，教师可以依据原有教学评价经验或奖罚制度对学生开展评价，在课堂表现记录册或奖励记录册上留下评语或评级。三是特色活动的组织与材料的收集。围绕学生的学习内容，结合学生的认知特点，教师可以精心设计并组织一些丰富的综合实践活动，收集学生参与活动的资料，可以开展全程视频录制。如南师附中南淳学校于2023年6月根据一年级所学内容，结合学生的认知特点，在数学学评方面设置了计算"小蓝狮"、操作"小蓝狮"、解题"小蓝狮"、购物"小蓝狮"四个关卡，每个关卡知识点层层递进，全面考查学生的计算、观察、理解等思维能力以及购物、表达、交流等综合应用能力。这样的多元化评价实践活动更有利于评价学生的学科综合素养。四是组织问卷量表测评。这种方式是利用自我报告法来收集不同学生的主观心理感受，在具体操作时可以利用智能化评价服务平台中的量表管理技术。教师选择要测评学生的某种学习心理感受，平台将会智能化地推荐适合且成熟的问卷量表，教师组织监督学生完成该量表的填报。运用此方法可以测评学生学习投入、学习自我效能感、学业情绪、感知教师支持等心理素质。五是组织任务情境测验。这种方式可以用来测量学生的一些抽象、结构复杂的高阶学习能力，例如合作问题解决能力、信息素养、批判性思维能力等。一般来说，教师可以借助智能化评价服务平台中的任务情境测验方案，组织学生在动态性交互性的测验环境中完成任务，从而利用机器获取学生完成任务的测验数据。六是组织学生的学业发展研讨活动。各科任课教师需要在班主任教师的组织下，定期开展学生的学业发展研讨活动，对学生该阶段的学业发展表现进行汇总、分析与总结，并由班主任教师做好记录与存档。可以借助视频录制设备将研讨活动进行全程录制，并将视频上传到智能评价平台中，即可利用智能技术完成话语数据的编码与挖掘分析工作。七是完成学生学业发展的综合评价表填报。在智能化评价服务平台中，各科任课教师可以找出对应的学业发展评价指标量表，完成各个评价项目下的评分。如数学老师可以对学生数学课堂表现及数学学科素养进行量化打分或质性评级，完成平台中的综合评价量表的填写。

对于家长来说，在学生学业发展数据采集方面需要完成三方面的工作：一是观察记录。家长需要观察孩子在家庭环境中的学习态度、学习积极性、学习专注力、作业完成主动性、独立自主学习能力等，并进行相应的记录或者表格填报，这种记录表格不应设计得过于复杂，最好用勾选的方式提供给家长进行选择。二是参与学生的学业发展研讨活动。家长需要协同各任课教师、班主任、学生来参与学校或班级组织的学生学业发展研讨活动，指出学生在家庭环境中完成学习活动的相关表现和存在的具体问题。三是完成学生的学业发展综合素质评价量表的填写。家长可以依据其自己主观感受与日常观察情况，在智能化评价服务平台中定期完成家长视角对学生学业发展综合素质评价评分的填写。家长在填写时需要认真阅读指导语和评分标准，也可以补充上传一些学生在家完成学业学习的相关质性材料。

对于学生来说，在自我的学业发展数据采集方面需要完成的工作主要包括以下几个方面：一是完成自我报告。学生需要对他们自己的学业发展情况进行及时反思和评估，通过完成一些自我报告式心理测评量表来总结其自我的学习感受、学习习惯、学习投入等。二是开展同伴互评。学生可以与同伴进行互相评价，例如完成小组合作总结量表、同伴表现打分表、课堂小组活动评价量规等的填写，及时客观地给予同伴真实的学习评价。三是参与学业发展研讨活动。学生需要参加班级或学校组织的学业发展研讨活动，与教师、家长、其他同学一起共同研讨学习方法、学习策略、学习计划等问题，并由对应的教师做好研讨记录。四是完成个人的学业发展综合素质评价量表的填写。学生需要在智能化评价服务平台中完成自我学业发展综合评价指标表的填写，通过填报自我综合学习发展情况，从而对自我学业发展进行监测和评估，也可以在其中补充一些个人的学习感受和相关事件记录。

此外，还应当借助智能化评价平台的数据挖掘、学习分析、多模态整合分析技术将学生学业发展数据进行数据整合与特征提取。如图10-4所示，我们选取了学生学习习惯维度，将其中的一些数据获取方式做了列举。

◀◀◀ 信息技术支持的学生发展增值评价研究

总体来说,通过智能化评价服务平台中的技术接口与智能算法,平台将会对所获取的原始数据信号进行数据源分析、特征计算、特征提取、自动编码分析、视频"切片"、学习分析、多模态整合分析、数据建模、数据挖掘等处理,最终完成多模态数据的建模分析,生成各个评价指标项上的判断结果。

三 形成证据推理链条

在完成数据的采集工作之后,数据转化为证据,是基于证据的学生发展增值评价运行的关键。数据并非证据,但证据却是由数据转化而来的[①]。基于证据的学生发展增值评价需要将学生成长周期中的质性材料与量化数据进行规整与融通,通过将证据不断链接结形成完整的事实推论链,从而以证据驱动的方式进行动态追踪与精准评估的系统化增值评价。

因此,在学生发展增值评价的实践中需要分两步来完成从证据到推论再到结果的过程。一是要关注证据的生成;二是要关注推理链条的形成。

第一步是生成学生发展增值评价证据。为了使不同评价主体能够比较直观地理解评价证据的形成过程,图10-5出示了具体的证据形成流程。其运行经历"行为—数据—信息—证据—证据库"这样五个阶段。

第一,借助物联感知技术及其他技术手段能够充分抓取学生成长过程中的行为表现,这样的数据采集具有伴随式、全过程、多维度、全方位的特点,确保了数据的动态性、全面性和即时性。第二,借助大数据分析技术将学生过程性数据进行分类与汇聚,这些数据涵盖了学生行为、心理、态度、活动表现及情感等多维范畴,通过数据与材料的分类汇集,形成扎实的数据根基。第三,对数据进行集成之后,不同类型的数据蕴含了个体在学生发展不同维度的信息。第四,通过对数据进行标注、特

---

① 胡艳敏、温恒福:《大数据时代循证教育治理:内涵特征、发展逻辑与运行机制》,《电化教育研究》2023年第3期。

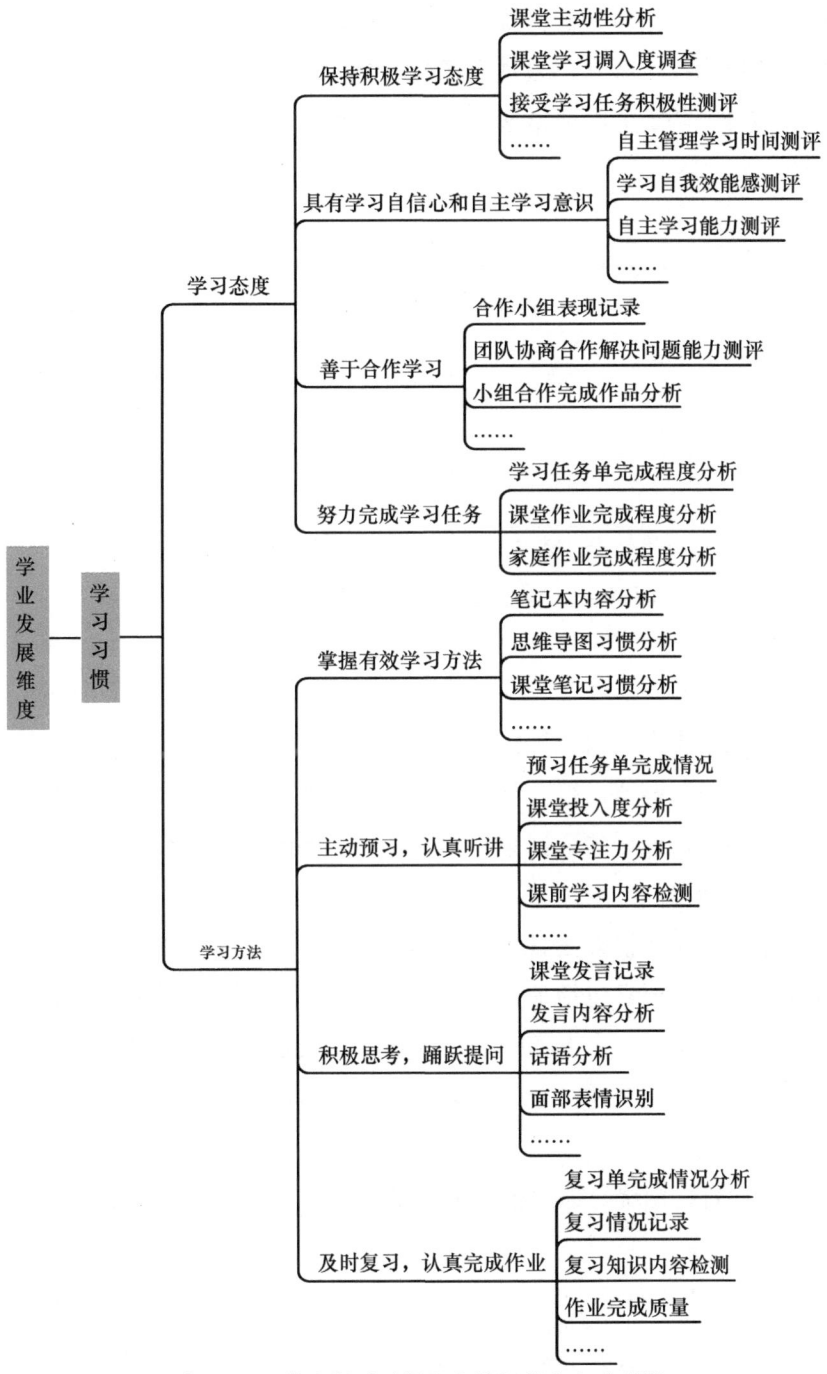

第十章 信息技术支持的学生发展增值评价实践模式 ▷▷▷

```
                                        ┌── 课堂主动性分析
                        保持积极学习态度 ├── 课堂学习调入度调查
                                        ├── 接受学习任务积极性测评
                                        └── ……

                                                 ┌── 自主管理学习时间测评
                        具有学习自信心和自主学习  ├── 学习自我效能感测评
                        意识                     ├── 自主学习能力测评
                                                 └── ……

            学习态度                       ┌── 合作小组表现记录
                        善于合作学习       ├── 团队协商合作解决问题能力测评
                                           ├── 小组合作完成作品分析
                                           └── ……

                                           ┌── 学习任务单完成程度分析
                        努力完成学习任务   ├── 课堂作业完成程度分析
                                           └── 家庭作业完成程度分析

                                           ┌── 笔记本内容分析
                        掌握有效学习方法   ├── 思维导图习惯分析
                                           ├── 课堂笔记习惯分析
                                           └── ……

  学业                                     ┌── 预习任务单完成情况
  发展    学习                             ├── 课堂投入度分析
  维度    习惯        主动预习，认真听讲   ├── 课堂专注力分析
                                           ├── 课前学习内容检测
                                           └── ……

            学习方法                       ┌── 课堂发言记录
                                           ├── 发言内容分析
                        积极思考，踊跃提问 ├── 话语分析
                                           ├── 面部表情识别
                                           └── ……

                                                 ┌── 复习单完成情况分析
                                                 ├── 复习情况记录
                        及时复习，认真完成作业   ├── 复习知识内容检测
                                                 ├── 作业完成质量
                                                 └── ……
```

图 10－4　学生学习习惯维度数据获取方式列举

证提取、数据挖掘与分析,获取与学生成长相关的数据证据,促进证据使用的高质高效。第五,通过将证据进行核查与融合,打通多源证据实现全面整合,基于关联证据形成证据簇,存储在证据仓库中心方便随时调用①。

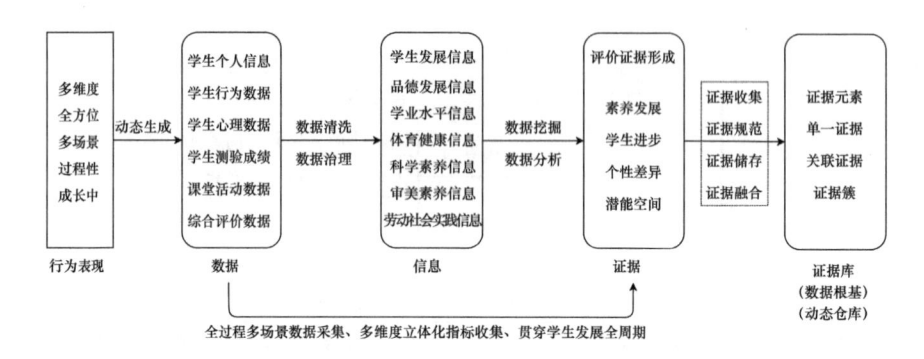

图 10-5 学生发展增值评价的证据形成流程

第二步是形成学生发展增值评价的推论链条。在证据形成的基础上,还需要形成学生发展增值评价的证据推理链条。这就需要整合学生发展各个层面的证据链节,组合学生发展各层面下的增值证据,从而形成体现学生发展增值证据的证据集合体,其中强调的是证据推理链条的证明含量与证明增量。

证据链节和连接体是证据链的基本要素②。学生发展增值评价证据链条构成的基本要素包括证据链节和连接体两个方面。具体来看,证据链节包括学生发展六大方面的表现证据,以及是否得到增量的学生发展增值证据。证据连接体在于学生的某个成长周期和学生发展的稳定状态水平。

一般而言,围绕着证据推理链条的形成,可以依据学生起点和终值

---

① 牟智佳、高雨婷、武法提:《基于证据的教师增值评价:走向智能时代的教学效能评测》,《电化教育研究》2022 年第 5 期。
② 徐芳、郑毅、刘文斌:《基于证据链的学术影响力评价方法探索研究》,《科研管理》2020 年第 5 期。

第十章 信息技术支持的学生发展增值评价实践模式

发展水平来判断学生发展增值变化情况，其内部涉及学生发展证据的匹配与筛选过程。

具体来说，先是利用技术方法将采集到的学生成长数据与材料进行分类汇集，再对汇集的数据与材料进行集成、处理与分析，使用特定的分类筛选机制剔除与学生成长无关的无效证据，将所有数据与材料规整为证据后，再按类别存储管理。最后，通过整合单一证据与关联证据，依据评价需求编制相应的证据检索条件，在证据库中根据检索条件筛选与学生成长事实相匹配的证据。这部分工作将在学生发展增值评价的智能化评价服务平台中借助大数据分析处理技术进行。

以学生的学业发展维度为例。在实践评价的过程中，这部分工作不需要评价主体的过多参与。但评价主体应当明确一些基本操作原理。首先，借助应用系统的无缝端口集成与一些智能物联感知技术等方式，我们获得了学生的学业水平测验成绩、学习习惯数据、学习方法数据、学习态度数据、学习投入数据、学业知识掌握程度、阅读能力证据数据、自主学习能力证据数据，等等。这些数据作为判断学生学业发展增值表现的证据节点，能够安全稳定地存储在证据库存储中心。其次，评价主体可以在系统平台中调取与选择某一时间段内学生的学业发展证据，智能化评价服务平台将依据该时段内学生成长过程表现的因果关系建立各种推理关系。例如，依据学生在某个发展周期内的学业水平测验成绩和学业知识掌握程度可以推断其在该阶段的学习能力变化和知识水平增长情况；依据学生的学习习惯、学习方法和学习态度能够推断其学习习惯有无变好，或自主学习能力有无增强等信息。最后，系统平台能够将各种单维度的推理关系由智能处理算法进行整合，依据专家团队设定的不同指标权重系数将各种推理关系串联起来，从而输出学生的学业发展一级指标下的各个二级、三级维度下的学生学业发展增值结果。这里的指标权重系数也可以由系统平台的智能算法来提供，评价主体可以对其进行适当调整与修订。

四 计算学生发展增值结果

增值评价的基本公式可以简单地概括为：增值＝输出值－输入值[①]。具体来说，学生发展增值评价可以将学生的原有发展水平设为"输入值"，在学生成长发展一定的时间之后，将学生的后测发展水平作为"输出值"，输出值与输入值之间的差值即为学生发展的"增值"。这种"增值"是基于学生原有的发展水平而做出的关乎学生发展结果的价值判断。

在计算学生发展增值结果环节中，包括以下三个方面的内容。

首先，评价主体需要确定学生开展增值评价前后的测量区间。具体来看，当地教育行政部门可以整合学校、教师、家长和学生的力量共同协商确定学生发展增值评价的测量周期，还需要结合学生发展的特点来设定。例如，确定开展学生学业发展增值评价的时间周期可以是一个学期或一个学年。

其次，在进行学生发展增值计算时，借助智能化评价服务平台中的智能技术和增值模型，可以将学生各个维度下的增值分数进行计算并客观呈现。例如，平台将选取数据标准化方法，将学生的学业发展分数进行转换，使得测量的起点水平和终点水平之间具有可比性，再运用系统内置的增值评价模型来展开计算。

最后，结合系统对学生发展证据的筛选与核验，智能化评价服务平台将依据证据推理链条给出机器的增值评价结果。整合评价主体的常规记录与学生综合素质评价情况，得到学生发展增值评价的最终输出结果。

以学生的学业发展为例。在计算学生发展增值结果环节中，需要各方评价主体的协商配合来完成如下几项工作。一是确定计算增值的时间节点为学期初始到学期中间，即选择开展半个学期的学生学业发展增值评价。具体来说，我们选择学生学业发展测评的起点时间为开学时的第

[①] 王斌华：《教师评价：增值评价法》，《教育理论与实践》2005年第23期。

一周，终点时间选择为学期中间的期中测验周，计算半个学期中学生的学业发展增值情况。二是运用智能平台来计算学生在学业发展各项指标上的增值结果。在平台中我们输入选好的时间节点，平台将依据证据库存储中心的证据，自动导入增值评价计算模块中，系统将选取内置的增值评价模型或计算方法来完成增值计算的过程。三是设置学业发展子维度下的加权权重系数来整合输出学生在学业发展维度上的增值结果。具体来看，不同评价主体可以自主选择查看学生学业发展增值评价结果输出情况。例如，教师可以查看学生学业发展维度下各项观测项目上的增值输出结果。

五 分析学生发展增值情况

学生发展增值评价的结果可以反映学生在一段时间内的综合素质发展情况和发展趋势，也可以发现学生在综合素质发展方面的发展水平和特点。评价主体需要结合学生发展增值评价的结果来进行学生发展增值的原因探寻和信息提取，从而更好地了解学生的发展情况和需求，结合这些信息制订更科学地促进学生发展的计划。具体来看，评价主体在分析学生发展增值评价的结果时，主要包括以下两点工作内容。

首先，评价主体需要结合学生综合素质评价情况来验证学生发展增值结果的正确性与客观性。仅仅利用平台计算得到的学生发展增值结果来判断学生有无达到成长增值是不够合理的。因此，评价主体需要调取前期对学生发展过程的观察记录材料与综合素质评价量表填写情况，参照来自学校、教师、家长和学生主体的评价记录，核验机器输出的增值评价结果的客观性与准确性。

其次，在确认学生发展增值评价结果无误的基础上，评价主体需要参考学生发展增值结果来进一步分析造成学生进步、退步或稳定的具体情况与产生原因，为教学改进策略的提出和教育教学决策的制定提供支持。

在分析时，评价主体可以直接结合每个学生的进步或退步情况及进步或退步程度来开展基本情况分析。评价主体也可以直接对学生所处等级及等级的变化波动情况展开分析，或在同一等级群中开展横向比较，及时掌握学生等级变动的情况。此外，学校也可以借助学生访谈、教师反思、家长补充等方式来分析结果产生的原因。在分析学生是如何及为何呈现出不同程度的高增值或低增值行为表现时，需要整合多元评价主体的力量开展协同分析。

以学生的学业发展为例。在获得学生一个学期的学业发展增值结果的基础上，我们将对该结果进行分析与解读。首先，我们需要判断机器输出的学生学业发展增值结果是否与各方评价主体记录的学生学业发展评价方面的情况相一致。教师可以调取不同时间节点上各方评价主体对学生的学业发展观察记录资料和综合评价打分量表，综合研判这些质性材料和量化数据的评价内容。结合不同评价主体的回忆和主观判断，再协商讨论机器输出的学生学业发展增值结果是否客观且准确。如果认为有不合理或失实的地方，应该以评价主体商议确立的结果为准来进行修改与校正。其次，在确认最终的学生学业发展增值评价结果之后，平台将会为我们呈现出一份对应的可视化的学生学业发展增值评价报告。结合报告中的图表、数据、文字分析描述等信息，协同评价主体的商议与研讨，开展学生学业发展增值评价结果的解读与分析。通过查看学生的各项子维度上的增值情况，全面深入查找与分析造成学生学业增值、稳定或退步的原因。

六　反馈增值评价结果与优化调节教育教学

在本书构建的学生发展增值评价实践模式中，最后的运行环节有两条并行线：一是反馈学生发展增值评价结果；二是优化与改进教育教学工作。

首先，评价主体需要完成学生发展增值评价结果的反馈工作。教师不仅需要将学生在某一发展阶段内的增值情况进行及时有效的反馈，而且要为学生提供尽可能具体、详细的评价信息与建议，同时也要注重学

第十章 信息技术支持的学生发展增值评价实践模式

生作为评价主体的互动性和自我认知意识,确保他们充分理解学生发展增值评价结果。这样做的意义在于,能够帮助学生充分了解他们的自我发展潜能和存在的具体问题,推动他们更积极地规划其自己的学习和个人发展。例如,评价主体可以将学生个体发展增值曲线以雷达图的形式呈现给学生(见图10-6),这样学生就能够全面直观地查看他们自己在综合素质发展六个层面的增值情况。

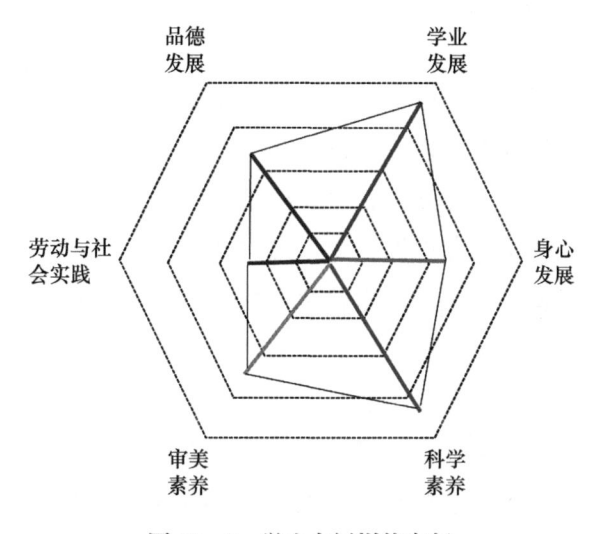

图10-6 学生发展增值空间

其次,评价主体需要借助学生发展增值评价结果来完成优化与改进教育教学工作,从而提高教育教学的针对性和有效性,促进学生全面而有个性的发展。一方面,学生发展增值评价的输出结果能够帮助不同教育主体认识到学生发展的特点和发展需求,有助于教育主体更好地设计和实施个性化的教育教学策略。另一方面,利用学生发展增值评价结果可以预测学生个体的未来发展潜能,促进学生全面而有个性的发展。

以学生的学业发展为例。通过分析学生学业发展增值结果,我们已经做到了心中有数,得到了学生学业发展进步或退步的原因。接下来,我们要将该结果进行反馈,并要利用该结果来优化改进教育教学和提高教育育人质量。一是需要协同各方评价主体将学生学业发展增值评价结果报告进行二次加工，协商调整不合适不准确的评价结果。在结果报告的基础上，可以适当添加一些来自各个视角的个性化反馈建议，包括学生在学业发展子维度下的具体性建议。此外，除学生以外的其他评价主体要充分尊重与重视学生的反馈，倾听他们的心声和意见。二是利用学生学业发展增值评价结果来改进教育教学工作。在此过程中，评价主体需要充分考虑学生学业发展增值变化的全方位因素，提出有针对性的改进策略和决策修订。具体来说，这部分优化与改进教育教学工作，由于主体的不同，其工作内容也不同。作为教师可以依据学生的学业发展增值变化情况，关注其教育模式、教育方法、学习计划、学习方法指导等方面的有效策略与不足之处。教师要积极进行反思，反思其教育教学的模式和方法，调整课前课中课后的重难点分配等。此外，教师需要思考如何根据一些增值空间大的学生的学习特点和学习需求，有针对性地调整教育策略，从而更好地激发他们的学习兴趣和潜在智能。作为学校教育管理人员，可以依据学生的学业发展增值评价结果，查看教师的育人效能和教学能力，了解各个班级学生的学习差异和进步情况，制定相应的教育优化策略，提高本校教师的教育育人质量。此外，学校还可以利用学生学业发展增值结果向社会反馈学校教育的成效。

综上所述，基于证据的学生发展增值评价实践操作模式共有六个环节，分别是确定评价指标与观测项目、开展过程性数据采集、形成证据推理链条、计算学生发展增值结果、分析学生发展增值情况、反馈增值评价结果与优化改进教育教学。尽管这六大环节各有其具体工作内容，但它们各自之间都是环环相扣、紧密联系且相互作用的。在介绍实践模式的基础上，我们还选取了学生的学业发展维度为操作案例，以更为清晰直观的方式向中小学教师展示应用学生学业发展增值评价的具体工作内容。我们期望这些信息和案例能够在义务教育学校的教育实践过程中发挥积极的参考与借鉴作用，从而更好地推动学生发展增值评价的落地与实施。

第十章　信息技术支持的学生发展增值评价实践模式 ▶▶▶▶

第二节　学生发展增值评价不同主体的实践操作内容

我们已经详细介绍了学生发展增值评价实践模式中各环节的基本内容，为各个评价主体提供了方法引导。为了更加直观地指导各评价主体科学地开展学生发展增值评价，本节将围绕学生、教师、家长和学校四个主体，阐明学生发展增值评价的实践操作要点，期望能够更有针对性地为学生发展增值评价不同主体在具体实践上提供方法引导。

一　学生的操作内容

学生是学生发展增值评价的主体，也是学生发展增值评价的对象。在开展学生发展增值评价的过程中，学生不应当仅作为旁观者和被评价者的角色，而应该真正作为评价的主体去参与他们自我发展增值评价的整个过程。具体来看，学生在评价过程中的主要操作内容包括两个方面：一是正确评价他们自己，记录自我表现；二是客观评价同伴，给予同伴真实客观的评价。

（一）正确评价他们自己，记录自我表现

在学生发展增值评价运行过程中，学生评价自我、记录自我表现的行为包括以下几点：

一是完成心理测评量表的填写。在教师或家长的引导与监督下，学生需要认真完成一些心理测评量表的填写，采用自我报告的方式来记录他们自己内心真实的感受。这种回答过程，本质上是学生对他们自己的自我认知、自我反思、自我评价的过程。

二是记录他们自己的行为表现。学生可以主动地经常性地记录他们自己的日常行为表现，包括对日常行为习惯、学业知识内容掌握等方面的感受的记录；也可以向家长和老师主动交流分享他们自己的一些学习感受与成长体会，并对应地填写一份个人的写实记录手册。

三是完成自我发展综合素质评价量表的填写。学生可以在技术平台中定期填写关于自我发展的阶段性综合素质评价量表，还可以在上面补充一些个人感受和记录材料。具体来说，智能化评价服务平台需要提供给学生主体一份自我综合素质评价量表，并给出详细的评价指标项和评价标准。此外，学生也可以依照他们自己在该阶段发展过程中的综合反思和真实感受去填写。

（二）客观评价同伴，给予同伴真实评价

同伴互评是群体或个人观摩同伴工作并进行彼此评估、相互学习的过程[①]。学生在班级学习共同体中是小组学习、合作学习的主体，他们也承担着评价他人的职责。学生要为同伴提供真实客观的评价反馈，具体来说包括以下两个方面。

一是观察同伴的行为表现。学生可以在校园生活与校外情境中观察感受同伴的行为表现和心理状态，与同伴进行经常性地交流与分享。例如，部分学生可以感知到其他学生在课堂上的发言情况、与同学交往情况、与自我的相处情况，等等。这些观察体会能够帮助学生更好地对同伴的行为进行客观评价。

二是完成同伴互评评价量规的填写。具体来说，学生可以依据教师在课堂评价环节提供的同伴互评评价量规来评估同伴的发言质量、课堂参与度、团队合作能力等。此外，学生也可以以文本材料来描述他们自己与同伴的相处感受和体会，以一些质性的评价话语来表达对同伴的客观评价。最终这些评价材料的完成将由教师进行收集整理，上传到智能化评价服务平台对应的模块中。

二　教师的操作内容

教师是学生发展增值评价过程中的引导者和促进者，更是操作学生

---

① 范逸洲等：《评价量规设计对慕课同伴互评有效性的影响研究》，《电化教育研究》2018年第39期。

第十章 信息技术支持的学生发展增值评价实践模式

发展增值评价的主要实施者。在应用学生发展增值评价的过程中,教师需要承担相对较多的任务与职责,其中包括记录并收集学生的活动材料、完成学生发展综合素质评价、检验学生发展增值结果的输出、解读与分析学生发展增值评价结果四个关键内容。

(一)记录并收集学生的活动材料

在教师开展记录与收集学生的活动材料过程中,有以下几点内容需要明确。

一是各科任教教师需要对应收集学生的学科知识学习性材料。比如课堂的学习任务单、课堂作业、家庭作业、课堂发言记录等,也可以包括教师的一些独特性评价记录材料。例如,教师可能针对学生的课堂发言情况采用计分、兑换奖品或给予小红花奖励的方式。

二是班主任教师需要收集一些学生发展的过程性材料。其中可能包含一些对学生学科知识学习方面的情感态度观察记录,以及对学生参与其他综合性活动的行为表现记录等。例如,班主任教师能够获取到关于学生的爱好兴趣、活动表现、文艺汇演表现、户外活动表现记录等材料。图 10-7 给出了两种教师群体可能需要收集的学生发展过程性材料。

(二)完成学生发展综合素质评价

学生发展综合素质评价是教师的一项重要工作内容,它涵盖了多个方面,包括对学生的知识技能、情感态度、兴趣特长、行为习惯、道德品质等内容的评价测量。这部分工作与教师之前在校内承担的学生综合素质评价工作一致。

首先,教师需要通过观察和记录学生的日常表现来有根据地进行学生发展综合素质评价。具体可以对学生在课堂、课间、课后等的发展情况,以及学生的行为表现方面做好记录。其次,针对学校管理层制定的本校学生综合素质评价指标观测项的具体内容,教师需要对照评价标准对学生的各项评价指标完成真实评价。在评价过程中,教师需要综合考虑学生的日常表现、考试成绩、个人特长等多方面因素,给出客观公正的评价结果。

信息技术支持的学生发展增值评价研究

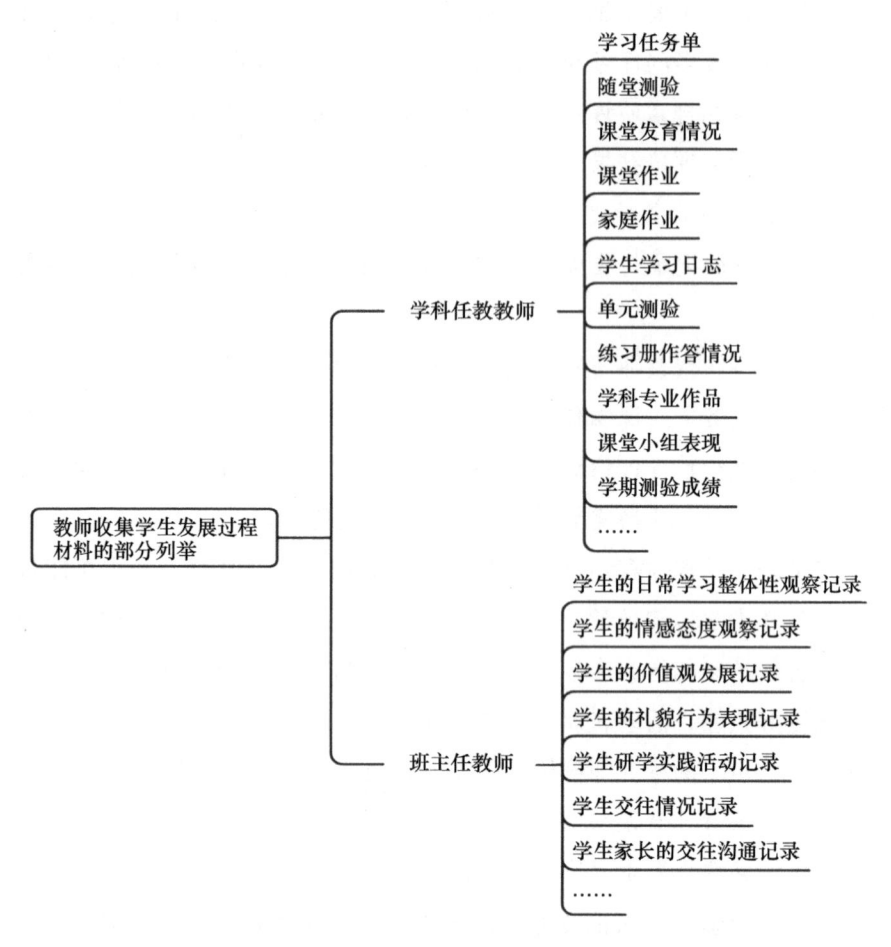

```
                           ┌── 学习任务单
                           ├── 随堂测验
                           ├── 课堂发育情况
                           ├── 课堂作业
                           ├── 家庭作业
            ┌── 学科任教教师 ├── 学生学习日志
            │              ├── 单元测验
            │              ├── 练习册作答情况
            │              ├── 学科专业作品
教师收集学生发展过程           ├── 课堂小组表现
材料的部分列举 ──┤              ├── 学期测验成绩
            │              └── ……
            │
            │              ┌── 学生的日常学习整体性观察记录
            │              ├── 学生的情感态度观察记录
            │              ├── 学生的价值观发展记录
            └── 班主任教师 ├── 学生的礼貌行为表现记录
                           ├── 学生研学实践活动记录
                           ├── 学生交往情况记录
                           ├── 学生家长的交往沟通记录
                           └── ……
```

图 10-7 教师开展学生发展过程性材料收集的部分材料列举

(三)检验学生发展增值结果的输出

教师需要核验并判断技术平台输出的学生发展增值评价结果是否客观且准确。具体来看,教师需要完成以下几个关键内容。

一是核查学生发展证据。教师可以调取平台上的学生发展证据,包括学生在该发展阶段内的学习成果、行为表现、学习习惯、情感态度等方面的数据和信息。这些证据是平台已经采集并存储好的学生发展过程性数据和材料,因此,教师可以自定义查询学生在不同时间序列上的课堂参与情况、完成作业情况、考试成绩记录等信息。

二是对比学生发展变化情况。教师可以将平台上智慧分析的学生发展证据与其自己对学生的观察和记录进行对比。通过对比，教师可以判断平台上的处理是否与其自己对学生的观察记录和整体感受相一致。如果评价结果存在误差，教师可以根据实际情况进行调整和修正。

三是协商修正评价结果。教师需要根据他们自己的观察和判断，结合平台输出的评价结果，与其他评价主体一同协商讨论结果误差，再确定最终的评价结果。如果教师认为，机器输出的学生发展增值评价结果与学生的真实发展情况不一致，那么教师可以提出异议并与其他评价主体商定正确方案，通过协商讨论，一致认可调整方案后，要求技术平台进行修正或提供更准确的数据。

四是呈现评价结果。一旦教师认可了平台上的学生发展增值评价结果，他们就需要将评价结果呈现给学生和家长，以便学生和家长了解学生在该阶段的发展情况和进步程度。

（四）分析与反馈学生发展增值结果

教师需要根据学生发展增值评价的最终结果，开展对应的分析与反馈工作。这部分工作需要教师格外关注，因为对结果的分析与解读是有效利用学生发展增值评价结果、促进学生发展的关键环节。教师作为育人活动的参与者与主要实施者，必须确保能够客观、全面地了解学生的发展进步情况，才可以给出客观真实并有针对性的反馈，为学生提供有效的指导和支持。

具体来说，教师需要了解评价结果的指向及内涵，结合不同评价主体协同开展学生发展增值评价结果的解读与分析工作。例如，教师可以在学校组织领导下参与评价主体的研讨会，讨论学生在各个指标维度下的增值变化情况，寻找造成学生某个发展层面的进步、停滞或退步的原因。在对学生发展增值评价的结果做出全面而客观的分析与解读的基础上，最终将评价报告及建议以恰当的方式反馈给学生。此外，教师要能够将及时性反馈与阶段性反馈相结合。教师还要引导和带动学生进行自我反思，注重自我增值意识的培养，从而促进学生更高水平的增值与进步。

三 家长的操作内容

家长也是最为关注学生成长发展的评价主体。家长需要与教师一起承担促进学生发展的责任，保障学生发展增值评价的有效进行。在学生发展增值评价的操作过程中，家长需要承担的工作有：记录学生发展行为表现、完成学生发展综合素质评价、参与分析学生发展增值结果。

(一)记录学生发展行为表现

家长需要与学校教师一起来收集学生发展过程中的行为表现，完成数据采集的工作。家长作为学生成长的第一监护人，能直接观察到学生在家庭、社会等校外生活中的多方面成长表现。因此，家长需要掌握一些记录学生行为表现的方法，提供学生在不同场景下的行为表现及评价证据。

首先，借助拍照记录、视频录制、事件写实记录册等方式，家长可以在家庭生活中记录孩子居家的一些学习活动、行为表现、言语交流、特殊活动表现等信息。其次，家长可以通过将其上传到智能化评价服务平台中的家长数据采集模块，由平台中的大数据分析技术对这些数据进行编码分析与特征提取。此外，家长还可以完成一些资料的上传工作。从而补充一些学生在家庭情境中、在社会生活环境下的日常行为表现记录，可交由智能化评价服务平台来完成数据处理工作。

(二)参与学生发展综合素质评价

一般而言，在学校制定的学生发展综合素质评价量表中，部分指标项的达标需要家长与学校的共同判断。因此，在学生发展增值评价的实践过程中，家长依然需要配合学校教师来参与学生发展综合素质评价量表的填写，从而为学生发展增值评价提供来自不同视角的评价判断，保障学生发展增值评价的科学运行。

具体来看，家长需要按照学校制定的学生发展综合素质评价量表，查看其中的评价指标项和评价标准，将他们自己观察到的学生行为表现的观察记录和判断得出的评估结果填写进去。在此过程中，家长需要与教师保持必要的沟通与交流，双方互相交换对学生发展过程的观察感受与建议，确保在学生发展综合素养评价报告中给出最真实的评价结果。

（三）参与分析学生发展增值结果

家长需要与教师一起对学生发展增值结果进行有效分析与解读，协同其他评价主体来探寻影响学生进步、退步或停滞不前的多方面因素，并提供一些有针对性的对策建议。

具体来说，首先，家长要仔细阅读学生发展增值评价的结果，包括学科知识水平增值结果、品德发展增值结果等信息。其次，家长要确保及时参与学生发展增值评价的结果解读活动，例如学校组织的评价结果研讨交流会，或班级组织的家校交流会等活动。在这些研讨活动中，家长要给出建设性的建议与反馈。例如，就如何提高后进生的学习习惯方面，家长可以结合学生在家庭中的学习状态和学习感受，建议教师改进教学策略，调整学习资源的分配等。与此同时，家长还需要补充学生在家庭环境中、社会生活环境中的行为表现依据，帮助其他主体一起探寻学生发展增值结果的形成原因。

四 学校的操作内容

学校在学生发展增值评价的实践运行中承担着重要角色。学校不仅需要统筹设计和管理学生发展增值评价的运行过程，还要为学生发展增值评价的有效实施提供有力的保障与监督。具体来看，学校需要统筹管理学生发展增值评价的工作、组织解读学生发展增值评价结果的活动，还要整体把握学生发展增值评价结果的反馈工作。

（一）统筹管理学生发展增值评价工作

学校不仅要制定好学生发展增值评价的实施方案和工作细则，明确学生发展增值评价的指标系统、时间安排、平台建设等多项内容，还要组织好教师、家长和学生等评价主体的评价工作与评价活动。首先，学校需要对评价指标模型的构建进行系统把握与适当调整，结合学校自身实际和学生发展的特点，在一级、二级指标确立的基础上，科学建构整体的评价指标系统和观测点内容。此外，学校还要统筹确定学生发展增值评价的工作细则，其中包括各个岗位的职责、任务和操作规范等。其次，学校需要确定各个层级下的学生发展增值目标，包括学校增值目标（学校整体在促进学生发展增值上需要达到的目标）、年级增值目标（各年级段下学生发展需要达到的增值目标）、学科增值目标（学生在不同学科素养方面要达到的增值目标）等。最后，学校需要统筹架构智能化评价服务平台和数据仓库中心等技术平台的建设，确保满足学生发展增值评价的数据采集、汇聚、分析和呈现的需要。学生发展增值评价的科学开展需要集成性评价平台来保障各环节的运行，因此，学校要聘请专业技术开发团队来建设评价平台系统，为各方评价主体提供一体化评价服务平台，便捷管理学生发展增值评价的运行。

(二) 组织解读评价结果的交流活动

学校需要组织教师、家长和学生来参与学生发展增值评价结果解读的交流活动或研讨会。这样的交流活动不仅有助于促进家校、师生之间的沟通与合作，还有助于协同各方评价主体的力量为促进学生的全面发展提供指导与支持。具体来看，学校可以依据学生发展增值评价开展的时间阶段来确定交流活动的时间。例如，开展学生发展增值评价的时间节点为一个学期两次，对应在各个结果输出的时间点上应当有一次正式的结果交流研讨会。在活动前，学校需要准备相关的评价资料，包括学生发展增值评价的结果报告、各个指标项的评价结果、学生个体和群体的分析图表等。这些资料应当是清晰、准确且易于理解的，以便参会主体能够全面客观地掌握学生发展增值结果。此外，学校可以组建一些学生发展增值评价交流小组，引导各方评价主体能够充分交流他们自己的感受与体会，促使各个评价主体之间相互交流和讨论。通过主体间的互动与合作，更好地理解学生发展的需求和特点，并共同制订促进学生个性化发展的教育计划和发展目标。在活动进行过程中，学校要进行存档与记录，可以借助视频录制的方式，总结各方教育评价主体的需求、经验、问题和改进建议。

（三）监测学生发展增值评价效果

学校需要全程开展学生发展增值评价的评价反馈与评估监测工作，保障学生发展增值评价的运行效果并进行动态的调整与优化。首先，学校需要组织教师、家长和学生参与学生发展增值评价的反馈工作，收集他们对学生发展增值评价运行的意见和建议。这些反馈可能包括评价指标确立的准确性、公正性、有效性等内容，以及评价过程中存在的问题和不足之处。其次，学校需要对学生发展增值评价的效果进行评估和监测，以了解评价是否达到了预期的目标和效果。评估监测的具体内容需要包括对学生的学习成绩、学习态度、行为习惯等方面达到预期值的评估，以及对教师教学效能的科学判断。最后，学校还需要为学生发展增值评价运行的问题及不足制定改进措施。根据反馈与评价结果，学校可以制定相应的改进措施，以完善和优化学生发展增值评价的运行机制。这些措施可能包括优化评价指标项、提高评价人员的素质和能力等方面。在制定好改进措施后，学校需要不断跟进和监督改进措施的执行情况，及时发现问题并进行调整和改进。此外，学校还需要对改进措施进行总结和评估，以了解改进的效果。如果改进效果显著，可以将其向区域教育管理部门汇报与反馈，并在区域乃至全国进行全面推广。

总之，学生发展增值评价实践过程是一个持续优化的过程，学校需要持续监测其运行效果并进行必要的调整和优化。通过不断反馈、评估和改进，完善学生发展增值评价的运行过程，实现学生发展增值评价促进学生全面而有个性的发展、引导学校按规律办学、促进义务教育优质均衡发展的目的。

参考文献

中文著作

《马克思恩格斯全集》(第四十二卷),人民出版社 1979 年版。

习近平:《高举中国特色社会主义伟大旗帜 为全面建设社会主义现代化国家而团结奋斗——在中国共产党第二十次全国代表大会上所作的报告》,人民出版社 2022 年版。

中共中央文献研究室编:《十六大以来重要文献汇编》(上册),中央文献出版社 2005 年版。

中华人民共和国教育部编:《中国教育统计年鉴(2016)》,中国统计出版社 2017 年版。

《中共中央国务院印发深化新时代教育评价改革总体方案》,《人民日报》2020 年 10 月 14 日第 1 版。

陈玉琨:《教育评价学》,人民教育出版社 1999 年版。

陈玉琨:《中国高等教育评价论》,广东高等教育出版社 1993 年版。

褚宏启主编:《中国教育管理评论》(第四卷),教育科学出版社 2007 年版。

董奇:《心理与教育研究方法》,北京师范大学出版社 2004 年版。

方展画:《罗杰斯"学生为中心"教学理论评述》,教育科学出版社 1990 年版。

何怀宏:《公平的正义——解读罗尔斯〈正义论〉》,山东人民出版社

2002年版。

胡德海：《教育学原理》，甘肃教育出版社1998年版。

胡中锋主编：《教育评价学》，中国人民大学出版社2013年版。

黄荣怀、任友群等著：《信息化促进优质教育资源共享的理论与实践》，高等教育出版社2017年版。

教育部法制办公室编：《中华人民共和国教育法律法规规章汇编》（上），华东师范大学出版社2009年版。

金娣、王刚编著：《教育评价与测量》，教育科学出版社2002年版。

课程教材研究所编：《20世纪中国中小学课程标准·教学大纲汇编：教师课程（教学）计划卷》，人民教育出版社2001年版。

劳凯声等：《变革社会中的教育权与受教育权：教育法学基本问题研究》，教育科学出版社2003年版。

刘邦奇、聂小林编著：《智能技术赋能教育评价》，人民教育出版社2022年版。

吕信伟、柯玲主编：《教育一体化水平监测与评价研究——以成都市为例》，人民出版社2013年版。

马晓强：《增值评价：学校评价的新视角》，北京师范大学出版社2012年版。

欧少亭主编：《教育政策法规文件汇编》，延边人民出版社2001年版。

彭斌柏主编：《新时代教育评价改革政策解析》，北京师范大学出版社2022年版。

漆书青、戴海崎、丁树良编著：《现代教育与心理测量学原理》，高等教育出版社2002年版。

苏启敏、陶燕琴：《学生评价》，北京师范大学出版社2023年版。

孙菊如、陈春荣编著：《课堂教学艺术》，北京大学出版社2018年版。

涂艳国主编：《教育评价》，高等教育出版社2007年版。

王斌华：《学生评价：夯实双基与培养能力》，上海教育出版社2010年版。

王定华主编：《全面推进义务教育均衡发展》，人民教育出版社2012年版。

王景英主编：《教育评价理论与实践》，东北师范大学出版社2002年版。

王玉萍：《评价与教学》，北京师范大学出版社2023年版。

魏会廷：《教师学习共同体：促进教师专业发展的新途径》，武汉大学出版社2014年版。

徐同文：《城乡一体化体制对策研究》，人民出版社2011年版。

杨东平：《中国教育公平的理想与现实》，北京大学出版社2006年版。

张家军、钱晓坚：《有效教学策略论》，人民出版社2018年版。

《中国教育年鉴》编辑部编：《中国教育年鉴（地方教育）1949—1984》，湖南教育出版社1984年版。

张雷、雷雳、郭伯良：《多层线性模型应用》，教育科学出版社2002年版。

张敏主编：《学生评价的原理与方法》，浙江大学出版社2011年版。

中译著作

[德] 马克斯·韦伯：《经济与社会》，林荣远译，商务印书馆1998年版。

[法] 埃哈尔·费埃德伯格：《权力与规则——组织行动的动力》，张月等译，上海人民出版社2008年版。

[法] 米歇尔·克罗齐耶、埃哈尔·费埃德伯格：《行动者与系统——集体行动的政治学》，张月等译，上海人民出版社2007年版。

[古希腊] 亚里士多德：《政治学》，吴寿彭译，商务印书馆1965年版。

[美] Ellen Weber：《怎样评价学生才有效：促进学习的多元化评价策略》，陶志琼译，中国轻工业出版社2016年版。

[美] 琳达·达令-哈蒙德、弗兰克·亚当森编：《超越标准化考试：表现性评价如何促进21世纪学习》，陈芳译，湖南教育出版社2020年版。

［美］Jane Bumpers Huffman、Kristine Kiefer Hipp：《学习型学校的文化重构》，贺凤美等译，中国轻工业出版社2006年版。

［美］彼得·圣吉：《第五项修炼——学习型组织艺术与实务》，郭进隆译，上海三联书店1998年版。

［美］戴维·波普诺：《我们身处的世界：波普诺社会学》，李强等译，中国人民大学出版社2007年版。

［美］拉塞尔·哈丁：《群体冲突的逻辑》，刘春荣、汤艳文译，上海人民出版社2013年版。

［美］W. 理查德·斯科特、杰拉尔德·F. 戴维斯：《组织理论：理性、自然与开放系统的视角》，高俊山译，中国人民大学出版社2011年版。

［美］罗伯特·J. 马扎诺：《教学的艺术与科学：有效教学的综合框架》，盛群力等译，福建教育出版社2014年版。

［美］迈克尔·W. 阿普尔：《文化政治与教育》，阎光才等译，教育科学出版社2005年版。

［美］曼瑟尔·奥尔森：《集体行动的逻辑》，陈郁等译，格致出版社、上海三联出版社、上海人民出版社2011年版。

［美］约翰·罗尔斯：《正义论》，何怀宏等译，中国社会科学出版社1988年版。

［美］约翰·罗尔斯：《作为公平的正义——正义新论》，姚大志译，中国社会科学出版社2011年版。

［日］田中耕治：《教育评价》，高峡等译，北京师范大学出版社2011年版。

［瑞典］T. 胡森、T. N. 波斯尔斯韦特：《教育大百科全书：教育评价》，张斌贤等译，西南师范大学出版社2006年版。

［英］齐格蒙特·鲍曼：《共同体》，欧阳景根译，江苏人民出版社2007年版。

中文期刊

安富海、刘甜甜：《守正创新：我国学生评价政策的回顾与展望》，《课程·教材·教法》2023 年第 4 期。

安富海：《学生发展增值评价：理论阐释与实践进路》，《教育研究》2023 年第 9 期。

安富海：《学生发展增值评价诚信体系建设研究》，《上海师范大学学报》（哲学社会科学版）2023 年第 5 期。

安富海：《学生发展增值评价的"学生立场"及实现路径》，《教育发展研究》2023 年第 10 期。

边玉芳、林志红：《增值评价：一种绿色升学率理念下的学校评价模式》，《北京师范大学学报》（社会科学版）2007 年第 6 期。

边玉芳、王烨晖：《增值评价：学校办学质量评估的一种有效途径》，《教育学报》2013 年第 1 期。

蔡敏：《论教育评价的主体多元化》，《教育研究与实验》2003 年第 1 期。

蔡永红：《对教师绩效评估研究的回顾与反思》，《高等师范教育研究》2001 年第 3 期。

蔡永红、林崇德：《教师绩效评价的理论与实践》，《教师教育研究》2005 年第 1 期。

柴唤友、陈丽、郑勤华、王辞晓：《学生综合评价研究新趋向：从综合素质、核心素养到综合素养》，《中国电化教育》2022 年第 3 期。

陈晓珊、戚万学：《"技术"何以重塑教育》，《教育研究》2021 年第 10 期。

陈玉琨、李如海：《我国教育评价发展的世纪回顾与未来展望》，《华东师范大学学报》（教育科学版）2000 年第 1 期。

陈元媛、吕路平：《职业教育增值评价：演进、逻辑和路径》，《职业技术教育》2022 年第 16 期。

邓凡、余亮：《我国学生评价政策的回顾与展望——基于 Nvivo11 的政策文本分析》，《中国人民大学教育学刊》2022 年第 4 期。

韩红强、王志鹏：《信息技术服务分类与定义研究》，《信息技术与标准化》2013年第4期。

韩立福:《促进发展:学生评价的价值追求》,《教育测量与评价》(理论版)2009年第9期。

韩玉梅、严文蕃、蒋丹:《探索增值评价的中国路向:基于美国实践经验的批判性分析》,《华东师范大学学报》(教育科学版)2023年第2期。

胡钦太等:《人工智能时代高等教育教学评价的关键技术与实践》,《开放教育研究》2021年第5期。

胡小勇、刘琳、胡铁生:《跨区域优质教育资源协同共建与有效应用的机制与途径》,《中国电化教育》2010年第3期。

金立义、陈新涛:《"苹果树"评价:促进学生全面可持续发展》,《人民教育》2022年第22期。

靳玉乐、樊亚峤:《中小学实施综合素质评价的意义、问题及改进》,《教育研究》2012年第1期。

柯政:《学生评价改革的难为、应为、须为》,《教育发展研究》2021年第18期。

孔令帅、杨锐:《构建良好的校本学生评价体系——美国〈校本学生评价体系探析〉报告的启示》,《教育发展研究》2014年第24期。

邝孔秀、宋乃庆:《我国双基教学的传统文化基础刍议》,《中国教育学刊》2012年第4期。

李俊飞、谭顶良、李格非:《试析人工神经网络在增值评价中的应用》,《中国考试》2022年第7期。

李康:《论教育技术的价值取向和发展周期问题》,《中国电化教育》2006年第7期。

李凌艳:《如何用好教育增值评价?——对"探索增值评价"的主旨与行动的理性思考》,《中小学管理》2020年第10期。

李美娟、刘红云、张咏梅:《计算心理测量理论在核心素养测评中的应用——以合作问题解决测评为例》,《教育研究》2022年第3期。

李如密：《对学生进行学习评价需要反思的四个问题》，《教育测量与评价》2018 年第 2 期。

李润洲：《学生评价模式探析》，《中国教育学刊》2003 年第 5 期。

李雁冰：《论综合素质评价的本质》，《教育发展研究》2011 年第 24 期。

李毅、郑鹏宇、黄怡铭：《基础教育增值评价：内涵、价值与实证研究——以新时代中小学生阅读素养为例》，《中国电化教育》2022 年第 10 期。

刘邦奇、朱广袤、张金霞：《智能技术支持的增值评价模式及典型实践》，《中国远程教育》2022 年第 12 期。

刘邦奇等：《智能技术赋能新时代综合评价：挑战、路径、场景及技术应用》，《中国考试》2022 年第 6 期。

刘丽群、屈花妮：《我国普通高中学生综合素质评价的两难困局》，《课程·教材·教法》2016 年第 10 期。

刘美辰、李光：《中小学综合实践活动的学生评价：问题检视、原因分析与改进策略》，《中国考试》2021 年第 12 期。

刘志军：《新时代综合素质评价的创新实践》，《课程·教材·教法》2023 年第 2 期。

刘志军、范韵婧：《我国增值评价研究：现状、问题与展望》，《中国考试》2023 年第 4 期。

刘志军、徐彬：《教育评价的实践定位及其实现——基于实践哲学的视角》，《中国电化教育》2022 年第 4 期。

刘志军、徐彬：《新课标下课程与教学评价方式变革的挑战与应对》，《课程·教材·教法》2022 年第 8 期。

刘志军、袁月：《初中学生综合素质评价的现实困境与破解之道》，《中国考试》2021 年第 12 期。

罗祖兵：《突出个性：普通高中综合素质评价的应然价值取向》，《中国教育学刊》2015 年第 9 期。

罗祖兵：《综合素质评价纳入高考的两难困境及其突围》，《全球教育展望》2015年第8期。

骆方等：《教育评价新趋向：智能化测评研究综述》，《现代远程教育研究》2021年第5期。

马晓强：《"科尔曼报告"述评——兼论对我国解决"上学难、上学贵"问题的启示》，《教育研究》2006年第6期。

马元丽、费龙：《英国数字学习资源质量准则解析》，《现代远距离教育》2010年第3期。

牟智佳、高雨婷、武法提：《基于证据的教师增值评价：走向智能时代的教学效能评测》，《电化教育研究》2022年第5期。

宁本涛：《高中绩效工资制实施进展分析——基于东中西部13省高中的调查》，《华东师范大学学报》（教育科学版）2020年第1期。

彭波等：《人工智能视域下教育评价改革何以可能》，《当代教育论坛》2021年第6期。

任春荣：《教育公平视角下的学校效能评价》，《教育导刊》2007年第9期。

任国平等：《从"对人的评价"到"为了人的评价"——构建促进学生全面发展的评价体系》，《人民教育》2021年第6期。

任玉丹：《英国学校增值性评价模式对推进我国教育公平的启示》，《教育探索》2011年第5期。

石中英：《回归教育本体——当前我国教育评价体系改革刍议》，《教育研究》2020年第9期。

宋乃庆等：《新时代基础教育评价改革的大数据赋能与路向》，《中国电化教育》2021年第2期。

苏红：《全面看待增值评价对基础教育的影响——以美国为例》，《人民教育》2021年第21期。

孙杰：《新中国中学生成绩评定方法的实验——以五级分制记分法为个案的研究》，《华东师范大学学报》（教育科学版）2014年第2期。

[英] 萨丽·托马斯：《运用"增值"评量指标评估学校表现》，彭文蓉

译,《教育研究》2005 年第 9 期。

王天平、牌代琼:《新时代教育增值评价改革:从数据描绘走向价值呈现》,《中国考试》2022 年第 10 期。

王霞、毛秀珍、张丽:《教育增值评价:模型、应用及研究展望》,《教育学报》2023 年第 4 期。

王允庆:《谈增值性评价系统的开发和应用》,《课程·教材·教法》2013 年第 1 期。

王占仁:《习近平总书记教育重要论述的原创性贡献》,《国家教育行政学院学报》2020 年第 11 期。

吴刚:《探索增值评价 驱动学校创新》,《上海教育科研》2020 年第 9 期。

吴南中、夏海鹰、张岩:《信息技术推动教育形态变革的逻辑、形式、内容与路径》,《中国电化教育》2019 年第 11 期。

向颖、何国良:《多元评价促进学生发展》,《思想政治课教学》2019 年第 8 期。

谢海波:《网络环境下促进教师专业发展的模式和策略研究》,《中国电化教育》2011 年第 8 期。

谢小庆:《用于成长评估的学生成长百分等级模型:来自美国的经验》,《教育测量与评价》2019 年第 6 期。

谢小蓉、张辉蓉:《五育并举视域下学生增值评价的发展困境与破解策略》,《中国电化教育》2021 年第 11 期。

谢小蓉、张辉蓉:《新时代基础教育学生评价的价值取向与发展路径》,《中国教育科学》2022 年第 5 期。

辛涛:《"探索增值评价"的几个关键问题》,《中小学管理》2020 年第 10 期。

辛涛、张文静、李雪燕:《增值性评价的回顾与前瞻》,《中国教育学刊》2009 年第 4 期。

辛涛、姜宇、刘文玲:《中高考数据链接:对学校进行增值性评价——以某市 40 所高中 2132 名学生中高考数据的实证分析为例》，《中小学管理》2012 年第 6 期。

向雄海、吴瑶、许玮：《数据驱动的教育评价模式与创新实践》，《开放学习研究》2023 年第 2 期。

徐彬、刘志军：《作为德性实践的学生评价》，《教育研究》2023 年第 2 期。

徐继存：《学校课程建设的辩证逻辑》，《教育研究》2018 年第 12 期。

徐继存：《作为伦理实体的学校》，《教育研究》2020 年第 4 期。

徐路明：《基于简易式百分等级成长模型的学业增值评价》，《中国考试》2021 年第 3 期。

徐士强、赵风波：《美国田纳西州教育增值评价模式及其论争》，《全球教育展望》2009 年第 9 期。

许爱红：《对发展性学生评价本质的思考》，《中国教育学刊》2005 年第 3 期。

杨九诠：《综合素质评价的困境与出路》，《华东师范大学学报》（教育科学版）2013 年第 2 期。

杨宗凯：《利用信息技术促进教育教学评价改革创新》，《人民教育》2020 年第 21 期。

袁建林、刘红云：《过程性测量：教育测量的新范式》，《中国考试》2020 年第 12 期。

袁建林、刘红云：《核心素养测量：理论依据与实践指向》，《教育研究》2017 年第 7 期。

曾继耘：《由甄别选拔到促进发展：学生评价改革的方向》，《教育理论与实践》2003 年第 19 期。

张亮：《我国中小学学校效能评价研究的最新进展》，《山东师范大学学报》（人文社会科学版）2010 年第 3 期。

张亮、张振鸿：《学校"增值"评价的内涵与实施原则》，《当代教育科学》2010 年第 10 期。

张琪、王丹:《智能时代教育评价的意蕴、作用点与实现路径》,《中国远程教育》2021年第2期。

张瑞、覃千钟:《从"脱嵌"到"嵌入":乡村教师评价素养发展的实践转向》,《教育理论与实践》2021年第2期。

张生、王雪、齐媛:《人工智能赋能教育评价:学评融合新理念及核心要素》,《中国远程教育》2021年第2期。

张向众:《美国的学生评价改革趋向:学生本位评价》,《外国中小学教育》2006年第6期。

张学敏、赵国栋:《由离散求耦合:教育结果评价与增值评价的分合取舍》,《教育研究与实验》2022年第5期。

张煜:《学校效能评价——一种对学校进行综合评价与质量监控的理论与方法》,《中小学管理》1997年第Z1期。

张志华、王丽、季凯:《大数据赋能新时代教育评价转型:技术逻辑、现实困境与实现路径》,《电化教育研究》2022年第5期。

张志祯、齐文鑫:《教育评价中的信息技术应用:赋能、挑战与对策》,《中国远程教育》2021年第3期。

赵德成:《"双减"政策背景下学生学业评价问题的若干思考》,《课程·教材·教法》2022年第1期。

赵慧臣:《教育信息化促进学生评价改革》,《教育研究》2017年第3期。

赵勇:《教育评价的几大问题及发展方向》,《华东师范大学学报》(教育科学版)2021年第4期。

郑勤华等:《理论与技术双向驱动的学生综合素养评价新范式》,《中国电化教育》2022年第4期。

郑智勇、宋乃庆:《新时代基础教育增值评价的三重逻辑》,《教育发展研究》2021年第10期。

钟启泉:《课程评价:从量化评价到质性评价——与日本课程学者浅沼茂教授的对话》,《全球教育展望》2002年第3期。

钟启泉：《课堂评价的挑战》，《全球教育展望》2012年第1期。

钟苇笛：《数据驱动的核心素养评价：本源、困境与破局》，《中国电化教育》2022年第12期。

周洪宇：《深化教育评价改革　加快推进教育现代化——〈深化新时代教育评价改革总体方案〉解读》，《中国考试》2020年第11期。

周先进：《高考改革：高中生综合素质评价的"可为"和"难为"》，《全球教育展望》2014年第7期。

周园、刘红云：《教育增值评价中嵌套数据增长百分位估计方法探析：多水平线性分位数回归模型的应用》，《中国考试》2020年第9期。

朱德全、吴虑：《大数据时代教育评价专业化何以可能：第四范式视角》，《现代远程教育研究》2019年第6期。

朱立明等：《新时代教育评价改革的思考》，《中国考试》2020年第9期。

附录　义务教育阶段学生发展增值评价现状调查问卷（教师）

尊敬的老师：

您好！我们正在进行义务教育阶段学生发展增值评价现状与问题的研究，希望您能够对所提出问题做出真实而详尽的回答，为了解现行学生发展增值评价的现状调查提供重要依据。问题的答案没有对错之分，问卷信息资料只作学术研究之用，我们不会泄露您填写的任何信息，请不要有任何顾虑。所有的回答都将严格保密，对您没有任何影响。真诚感谢您的参与合作！

义务教育阶段学生发展增值评价研究组

1. 您的性别是？［单选题］

○男　　　　　　　　○女

2. 您的年龄是？［单选题］

○20—25 岁　　　　○26—30 岁　　　　○31—35 岁

○36—40 岁　　　　○41—45 岁　　　　○46—50 岁

○51 岁及以上

3. 您的教龄是？［单选题］

○0—1 年　　　　　○2—5 年　　　　　○6—10 年

○11—15 年　　　　○16—20 年　　　　○20 年以上

附录　义务教育阶段学生发展增值评价现状调查问卷（教师）▶▶▶

4. 您的职称是？［单选题］

○特级教师　　　　○正高级教师　　　　○高级教师

○一级教师　　　　○二级教师　　　　　○三级教师

○未评定

5. 您的学历是？［单选题］

○大专　　　　　　○本科

○硕士研究生　　　○博士研究生

6. 您任教的年级是？［多选题］

□1—2年级　　　　□3—4年级

□5—6年级　　　　□7—9年级

7. 您任教班级的数量是？［单选题］

○1个班　　　　　○2个班

○3个班　　　　　○4个班及以上

8. 您任教的学科是？［单选题］

○语文　　　　　　○数学　　　　　　○英语

○科学　　　　　　○物理　　　　　　○化学

○生物　　　　　　○地理　　　　　　○历史

○政治　　　　　　○体育　　　　　　○美术

○音乐　　　　　　○信息技术

9. 您任教的学校类型是？［单选题］

○省属重点学校　　　　　　　　　　○市属重点学校

○县（区）重点学校　　　　　　　　○普通学校

10. 您任教的学校区域是？［单选题］

○城市　　　　　　○乡镇　　　　　　○农村

11. 您的校内兼职有？［多选题］

□班主任　　　　　□年级或学科负责人

□教研主任　　　　□校级干部

□无其他兼职

281

12. 认知方面 [矩阵量表题]

	完全不同意	比较不同意	一般	比较同意	完全同意
(1) 我了解学生发展增值评价	○	○	○	○	○
(2) 增值评价能够使学生更好地认识他们自己	○	○	○	○	○
(3) 增值评价是对学生通过一段时间学习后综合素质发展的增量进行评估	○	○	○	○	○
(4) 学生发展增值评价应该具有差异性	○	○	○	○	○
(5) 增值评价能够让教师更全面地了解学生发展状况	○	○	○	○	○
(6) 增值评价有利于学校形成其自己的办学特色	○	○	○	○	○
(7) 增值评价能够较为客观地反映学校教育质量	○	○	○	○	○

13. 态度方面 [矩阵量表题]

	完全不同意	比较不同意	一般	比较同意	完全同意
(1) 我认为增值评价对学生发展非常重要	○	○	○	○	○
(2) 我认为增值评价对教师考评非常重要	○	○	○	○	○
(3) 我认为增值评价对学校考评非常重要	○	○	○	○	○
(4) 我会支持并积极参与学生发展增值评价过程	○	○	○	○	○
(5) 我认为学生发展增值评价增加了教师工作负担	○	○	○	○	○
(6) 我认为学生发展增值评价只是一种美好理念，无法真正落实	○	○	○	○	○

14. 评价主体 [矩阵量表题]

	从不	很少	有时	经常	总是
(1)我经常会对学生进行增值评价	○	○	○	○	○
(2)我的同事经常对学生进行增值评价	○	○	○	○	○
(3)我的学校家长会参与学生的增值评价活动	○	○	○	○	○
(4)我的学生自身会参与其增值评价活动	○	○	○	○	○

15. 评价内容 [矩阵量表题]

	完全不同意	比较不同意	一般	比较同意	完全同意
(1)增值评价应该关注学生综合素质的发展状况	○	○	○	○	○
(2)增值评价应该指向学生全面发展	○	○	○	○	○
(3)增值评价应该关注学生个性发展	○	○	○	○	○
(4)增值评价应该主要评估学生的学习成绩变化情况	○	○	○	○	○
(5)增值评价应该对学校效能的变化情况进行评估应用	○	○	○	○	○

16. 评价方法 [矩阵量表题]

	完全不同意	比较不同意	一般	比较同意	完全同意
(1)增值评价应该更加注重过程,在过程中评价学生发展状况	○	○	○	○	○
(2)增值评价应该综合运用多种评价方法	○	○	○	○	○

续表

	完全不同意	比较不同意	一般	比较同意	完全同意
(3)我希望增值评价的程序简单、易操作	○	○	○	○	○
(4)我希望增值评价的指标具体、易观测	○	○	○	○	○
(5)我希望能借助信息技术进行增值评价	○	○	○	○	○

17. 我校有积极探索学生发展增值评价 [单选题]

○是（请跳至第18题）　　　○否（请跳至第21题）

18. 我校虽然有学生发展增值评价的方案，但还没有付诸实践 [单选题]

○是　　　　　　　　○否

19. 实际实施 [矩阵量表题]

	完全不同意	比较不同意	一般	比较同意	完全同意
(1)我校主要用文化课成绩考量学生发展增值情况	○	○	○	○	○
(2)我校有学生发展增值评价的相应平台	○	○	○	○	○
(3)我校学生发展增值评价过程繁杂	○	○	○	○	○
(4)我校学生发展增值评价过程非常耗费时间	○	○	○	○	○
(5)我校有学生发展增值评价的方案	○	○	○	○	○
(6)我校有学生发展增值评价的具体操作指南	○	○	○	○	○
(7)我校设置了许多学生发展状况评价的观测点	○	○	○	○	○
(8)我校研制了增值评价的框架和实施方式	○	○	○	○	○
(9)我校开发了增值评价的相应的网络平台	○	○	○	○	○

附录　义务教育阶段学生发展增值评价现状调查问卷（教师）

续表

	完全不同意	比较不同意	一般	比较同意	完全同意
（10）我校以学生发展增值评价的结果判断学生的发展状况	○	○	○	○	○
（11）我校以学生发展增值评价的结果衡量教师的教育教学成就	○	○	○	○	○
（12）学生家长支持学校开展学生发展增值评价	○	○	○	○	○
（13）当地教育局以学生发展增值结果来评价学校育人质量	○	○	○	○	○
（14）当地教育局非常支持我校开展学生发展增值评价	○	○	○	○	○
（15）当地教育局会请专业人员指导我校开展学生发展增值评价工作	○	○	○	○	○

20. 实践问题［矩阵量表题］

	完全不同意	比较不同意	一般	比较同意	完全同意
（1）我校支持和鼓励教师积极探索学生增值评价	○	○	○	○	○
（2）我校对教师进行了增值评价理论与方法方面的培训	○	○	○	○	○
（3）我对学生发展增值评价的结果的接受程度较高	○	○	○	○	○
（4）我能为学生、家长和学校解释学生发展增值评价的结果	○	○	○	○	○
（5）在实际开展学生增值评价的过程中，我感觉到数据搜集比较困难	○	○	○	○	○
（6）在学生增值评价的数据处理方面，我感到困难	○	○	○	○	○
（7）对于积极开展学生增值评价，我还需要更多科学的培训	○	○	○	○	○

＊填写完该题，请跳至第 22 题。

21. 未来展望［矩阵量表题］

	完全不同意	比较不同意	一般	比较同意	完全同意
（1）我支持和鼓励探索学生发展增值评价	○	○	○	○	○
（2）我所在学校支持和鼓励教师探索和实施增值评价	○	○	○	○	○
（3）我希望未来在我校开展学生发展增值评价	○	○	○	○	○
（4）我校有对教师进行增值评价理论与方法方面的培训	○	○	○	○	○
（5）未来我不想参与探索学生增值评价	○	○	○	○	○

22. 我在教学活动中使用学生增值评价的频率为？［单选题］
○从不使用　　　　○偶尔使用
○有时使用　　　　○经常使用

23. 我会关注学生在哪些方面的增值？［多选题］
□学业成绩　　　　□学习方法
□学习能力与表现　□情感态度与价值观
□道德品质　　　　□公民素养
□交流与合作能力　□其他_____

24. 我的学校主要采用的学生评价方式有哪些［多选题］
□终结性评价　　　□过程性评价
□表现性评价　　　□增值性评价
□档案袋评价　　　□其他评价方式_____

25. 如果开展增值性评价，我认为主要阻力是哪些？［多选题］
□传统评价模式根深蒂固，占主导地位

附录 义务教育阶段学生发展增值评价现状调查问卷（教师）

□大众对新兴的增值性评价模式不了解

□增值性评价在国内实验较少，尚待试错

□其他_____

26. 如果要大面积推广增值性评价模式，我认为首先应该做什么？[多选题]

□向教师群体普及增值评价内涵

□建立增值性评价的先行试验地

□做好政策的规划和预案，建立相应的制度

□向普通大众推广增值性评价的内涵

□组织指导增值性评价的专业团队

□其他_____

27. 我对推广增值评价的态度调查 [矩阵量表题]

	完全不同意	比较不同意	一般	比较同意	完全同意
增值评价仍处于探索阶段，推广有一定的风险	○	○	○	○	○
国内缺乏增值评价的成功案例，仍需科学完善增值评价模式	○	○	○	○	○
学生的非学业性表现存在复杂性和主观性，增值评价可能无法准确评价	○	○	○	○	○
实施技术支持的增值评价，需要政策和资金支持	○	○	○	○	○

28. 我支持把增值性评价作为主要的评价方式之一 [单选题]

○支持　　　　　　　○中立　　　　　　　○不支持